高职高专教育国际商务专业教材新系

国际金融

（第三版）

Guoji Jinrong

International

李志慧 张梅 主编

东北财经大学出版社 · 大连

Dongbei University of Finance & Economics Press

图书在版编目（CIP）数据

国际金融 / 李志慧，张梅主编. —3版. —大连：东北财经大学出版社，
2020.11
（高职高专教育国际商务专业教材新系）
ISBN 978-7-5654-4008-3

Ⅰ. 国… Ⅱ. ①李…②张… Ⅲ. 国际金融-高等职业教育-教材 Ⅳ.
F831

中国版本图书馆CIP数据核字（2020）第202148号

东北财经大学出版社出版
（大连市黑石礁尖山街217号 邮政编码 116025）
网 址：http://www.dufep.cn
读者信箱：dufep@dufe.edu.cn

大连日升彩色印刷有限公司印刷 东北财经大学出版社发行
幅面尺寸：185mm×260mm 字数：314千字 印张：14.5
2020年11月第3版 2020年11月第1次印刷
责任编辑：张晓鹏 贺 荔 责任校对：贺 荔
封面设计：张智波 版式设计：钟福建
定价：32.00元

教学支持 售后服务 联系电话：（0411）84710309
版权所有 侵权必究 举报电话：（0411）84710523
如有印装质量问题，请联系营销部：（0411）84710711

第三版前言

《国际金融》自出版以来，以超前的理念、实用的内容、新颖的形式和独特的栏目设计，深受全国多所高职高专院校教师和学生的欢迎和好评，畅销多年。

随着国际、国内金融形势的日趋复杂严峻，书中涉及的许多内容已发生了变化，为此，必须进行适时修订。本次修订的主要内容有：

（1）根据《中华人民共和国外汇管理条例》，修改了我国的外汇汇率制度以及外汇管理体制和管理办法等内容。

（2）在"外汇和汇率"一章中，更新了汇率牌价等相关内容。

（3）根据国际货币基金组织（IMF）规定的国际收支标准格式，更新了我国国际收支平衡表等相关内容。

（4）在"外汇市场"一章中，更新了外汇期货交易的特征，增加了外汇期货交易、外汇期权交易的具体案例，更新了外汇交易即时汇率行情等相关内容。

（5）根据对一些高职高专院校进行调研的结果，删除了前两版中的第5章"国际信贷"。

（6）在"国际储备"一章中，更新了储备构成、储备情况排名等相关内容。

（7）在"国际金融机构"一章中，修订了一些机构的成员组成情况、我国与一些国际金融机构的联系与合作等内容。

习近平同志在全国高校思想政治工作会议上强调："提升思想政治教育亲和力和针对性，满足学生成长发展需求和期待，其他各门课都要守好一段渠、种好责任田，使各类课程与思想政治理论课同向同行，形成协同效应。"推进课程思政建设，是守好一段渠、种好责任田，使各类课程与思政课同向同行、形成协同效应的重要举措，旨在使德育与智育相统一，推动实现全员全程全方位育人。为此，我们在本次修订时特别增设了"思政专栏"，以润物无声的形式将正确的价值观传递给学生，使课堂教学的过程成为引导学生学习知识、锤炼心智、涵养品行的过程，实现育人效果最大化。例如，在"第1章 外汇与汇率"的"思政专栏"中通过侨汇的解读展现了"嘉庚精神"，他关心祖国建设、倾心教育事业，认为"教育为立国之本，兴学乃国民天职"。习总书记称他是"华侨旗帜、民族光辉"。

本教材由山西财贸职业技术学院李志慧教授、厦门海洋职业技术学院张梅老师负责修订并担任主编。其具体编写分工如下：李志慧修订编写第1～5章，张梅修订编写第

6～8章。全书最后由李志慧统稿。

　　本教材适合高职高专金融专业的学生及其他经济类和管理类专业的学生使用，也可作为普通的金融知识读本，使读者了解国际金融的一般知识。

　　本书在修订过程中参阅了许多国内外教材、著作和网上资料，这些都在参考文献中一一列出，在此，谨向有关作者、编者以及对本书再版给予大力支持和帮助的东北财经大学出版社的各位领导和同志表示真诚感谢。

　　由于编者水平有限，再版时间仓促，不妥之处在所难免，敬请大家不吝赐教。

编　者

2020年9月

目 录

第1章

外汇和汇率

学习目标

通过本章学习，你应该达到以下目标：

素质目标：能够掌握外汇和汇率方面的知识，能够将外汇、汇率知识作为《国际金融》学习的基础，与国际金融一般业务联系起来。

知识目标：了解外汇作为国际支付手段，对国际经济活动的影响与作用；汇率的决定与变动及其对经济的影响等方面的知识。

技能目标：按照汇率理论，掌握汇率标价方法和汇率套算的业务技能。

能力目标：具有外汇概念确定、汇率标价以及汇率行情解读的能力。

外汇是以外币表示的可以用作国际清偿的支付手段和资产。外汇作为国际支付手段，大致经历了四个不同的发展阶段。汇率是一个国家或地区的货币用另一个国家或地区的货币所表示的价格。各国货币所具有或代表的价值是汇率的决定基础，但由于在不同的货币制度下，各国或各地区货币价值的具体表现形式有所不同，汇率决定的基础也会相应发生变化。汇率变动对国内经济、涉外经济都有影响。人民币是我国的本位货币，人民币对外币的比价是其对外价值的体现。

1.1 外 汇

在国际金融业务中，外汇是一个最基本的概念，它已成为一国或地区对外经济活动不可缺少的国际支付手段，在行使国际货币的职能时发挥着独特的作用。

1.1.1 外汇的概念

在历史上，外汇是国际汇兑的简称。一国或地区的对外经济活动，必然会产生国际债权与债务的关系。由于各国经济发展不平衡，其货币制度也有所不同，所以国际债权、债务的清偿需要本国货币与外国货币兑换。这种兑换往往不需要用现金支付，而是由双方认同的银行之间通过不同国家货币的买卖来结算，银行的清算业务就叫国际汇兑。

1）外汇的概念

国际汇兑中的外汇，是一个动态的概念，是指一种行为过程，即把一国的货币兑换成另一国的货币，然后以汇款或托收方式，借助于各种信用工具对国际债权债务关系进行非现金结算的专门性经营活动。例如，我国某进出口公司从美国进口一批机器设备，双方约定用美元结算。然而，该公司只有人民币存款，为了解决支付问题，该公司用人民币从外汇指定银行购买相应金额的美元汇票，电汇给美国出口商，美国出口商收到汇票后，即可向当地银行兑取美元。这样一个过程就是国际汇兑，也就是外汇最原始的概念。

随着世界经济的发展，一国或地区的对外经济活动范围及规模不断扩大，国际汇兑业务也越来越广泛。国际汇兑逐渐由一个动态过程的概念转变为作为国际支付手段这一静态的概念，从而形成了目前国际金融领域都接受的外汇概念，即国际汇兑中的外汇。在外汇静态概念的基础上，一些国家或地区以及国际经济组织由于具体情况的差异，出自不同的需要，对外汇的概述又略有不同。国际货币基金组织对外汇的定义是：外汇是货币行政当局（中央银行、货币机构、外汇平准基金及财政部）以银行存款、财政部库券、长短期政府债券等形式所持有的在国际收支逆差时可使用的债权。我国根据国情，对外汇的概述也有特殊的规定。现行《中华人民共和国外汇管理条例》第三条明确概述为：**外汇**，是指下列以外币表示的可以用作国际清偿的支付手段和资产：①外币现钞，包括纸币、铸币；②外币支付凭证或者支付工具，包括票据、银行存款凭证、银行卡等；③外币有价证券，包括债券、股票等；④特别提款权；⑤其他外汇资产。在上述外汇的概述中，"其他外汇资产"主要指各种外币投资收益，如股息、利息、债息、红利等。

2）成为外汇的条件

一般意义上，对一国或一地区而言，货币要成为外汇，除了货币发行国的经济实力雄厚、融合于世界经济体系、币值相对稳定外，还应具备下列三个条件：

（1）以外币表示的国外资产。用本国货币表示的信用工具和有价证券不能视为外汇。美元为国际支付中常用的货币，但对美国居民来说，凡是用美元对外进行的收付都不算是动用了外汇。而只有对美国以外的居民来说，美元才算是外汇。

（2）国际支付中能得到偿还的货币债权。空头支票、拒付的汇票等均不能视为外汇，因为如果这样，国际汇兑的过程就无法进行。同时，在多边结算制度下，在国际上得不到偿还的债权显然不能用作本国对第三国债务的清偿。

（3）可以兑换成其他支付手段的外币资产。也就是说，外国货币不一定是外汇。因为外汇必须具备可兑换性。一般来说，只有能自由兑换成其他国家的货币，同时能不受限制地存入该国商业银行的普通账户才算作外汇。如美元可以自由兑换成日元、英镑、越南盾等其他货币；英镑可以自由兑换成欧元、泰国铢等其他货币，因而美元、英镑对不是美国或英国的居民来说是一种外汇。我国的人民币现在还不能自由兑换成其他国家货币，由此人民币尽管对其他国家或地区的居民来说也是一种外币，却不能称作为外汇。

1.1.2 外汇的产生与发展

外汇的产生是商品流通和商品经济发展的必然结果。早在中世纪，古罗马帝国统治横跨欧、亚、非三洲，商品在国际上流通就已开始。随着战争范围的扩大，商品交易规模也随之扩大，地中海沿岸的一些国家或地区中形成了国际贸易集市。同时，随着商品交易频繁，各种货币相遇，便产生了货币交换的比价问题。另外，货币交易需求增加，携带金银货币不方便，于是各国商贾之间开始使用简单的商业汇票作为国际支付工具。它是现代国际支付的雏形。产业革命后，资本主义生产方式迅速发展，世界市场初步形成，国际贸易规模日益扩大，传统的金银货币作为支付手段已不能适应国际贸易的需要。由此，商业票据兑换以及为其服务的银行业随之产生，一些信用凭证、信用工具逐步成为代用货币，在国际贸易中成为支付工具，外汇的概念、内容和实质也开始形成。

外汇作为国际支付手段，大致经历了以下四个发展阶段：

（1）金银货币作为主要国际支付手段。在国际贸易中，最初充当国际支付手段的是金银货币。国家或地区之间为了清偿债权债务关系，相互输送大量的黄金和白银来进行支付结算，为早期的资本主义发展做出了重大贡献。然而，这一支付结算方式既不安全，又妨碍了国际商品交换的扩大与发展，于是，12世纪意大利兑换商发行了用于国际支付结算的兑换证书，推动信用形式的发展。

（2）英镑作为主要国际支付手段。18世纪资本主义产业革命首先在英国取得了胜利，英国成了"世界工厂"，从世界各地输入原材料，向世界各地输出工业产品，伦敦成了国际贸易和国际金融中心，在国际贸易结算和支付中大量使用英镑作为不受限制的支付手段。由于各国都需要和英国进行贸易，各国货币都要同英镑相互兑换，英镑的国际地位不断提高，使用范围也随之扩大，成为世界性货币，英镑以及英镑表示的信用工具成为主要的国际支付手段。

（3）美元成为主要的国际支付手段。第二次世界大战后，美国取代英国成为经济实力最强大的资本主义国家。美国一度拥有世界黄金储备的75%，国民生产总值占整个世界的近50%。为此，在布雷顿森林会议上，西方主要国家的代表制定了未来国际货币体系的一些基本原则，包括建立国际货币基金组织和世界银行，确立了美元等同黄金的特殊地位，实行固定汇率制等。于是，各国开始大量储存美元，在对外经济活动中，以美元及其表示的信用工具作为主要的国际支付手段。

（4）各种可兑换货币共同作为国际支付手段。20世纪五六十年代，世界经济发展出现了不平衡的规律，当时的联邦德国、日本经济迅速崛起，美国的经济地位相对衰落。最突出的现象是美国国际收支连年出现逆差，美元危机不断发生，美元信誉开始下降；相反，西欧国家和日本的货币日渐强劲，相应的，这些国家的货币如德国马克、日元、英镑、法国法郎、瑞士法郎等及其信用工具开始与美元共同充当国际支付手段。进入20世纪90年代，美元、欧元、日元、加元、澳元、英镑、港元等外汇，成为国际支付手段中常见的可兑换货币。

1.1.3 外汇的形态及其分类

外汇的形态是指外汇作为价值实体的存在形式，主要有下面几种：

（1）外币存款。它是指以可兑换外国货币表示的银行各种存款，是外汇价值的主要表现形式。每笔外币存款，对银行来说，对客户发生了债务；但对货币发行国来说，却拥有了债权。

（2）外币支付凭证。它是指以可兑换货币表示的各种信用工具，国际上常用的外币支付凭证有：

①汇票，是由发票人签发的要求付款人按照约定的付款期限，对持票人或指定人无条件支付一定金额的书面命令。汇票通常由债权人开立，如出口商、债权银行等。

②本票，是由发票人向收款人或持票人签发的保证，在指定到期日无条件支付一定金额的书面承诺，这里的发票人一般是债务人。

③支票，是由发票人向收款人签发的委托银行见票后无条件支付一定金额的书面命令。概念上，支票与汇票有点相似，都是要求付款人付款而签发的书面命令，但实际上两者是有区别的：发票人不同，汇票的发票人是债权人，而支票的发票人一般是债务人；支票必须以银行为付款人，而汇票的付款人既可以是银行，也可以是当事人；支票要求付款人见票立即付款，因而支票仅起支付工具的作用，而汇票并不一定要求付款人见票即付。这样，汇票不仅具有支付工具的作用，还具有信贷工具的作用。例如，卖方开出180日付款的汇票，等于给了对方6个月的短期融资。

④信用卡，是信用机构对具有一定信用的客户提供的一种赋予信用的卡片凭证，是便于购物或旅游等费用支付的信用工具。目前，国际上较流行的信用卡有美洲银行卡、万事达卡和运通卡等。

（3）外币有价证券。它是指以可兑换外国货币表示的用以表明财产所有权或债权的凭证。其基本形式有外币股票、外币债券和外币可转让存款单等。其中，外币可转让存款单是指可在票据市场上流通转让的定期存款凭证。

（4）外币现钞与其他外汇资金。外币现钞是指以可兑换货币表示的货币现钞。在国际经济活动中，以外币现钞作为支付手段，通常在非贸易交易中使用，包括美元、日元、英镑等。其他外汇资金包括在国外的各种投资及收益、各种外汇放款及其利息收入、在国际货币经济组织的储备头寸、国际结算中发生的各种外汇应收款项、国际金融市场借款、国际金融组织借款等。

外汇的分类主要有三种：

（1）按照货币兑换的限制程度分类，有自由外汇和记账外汇。**自由外汇**或称自由兑换外汇，是指可以自由兑换其他国家或地区的货币，并可向第三国办理支付的外国货币及其支付手段。一般来说，一国或地区的货币要成为国际上的自由外汇需要满足三个条件：一是对本国国际收支中经常项目的付款和资金转移不加限制；二是不采取歧视性的货币措施和多重汇率制度；三是在另一个国家或地区的要求下，随时能购回对方经常项目中所结存的本国或本地区货币。在经济一体化的趋势下，虽然许多国家或地区正朝着这一目标努力，但要符合上述三个条件成为自由外汇的外国货币只有十几种，包括美元、欧元、英镑、瑞士法郎、加拿大元、澳大利亚元、日元、港元、新加坡元等，主要集中在发达国家或地区，分布在北半球，亚洲国家或地区很少，非洲国家几乎没有。

记账外汇，也称为清算外汇或双边外汇，是指记载在双方指定银行账户中的外汇，未经货币发行国批准不能自由兑换成其他货币，也不能自由对第三国进行支付，只能根据协定，在签订协定的两国之间相互使用。它是双边协定的产物。为了节省自由外汇，贸易双方的政府签订支付协定，互为对方国家开设清算账户，以互相抵销债权债务的办法进行国际结算。协定中规定双方经济交易活动中的记账货币和支付货币，记账货币即记账外汇，可以是协定国任何一方的货币，也可以是第三国的货币。无论用何种货币，它仅作为经济交易活动中的计算单位。到一定时期，如半年或一个财政年度，将双方账户的债权债务差额按照协定以现汇或货物清偿，或转入下一个年度经济交易活动项下去平衡。

（2）按照外汇的来源和用途分类，有贸易外汇和非贸易外汇。贸易外汇是指一国或地区的出口贸易收入的外汇和进口贸易支出的外汇，以及与进出口贸易有关的从属费用外汇，如运输费、保险费、佣金、样品费、宣传广告费和商品注册费，进出口贸易中发生的索赔、理赔等外汇收支。

非贸易外汇是相对于贸易外汇而言的，是指经常项目中进出口贸易以外所收支的各项外汇，包括侨汇、旅游外汇、对外承包工程和劳务合作外汇、驻外机构及个人外汇等。另外，还包括投资收益和支出的外汇，如由资本借贷或投资等所产生的利息、股息和利润的收益与支出的外汇等。

（3）按照外汇买卖交割期限分类，有即期外汇和远期外汇。即期外汇，又称现汇，指在外汇买卖成交后两个工作日之内办理实际交割的外汇。远期外汇，又称期汇，是指买卖双方先按商定的汇率签订合同，预约在将来某日办理实际交割的外汇。

1.1.4 外汇的作用

目前，世界经济一体化的三大支柱"国际贸易自由化、生产经营国际化、金融资本一体化"的影响越来越深刻和重要，任何国家或地区都不可能回避这一现实问题，去独自地发展自身的经济。各国或各地区也将越来越重视对外经济活动，重视外汇的功能和作用。这是因为：得益于现代科学技术尤其是信息技术发展的国际金融业，资本在全球范围内大规模地流动；国际直接、间接投资迅速增长；跨国银行、网络银行业务直线性扩张；金融创新和国际融资工具不断推出；离岸金融中心和一大批新兴国际金融市场正在崛起等。一些国家或地区别无选择，逐步放宽了金融管制政策，走向金融业的开放，走向国际金融市场的竞争。由此，外汇正以越来越活跃的角色走向国际经济的大舞台。

（1）外汇充当国际货币，可以实现购买力的国际转移。世界各国或各地区的货币制度不同，由国际市场购买力决定的各国或各地区的货币价值量的差异，使不同的货币不能在对方国内流通。除了用金银货币作为国际支付手段外，不同国家的购买力不能在国际上转移。随着一国或地区国际金融业务的开展，只要利用国际通行的、可自由兑换的外汇，就能使不同国家或地区之间的货币在一定范围内间接流通。这不仅促进了国际上货币购买力的转移，而且推动了国际经济关系的发展。

（2）外汇充当主要的国际支付手段，使国际结算安全、迅速、便利。国际经济交易活动，必然会产生国际收支的结算和国际债权债务的清偿问题。在现代国际货币体制下，经营国际业务的银行，可以按照外汇市场汇率或官方汇率将本国货币或第三国货币折合成应付对方国货币，委托其国外银行分行或代理行代为解付。由于现代通信技术的便捷，通常在24小时内便可汇交对方国的收款人，使国际结算和国际清偿安全、迅速、便利。

（3）外汇充当主要的国际储备资产，可以平衡对外经济交易中的国际收支。外汇是一国或地区主要的国际储备资产，是为弥补国际收支赤字和保持本国货币汇率的稳定而拥有的国际上普遍接受的货币资产。一国或地区对外经济活动的基本差额无论是逆差还是顺差，都意味着国际收支不平衡。尤其是逆差，对一国或地区的经济发展很不利，有必要采取措施进行调节，使国际收支基本平衡并使本币汇率逐步稳定。

（4）外汇充当主要国际资本的货币载体，促进了世界经济一体化的进程。国际金融业的发展，带来了外汇业务规模的扩张。跨国公司、跨国银行的业务网络，使贸易、生产、资本一体化的影响日甚一日，外汇的作用不可低估，任何国家或地区都不能不受之影响而独自地发展经济。一些国家或地区不断完善市场经济体制，逐步放宽外汇管制，对外金融业更加开放；对内金融业加大改革力度，使经常项目、资本项目的外汇管理与经济一体化的进程呈一致方向发展。

从上述分析可以发现，外汇作为国际货币、国际支付手段、国际储备资产和国际资本的货币载体等，对国际经济交易规模的扩大和资本一体化产生了不可替代的积极作用。然而，外汇从整体上来说，只是一个客体，如何提高外汇资产的质量与数量，避免一些消极影响，也是不可忽视的。这包括三点：首先，对一个经济实体而言，外汇储备数量是其货币供给量的一部分。如果一国或地区的外汇储备数量增长过快，则意味着货币供给量增长过快，这必然会带来通货膨胀的压力。其次，外汇供求的对比变化不仅是外汇数量的管理问题，还影响到一国或地区的外汇政策和市场汇率，外汇汇率的波动必然使不确定因素增加，使企业难以估计其成本和利润，一国或地区的外汇储备质量也存在缩水的可能，从而加大了外汇储备资产良性运行的难度。最后，外汇储备资产的数量适度问题。一国或地区的外汇储备资产规模过小，较容易发生支付危机和暴露经济发展中的脆弱性，不利于其经济的稳定增长；相反，其规模过大，将减少其对资源的有效配置，造成资源浪费。尤其是发展中国家，可能会失去享受国际货币基金组织等国际性金融机构对其低息优惠贷款的机会。

观念应用1-1

在我国，每家商业银行都有外汇业务，具体包括外币存款、贷款、国际结算、外汇交易等内容。企业居民的外汇业务主要是进口付汇、出口收汇等，即将国际贸易中出口所获得的外汇汇换为人民币，将进口商品所需要的外汇用人民币汇兑。个人居民的外汇业务主要是外汇储蓄、贷款和个人外汇交易。

试问：外汇与经济活动的关系如何？

观念应用1-1

分析提示

小知识1-1

常见外国货币代码见表1-1。

表1-1　　　　　　　　　　　　　　常见外国货币代码

货币名称	货币代码	货币名称	货币代码
人民币	CNY	欧元	EUR
美元	USD	英镑	GBP
日元	JPY	瑞士法郎	CHF
加拿大元	CAD	印尼卢比	IDR
菲律宾比索	PHP	马来西亚林吉特	MYR
俄罗斯卢布	RUB	澳大利亚元	AUD
新加坡元	SGD	港币	HKD
韩国元	KRW	新西兰元	NZD
泰国铢	THB		

1.2　汇　率

1.2.1　汇率的标价

汇率是一个国家或地区的货币用另一个国家或地区的货币所表示的价格，也就是此货币与彼货币的兑换比率或比价。它有两层含义：一是某种货币的价格数值，二是货币之间交换的比例数量关系。

从汇率的概念看，理论上，汇率作为金融商品外汇的价格，如同实物商品的价格、存贷款的利率一样，有着市场经济中最基本的价值规律。实际上，汇率是外汇价值的货币表现。在一国范围内，货币的币值只局限于国内经济运行，货币币值的变化与货币供给数量等有着密切关系。汇率作为两国货币之间交换的比例，客观上使一国货币等于若干量的其他国家的货币，从而使一国货币的价值通过另一国货币表现出来。货币币值的变化在国际范围内得到一定的反映，外汇汇率与本币汇率也相互影响和相互作用。正因为汇率在对外经济活动中的作用，它成为一国货币与他国货币之间联系的桥梁。汇率运行机制，包括汇率标价及分类、汇率决定及形成等都会对国际经济产生重大影响。

汇率是两国货币之间交换的比例，在具体交换时就涉及以哪种货币为折算标准，即是以本国货币为折算标准，还是以外国货币为折算标准。由于所选择的折算标准不同，便产生了三种不同的汇率标价方法。

（1）**直接标价法**，又称应付标价法。这种标价法是指以一定的外国货币为标准，折算成若干本国货币的数量来表示汇率。在这种标价法下，外国货币的数额固定不变，总是为一定单位，汇率的涨跌都是以相对的本国货币数额的变化来表示的。一定单位外国货币折算的本国货币越多，说明外汇汇率上涨，即外汇汇率升值，本币贬值；反之，一定单位外国货币折算的本国货币越少，说明外汇贬值，本币升值。可以说，在直接标价法下，汇率数值的变化与外汇价值的变化是同方向的，因此以直接标价法来表示的汇率，有利于本国投资者直接地了解外汇行情变化。目前，国际上绝大多数国家或地区采用的标价法都是直接标价法。我国采用的是直接标价法。中国银行人民币即期外汇牌价（2020年9月28日）见表1-2。

表1-2　　　　　　　　　　　　中国银行人民币即期外汇牌价

日期：2020年9月28日9时31分　　　　　　　　　　　　　　　　单位：人民币/100外币

货币名称	现汇买入价	现钞买入价	现汇卖出价	现钞卖出价	中行折算价	发布日期	发布时间
阿联酋迪拉姆		179		192.3	185.43	2020-09-28	09：31：58
澳大利亚元	478.8	463.93	482.33	484.46	480.5	2020-09-28	09：31：58
巴西里亚尔		117.58		133.5	122.57	2020-09-28	09：31：58
加拿大元	507.29	491.27	511.03	513.29	510.19	2020-09-28	09：31：58
瑞士法朗	730.72	708.17	735.86	739.01	735.11	2020-09-28	09：31：58
丹麦克朗	105.94	102.67	106.8	107.31	106.8	2020-09-28	09：31：58
欧元	789.48	764.95	796.3	797.86	794.81	2020-09-28	09：31：58
英镑	866.83	839.89	873.21	877.07	868.74	2020-09-28	09：31：58
港币	87.74	87.04	88.09	88.09	87.9	2020-09-28	09：31：58
印尼卢比		0.0442		0.0477	0.0459	2020-09-28	09：31：58
印度卢比		8.6913		9.8009	9.2529	2020-09-28	09：31：58
日元	6.4397	6.2396	6.4871	6.4971	6.4588	2020-09-28	09：31：58
韩国元	0.5783	0.558	0.5829	0.6043	0.5824	2020-09-28	09：31：58
澳门元	85.28	82.42	85.62	88.47	85.45	2020-09-28	09：31：58
马来西亚林吉特	164.59		166.08		163.45	2020-09-28	09：31：58
挪威克朗	70.94	68.75	71.5	71.85	71.77	2020-09-28	09：31：58
新西兰元	444.83	431.1	447.95	454.11	446.03	2020-09-28	09：31：58

（2）**间接标价法**，又称应收标价法。这种标价法是指以一定的本国货币为标准，折算为若干单位的外国货币来表示汇率。在间接标价法下，本国货币的数额为一定单位而固定不变，汇率的涨跌都是以相对的外国货币数额的变化来表示的。一定单位的本国货币折算的外国货币越多，说明本币升值，外汇贬值；反之，一定单位的本币折算的外国货币越少，说明本币贬值，外汇升值。与直接标价法相反，在间接标价法下，汇率数值的变化与外汇币值的变化呈反方向运行。目前，在国际银行业中，主要是美国和英国采用间接标价法。英国采用间接标价法，与英国资本主义发展较早、伦敦是国际贸易以及金融中心等有密切关系。美国过去采用直接标价法，后来由于美国经济实力的增强和美元在国际经济中的地位、美元作为最主要的国际结算货币等因素，自1978年9月1日起，纽约外汇市场改为间接标价法。间接标价法示例见表1-3。

表1-3　　　　　　　　间接标价法（2020-09-29）

货币	币种	钞买价	汇买价	钞/汇卖价
USD/HKD	1美元兑港币	7.7499	7.7494	7.7502
USD/JPY	1美元兑日元	107.83	105.59	105.25
EUR/USD	1欧元兑美元	1.1367	1.1608	1.1646
EUR/GBP	1欧元兑英镑	0.9109	0.9107	0.9109

（3）**美元标价法**。这种标价法是指以一定单位的美元为标准，折算成若干数量的各国货币来表示汇率。在美元标价法下，美元的单位固定不变，汇率浮动通过其他国家货币数额的变化来表示。这种标价法是随着国际金融市场之间外汇交易量剧增，便于国际间进行交易，而在银行之间报价时采用的一种汇率标价方法。目前，国际上、区域性金融中心和外汇交易中心普遍采用美元标价法。美元标价法仅表现世界其他各国货币对美元兑换的比例，非美元货币之间的汇率则通过各自对美元的汇率进行套算。这种现象某种程度上反映了现阶段国际经济活动中，美元仍是最主要的、仍有极大影响力的外汇。

按照外汇市场的惯例，汇率的标价通常由五位有效数字组成，从右边向左边数过去，第一位称为"某个点"，它是构成汇率变动的最小单位；第二位称为"某十个点"，如此类推。如1美元=107.83日元，若美元兑换日元从107.83变为107.00，则称为美元对日元下跌了83个点；如1欧元=1.1367美元，若欧元兑换美元从1.1367变为1.1369，则称为欧元对美元上升了2个点。外汇市场上汇率变动的基本点为1%的1/10，即0.1%，用来表述收益差价或差额，不要与百分点或其他点相混淆。

观念应用1-2

在国际市场上，外汇交易大多采用直接报价方式，以美元为基准来衡量各国货币的价格。如1美元等于110日元。直接报价中，日元汇率下跌代表日元贬值，美元升值。所以，当美元兑日元从110日元变为105日元后，表示美元贬值，日元升值。国际外汇市场上只有少数采用间接标价法的货币，如欧元、英镑、澳大利亚元、新西兰元等，它们的共同点是以本币为基准，折算出美元的标价方式。间接报价中汇价上升代表本币升值。

观念应用1-2

分析提示

1.2.2　汇率的种类

在外汇业务中，汇率的种类很多，有不同的划分方法。如市场汇率，是指在外汇市场上买卖的汇率，它根据市场上外汇的供求关系上下浮动。中央银行为了调节外汇供求、稳定汇率，可以进入市场通过买卖外汇进行干预，如控制汇率的变动，使其保持在汇率目标之内。下面介绍几种主要的汇率：

（1）基准汇率和套算汇率。这是从汇率制定的角度来划分的。一般情况下，在众多的外国货币中选择一种货币作为关键货币，根据本国货币与这种关键货币的实际价值对比，制定出对它的汇率，称为基本汇率；而其他外国货币与本国货币之间的汇率，可以通过基本汇率和国际金融市场的外汇行情折算出来，这种汇率称为套算汇率。

从概念上看，一国或地区所制定的基本汇率和套算汇率是否合理，取决于关键货币的选择。一般说来，选择关键货币应该注意三条原则：必须是该国或地区国际收支中尤其是国际贸易中使用最多的货币；必须是在该国或地区外汇储备中所占比例最大的货币；必须是可自由兑换的、在国际上被普遍接受的货币。由于美元在国际上的特殊地位，不少国家选择美元为关键货币，并把对美元的汇率作为基本汇率。

（2）固定汇率和浮动汇率。这是从汇率受干预程度的角度来划分的。一国或地区的中央银行制定的基准汇率只能在一个很小的幅度内波动，如果汇率跌至下限或涨至上限，某种自动的汇率调节机制或中央银行的市场干预就会产生作用，以维持既定的汇率。这种汇率被称为固定汇率。一国或地区的汇率形成基本上是由市场供求关系所决定的，即该国或地区的中央银行不再规定汇率波动的上下限，不再承担维持汇率波动界限的义务；一般情况下，中央银行不干预汇率的自由波动。这种汇率被称为浮动汇率。

（3）即期汇率和远期汇率。这是从外汇买卖交割的时间角度来划分的。一般说来，居民和非居民的外币现钞、旅行支票及其他小额外汇交易，多数是在成交时就收付交割；而银行同业之间的外汇交易，按照国际商业惯例，通常是在交易后的次日或两日内收付交割，如果遇到节假日就顺延至下一个营业日。即期汇率，就是外汇交易的收付交割在合约成立的当日或两个营业日内进行的汇率。即期汇率是由即期外汇市场上交易的货币供求情况所决定的。

远期汇率，是外汇交易的收付交割在两个营业日以上的某个约定日期进行的汇率。它既建立在即期汇率的基础上，又反映着汇率变化的趋势。远期汇率所适用的远期外汇交易是一种预约性的买卖活动，即事先由买卖双方就成交的外汇数额、折算汇率以及交割日期等达成协议，签订合同，到了交割日期，买卖双方按预定的合同内容进行收付。

（4）买入汇率、卖出汇率和中间汇率。这是从银行买卖外汇的角度来划分的。一般说来，商业银行从事外汇买卖业务，利润主要体现在买入汇率与卖出汇率的差价上。换句话说，外汇卖出价高于买入价的部分就是银行买卖外汇的收益，包括外汇交易的手续费、保险费、利息和利润等。买入汇率是商业银行从客户手中买进外汇时所采用的汇率；卖出汇率是商业银行卖给客户外汇时所采用的汇率。中间汇率是买入汇率和卖出汇率的算术平均数。中央银行或外汇市场行情所公布的中间汇率，通常被当作汇率分析的参考指标。

买入汇率和卖出汇率，都是从商业银行外汇交易的角度来说的，但标价方法不同，买入汇率和卖出汇率所处的位置也不同。在直接标价法下，汇率数值的大小与外汇价值的高低成正比关系，因此，买入汇率在前，卖出汇率在后。例如，在我国商业银行的外汇牌价中，1美元=6.7556～6.7610元人民币，前者意味着该商业银行买入外汇时采用的汇率，后者则是卖出外汇时采用的汇率；相反，在间接标价法下，前者的数值表示卖出汇率，后者的数值则表示买入汇率。

此外，一些商业银行在对外挂牌公布汇率时，还会标明外币现钞汇率，与它相联系的是现汇汇率。这主要是由于在一些对外汇实行严格或部分管制的国家，外汇现钞在本国不能流通，需要把它们运输至货币发行国才能使用，这又需要一定的保险费、运输费等，所以银行买入外汇现钞的汇率要略低于买入外汇现汇的汇率，而卖出的外汇现钞汇率和外汇现汇汇率相同。

（5）单一汇率和复汇率。这是从汇率是否适用于不同的来源与用途角度来划分的。单一汇率是指一国货币对某种货币仅有一种汇率，各种对外经济交易的收支都按这一汇率结算。复汇率是指一国货币对某一外国货币的比价因用途及交易种类的不同而规定有两种或两种以上的汇率，又称多重汇率。一国或地区实行严格的外汇管制来鼓励出口，限制进口和国际资本流入等，一般会采取复汇率的政策。最典型的是在一国实行贸易汇率和金融汇率并存的复汇率。贸易汇率用于进出口贸易及其从属费用方面的支付结算，金融汇率用于资本流动、旅游和其他非贸易收支方面的支付结算。一般来说，一国或地区实行复汇率，金融外汇汇率要比贸易外汇汇率高一些。这样既可以鼓励出口，改善贸易收支逆差，又可以限制国际资本流动给本国国际收支带来冲击。

复汇率中还包括按汇率形成方式实行的官方汇率和市场汇率。官方汇率是由中央银行或货币管理当局等政府部门规定的汇率。市场汇率是指在外汇市场上由外汇供求关系形成的汇率。一些国家或地区实行复汇率，是因为其市场经济体系发展还不充分，外汇市场管理又不完善，只能推行有别于严格的外汇管制的政策，实行部分的外汇管制。在这些国家和地区中，市场汇率往往是该国或地区货币的实际汇率。

（6）电汇、信汇以及票汇汇率。这是从外汇交易支付工具和付款时间角度来划分的。电汇汇率是银行以电信方式进行国际结算、外汇交易时采用的汇率。由于电信工具具有收付迅速、安全的特点，因此电汇汇率要高于信汇汇率、票汇汇率。当前，国际业务基本上以电信业务进行解付、收款或结算，因而电汇汇率是基础汇率，许多外汇市场上所显示的汇率都是电汇汇率。信汇汇率是以信函方式通知收付款时采用的汇率。信汇业务具有收付时间慢、安全性低、交易费用低的特点，因此，信汇汇率要低于电汇汇率。票汇汇率是兑换各种外汇汇票、支票和其他各种票据时所采用的汇率。票汇汇率根据票汇支付期限的不同，又可分为即期票汇汇率和远期票汇汇率。由于远期票汇交付时间比较长，所以其汇率要比即期票汇汇率低。

1.2.3 汇率的决定基础

汇率作为两种货币之间的兑换比率，其本质是两国货币各自所代表或所具有的价值的比率。因此，各国货币所具有或所代表的价值是汇率的决定基础，但由于在不同的货币制度下，各国或地区货币价值的具体表现形式各有不同，汇率决定的基础也会相应发生变化。

持续了1个多世纪的金本位制度下的汇率，其决定基础是铸币平价或黄金平价。在典型的金币本位制度下，流通中的货币是以一定重量和成色的黄金铸造而成的金币，各国货币的单位价值就是铸造该金币所耗用黄金的实际重量，各国货币的单位含金量称为铸币平价。当时，两国货币汇率的确定，就是由两国货币的铸币平价来决定，即汇率的基础是铸币平价。第一次世界大战后，许多国家通货膨胀严重，银行券的自由兑换和黄金的自由流动遭到破坏，金本位制陷于崩溃。各国分别实行两种蜕化的金本位制，即金块本位制和金汇兑本位制。在这两种货币制度下，国家用法律规定货币的含金量，货币的发行以黄金或外汇作为储备金，并允许在一定限额以上与黄金、外汇兑换，各国货币的单位价值由法律所规定的含金量来决定。此时，<u>各国单位货币所代表的含金量称为该货币的**黄金平价**</u>。很显然，金本位制度时期的汇率由各自货币的黄金平价来确定，即汇率决定的基础是各国货币的黄金平价。

第二次世界大战结束以后，各国为了恢复经济，促进国际贸易和稳定汇率，建立了布雷顿森林货币制度。该货币制度是在国际货币基金组织的监督下以美元为中心的固定汇率制，其核心是双挂钩：一是美元与黄金挂钩，确定1盎司黄金等于35美元的黄金官价。二是其他国家货币与美元挂钩，或者不规定含金量而规定与美元的比价，直接与美元挂钩；或者规定含金量，同时按照各国货币的含金量与美元建立固定比价，间接与美元挂钩。在这种货币制度下，各国货币的价值分别通过黄金或美元来表示。由于这一货币制度是在国际货币基金组织的监督下协调运转的，因此<u>国际上把各国或地区货币所代表的美元价值或黄金价值，称为国际货币基金平价，简称**基金平价**</u>。布雷顿森林货币时期，汇率由各国货币的基金平价的比率来决定，即汇率决定的基础是基金平价。

20世纪70年代，随着布雷顿森林货币制度的崩溃，各国纷纷放弃了与美元的固定比价，普遍实行浮动汇率制。在这种汇率制度下，各国货币基本与黄金脱钩，不再在法律上规定货币的法定含金量。汇率已经不再由各国货币的基金平价或含金量来决定，而是由各国纸币代表的实际价值来决定。

在现实经济中，各国单位纸币代表着一定的价值，可以在货币发行国购买一定量的商品。这称为该国纸币单位的购买力平价，它实际上是商品价格的倒数。在这种情况下，通过比较两国纸币单位的购买力平价，就能得出两国纸币相互之间国际交换的比率，即汇率。可以说，在浮动汇率制度下，<u>两国货币汇率决定的基础是**购买力平价**，即各国货币单位所能购买到国际商品的价值量</u>，这也是现行国际货币制度下汇率决定的基础。

1.2.4 影响汇率波动的因素

汇率决定的基础阐述了各国或地区货币汇率的价值，但汇率决定不能等同于汇率波动。一般说来，市场汇率以汇率决定为基础上下波动，外汇市场的供求关系决定汇率波动的整个过程，即市场汇率是外汇需求等于外汇供给的产物，当外汇需求增加而外汇供给不变时，外汇汇率上升；当外汇需求不变而外汇供给增加时，则外汇汇率下跌。

然而，一国或地区外汇供给和需求的波动要受许多因素的影响，这些因素既有经济的，也有非经济的；有客观的，也有主观的。各个因素之间又相互联系、相互制约，错综复杂。其具体分析如下：

1）影响汇率变动的经济因素

（1）国际收支状况。国际收支是一国或地区对外经济活动的综合反映，它对一国或地区的汇率变动有着直接影响。一般而言，一国国际收支经常项目发生逆差，本币对外币需求增长，本币折算外币数值增加，从而引起逆差国汇率下降；反之，顺差国汇率上升。例如，20世纪80年代中期，美国长期处于国际收支巨额逆差状态，日本持续出现国际收支顺差，美元汇率下跌，日元汇率上升。

（2）通货膨胀率差异。现实中，购买力是一国货币在商品、技术、劳动力等生产要素市场上的价值体现。购买力通过物价的形式，与通货膨胀密切关联。通货膨胀意味着货币贬值，物价上升，购买力水平下降；反之，购买力水平上升。因此，国内外通货膨胀率是影响汇率波动趋势的主要因素。从两个方面看：首先，一国通货膨胀率会影响进出口，从而影响该国对外收支的经常项目。例如，一国发生通货膨胀，该国出口商品、劳务的国内成本提高，必然提高其商品、劳务的国际价格，从而削弱该国商品、劳务在国际上的竞争力，影响出口贸易和外汇收入；相反，会使进口商品的利润增加，刺激进口外汇支出的增加，从而出现不利于该国经常项目的状况。其次，一国发生通货膨胀，必然使该国实际利息率（即名义利息率减去通货膨胀率）降低，如果一国通货膨胀率长期高于他国，会引起资本外流，从而影响到其对外收支的资本项目。

（3）经济增长率高低。一国的经济增长率高，国民收入增加较快，该国就会增加对外经济交往中商品与劳务的需求，从而对外汇的需求增加，本币汇率下跌。这包括两种情况：一是对出口导向型国家来说，经济增长是由出口贸易增加推动的，这又意味着出口贸易增加高于进口贸易增加，使其汇率不跌反而上升；二是如果国内外投资者看好该国经济增长，就有可能增加对该国的投资，用资本项目的顺差抵销经常项目的逆差。此时，本币汇率可能不是下跌而是上升。

（4）利率变化。一国的利率变化，会影响国内外资本的流动，从而影响资本项目的收支，并间接影响贸易项目的收支。如果一国的利率提高，则该国的金融资产具有较强的吸引力，使资本内流，本币汇率上升；如果一国利率提高后低于他国利率水平，相对来说本国利率低，本币汇率也会趋于下跌。另外，只有当他国利率加汇率的预期变动率之和大于本国利率时，资本国外流动才有利可图。如果一国利率提高，则本国居民消费减少，国内投资需求降低，使国内有效需求总水平下降，出口扩大，进口减少，从而增加其外汇供给，减少外汇需求，使其汇率升值。

（5）财政收支状况。一国的财政收支状况，可作为该国货币汇率预测的主要指标。当一国出现财政赤字时，其汇率变化取决于政府所采取的弥补赤字的措施。一般来说，政府会提高税收、减少公共支出、增发货币和发行国债等。后两者较好，尤其是发行国债，收益高、风险低，为投资者提供了较好机会。因此，任何国家财政出现赤字时，该国货币汇率往往都是预期贬值的。

（6）外汇储备多少。一国外汇储备资产充足与否，表明该国干预外汇市场和维持汇率稳定的能力。如果一国外汇储备资产太少，会影响外汇市场对该国货币稳定的信心，从而引起本币汇率下跌；相反，则该国货币汇率坚挺。例如，1995年4月，国际外汇市场爆发美元危机，主要原因是美国政府为了缓和墨西哥金融危机，动用了200亿美元的外汇平准基金（ESF），以帮助墨西哥稳定比索，但动摇了外汇市场对美国政府干预外汇市场能力的信心。

2）心理预期和信息因素

在外汇市场上，市场预期心理对汇率的变化也具有一定的作用。如果外汇交易者预期某国或某地区的通货膨胀率高或财政收入低，而实际情况并非如此，那么外汇市场上有可能出现大量抛售该国货币的交易，从而引起该国货币汇率下降；反之，则使该国货币汇率上升。如果外汇交易者预期未来某种货币汇率将上升，该国货币短期内需求大于供给，则该国货币汇率上升；反之，则该国货币汇率下跌。

现代科学技术日新月异，由于外汇市场通信设施高度发达，交易信息密集，直接影响短期内汇率的波动。外汇市场上出现任何敏感的信息，都会引起资金大规模的国际流动。在这种情况下，信息与心理因素相互作用，推波助澜，会影响到外汇交易，进而影响到外汇市场的汇率波动。

3）中央银行干预因素

为了稳定外汇市场和避免汇率剧烈波动，中央银行有时会对外汇市场进行直接干预。这种干预主要有四种形式：直接在外汇市场上买进或卖出外汇；调整国内货币政策和财政政策；在国际范围内发表表态性言论来影响市场心理；与他国联合，进行直接干预或通过政策协调等进行间接干预。这种干预措施有时规模和声势很大，短时期内有可能向外汇市场投入数十亿或上百亿美元，但对外汇市场的交易规模来说仅仅是杯水车薪。这种干预措施尤以联合干预对整个外汇市场的心理预期影响为大，进而使汇率的走势发生逆转。虽然中央银行的干预不能从根本上改变汇率的长期趋势，但它对汇率的短期波动有很大影响。

1.2.5 汇率变动对经济的影响

影响汇率变动的主要因素决定了汇率变动的趋势，但汇率的涨跌又会对一国或地区的内部经济和对外经济产生广泛影响。这就促使许多国家和地区通过制定合适的汇率政策，使用宏观调控经济的汇率政策工具，调整本国或地区的经济变量，以实现稳定的经济增长和经济发展的全面平衡。

1）汇率变动对国内经济的影响

一国或地区经济发展的均衡，主要表现为稳定的国民收入增长、价格和较充分的就业以及利率水平等，汇率变动对这几个方面都会产生影响。

（1）汇率变动对国民收入的增长和就业水平的影响。一国汇率变动，会引起进出口贸易条件的变化，从而对该国国民收入产生影响。一般认为，一国汇率下跌，在一定时间内有促进出口和减少进口的效应。净出口贸易的增加，会为本国的相关行业或部门提供许多就业机会，并由此引发一个国民收入增加的乘数过程。从汇率的影响机制看，汇率下跌和货币贬值产生的国民收入效应，有两个主要因素：一是汇率变动对该国国际贸易产生作用的大小，二是该国对外贸易对国民收入产生作用的大小。前者取决于进出口商品的供求弹性和边际进口倾向，后者取决于对外贸易乘数效应。

（2）汇率变动对国内物价水平的影响。一般认为，一国汇率下跌，有推动国内物价总水平上涨的倾向。从进口贸易看，汇率下跌会导致进口商品本币价格的提高。如果进口的是原材料、中间产品等，则会引起国内用其制造的商品成本的提高，进而使这些商品的价格上升，引发成本推进型通货膨胀。如果进口的是消费品等，一方面会带来消费市场上的物价上涨；另一方面会给国内相同的商品带来示范效应，使其价格上涨。

从出口贸易看，汇率下跌会带动出口商品增加，而一国在短期内扩大生产此商品会有一定的困难，因而会加剧国内市场的供求矛盾，从而引起出口商品国内价格的飞涨，尤其是当出口商品本就是国内短缺的初级产品时，将会对国内制成品以及相关产品的物价上涨产生压力。

从货币发行量看，汇率贬值会增加一国的外汇收入，改善其国际收支状况，增加该国的外汇储备。随着外汇储备的增加，该国中央银行需增加发行相同价值的本币，因而汇率贬值会扩大一国货币的发行量。这显然也会给通货膨胀带来压力。例如，1994年我国货币供应量超常增长，其主要原因是年初的人民币汇率并轨，外汇收入剧增，进而外汇储备增加，通货膨胀压力随之增大。

（3）汇率变动对国内利率水平的影响。一般认为，汇率贬值对国内利率水平的影响具有双重性：一方面，从货币供应量看，本币贬值会鼓励出口，增加外汇收入，本币投放增加；减少进口，外汇支出减少，货币回笼也会减少。因此，汇率贬值会扩大货币供应量，促使利率水平下降。另一方面，从现金的需求看，由于本币币值的变化，汇率贬值，物价普遍上涨，国内居民手中所持有现金的实际价值下跌，因此就需要增加现金的持有量以维持原先的实际需求水平。这样整个社会的储蓄水平就会下降，同时促使一些人把原先拥有的金融资产换成现金，导致国内利率水平趋于上升。

2）汇率变动对涉外经济的影响

汇率变动对涉外经济的影响集中体现在国际收支方面，涉及贸易项目、非贸易项目、资本项目和官方储备项目等。

（1）汇率变动对贸易项目收支的影响。汇率不仅是两国货币的折算标准，而且是两国政府调整和发展对外经济交易的政策工具。因为，汇率波动会产生"相对价格效应"，抑制或刺激国内外居民对进出口商品的需求，从而影响该国进出口贸易规模和外汇收支。

例如，1994年人民币汇率并轨，人民币兑换美元的比率由5.70下调到8.70，即人民币汇率下浮了33%，使出口商品以人民币表示的价格降低，提高了本国商品在国际市场上的价格竞争力；也使进口商品以人民币表示的价格上涨，发挥着抑制进口贸易的作用。

一般情况下，因货币贬值引起的汇率变动，具有扩大出口和抑制进口的作用。但一国政府因货币贬值引起的汇率变动，调整贸易项目的外汇收支也有局限性。首先，货币贬值最终能否改善贸易收支，受该国主要进出口商品的需求弹性制约。在出口方面，出口商品数量的增加能否带动出口贸易外汇收入的增加，取决于出口商品数量增加的幅度是否大于出口商品价格下降的幅度；在进口方面，只要以本币表示的价格上涨会引起进口商品数量的减少，以外币表示的进口商品支出就会减少。一般认为，只有进出口商品的需求弹性满足一定的条件，一国货币贬值才能改善贸易项目收支。其次，货币贬值产生"相对价格效应"的过程中还受到"时滞效应"的限制，即本币贬值后，国外商品需求的调整需要一定时间，因此贸易收入不会立即增加，而原先签订的进口贸易合约又需要继续支付。所以，贸易收支往往有一个先恶化后改善的"J曲线效应"过程。

（2）汇率变动对非贸易项目收支的影响。一般认为，一国货币贬值引起的汇率变动，意味着一定金额的外币兑换本币的数量增加，会引起非贸易项目收支的增加，吸引外国居民购买本国的劳务，如吸引更多的外国旅游者，同时减少本国居民到外国旅游，这将有利于改善劳务收支状况；反之，一国货币汇率上升，非贸易项目收支将出现相反的变化。

（3）汇率变动对资本流出入的影响。汇率变动对国际资本流动特别是短期资本的流动会产生重要影响。一方面，一国汇率下跌，以该国货币计值的金融资产的相对价值就减少，为了规避货币贬值的风险，便会出现"资本外逃"的现象，大量资金流往国外。同时，由于贬值会造成一种通货膨胀的预期，出现市场心理预期波动，从而造成投机性资本的外流。另一方面，一国汇率下跌，也会使同量的外币购得比以前更多的本币，即更多的生产资料或劳务等，这将吸引更多的国外资本流入。不过，在既定的利润下，一国汇率下跌，也会使外商汇到自己国内的利润减少，因而外商会有不愿追加投资或抽回投资的可能。由此可见，在其他条件不变的情况下，一国汇率的变动是否有利于资本的流动，既取决于外商投资的结构，还取决于外商在汇率下跌前后获利的大小。

综上所述，汇率变动对国内经济和对外经济都会产生影响，影响的效果不尽相同。一般认为，凡是市场经济体系较完善和经济开放程度较高、对世界经济依赖程度较深的国家或地区，受汇率变动影响的程度和范围就比较大；反之，影响就比较小。

观念应用1-3

人民币兑换外汇，就会产生人民币汇率。根据现行《中华人民共和国外汇管理条例》第二十七条的规定，人民币汇率实行以市场供求为基础的、有管理的浮动汇率制度。中国人民银行根据银行间外汇市场形成的价格，公布人民币对主要外币的汇率。

观念应用1-3

分析提示

1.3　人民币汇率

人民币是我国的本位货币。**人民币汇率是我国人民币与他国或地区的货币进行兑换、折算所依据的比率，它代表着我国人民币的对外经济价值。**由于我国的银行和其他金融机构在从事国际结算、国际信贷及国际汇兑等业务时，都涉及人民币同外币的结算和兑换，加之我国从严格的外汇管制到部分的外汇管制，以及经常项目和资本项目下的外汇管制，都与人民币汇率政策有着密切联系，人民币汇率及其体系越来越引起重视。

1.3.1　人民币汇率制度的形成

第二次世界大战后，布雷顿森林货币体系形成。许多发达国家或地区的货币，都以黄金平价作为相互兑换的基础。然而，由于历史原因，我国人民币在发行时并未规定其黄金平价，这使人民币与他国或地区的货币兑换有不同之处。

1948年1月，中华人民共和国成立之前在天津首次公布了人民币与他国货币的比率，以后在其他大城市也陆续公布了人民币汇率。当时，人民币汇率是依据人民币对国内外购买力的变化情况、参照进出口商品理论比率和国内外的生活物价指数确定的。人民币汇率决定理论有三条，即出口理论比率等于每项出口商品国内总成本除以每项商品离岸价与商品权重的积，再除以一定时期出口金额比重；进口理论比率等于每项进口商品国内总成本减去国内费用，除以每项商品离岸价与商品权重的积，再除以一定时期进口金额比重；侨汇购买力比率等于外汇牌价乘以国内侨眷生活费用指数，再除以国外侨眷生活费用指数。

通过上述三个比率，再按综合加权平均计算出的人民币汇率，能比较真实地反映当时人民币的对外价值，因为人民币对外购买力的确定是以贸易和非贸易的国内外商品、劳务价格比率为基础的。此段时期，我国实行"统收统支、集中管理"的外汇体制，坚持人民币汇率稳定的方针。在人民币基准汇率下，参照他国或地区公布的外汇汇率，只有在他国或地区货币币值发生较大变化时，人民币汇率才作相应调整，其汇率呈刚性波动。也由于此段时期布雷顿森林货币体系实行固定汇率制，国际市场上汇率变动不大，人民币汇率也保持相对稳定。

1973年3月，布雷顿森林货币体系即将终结，许多国家或地区纷纷实行浮动汇率，汇率波动频繁。人民币汇率要保持相对合理，就必须根据国际市场汇率的波动，相应地调整汇率政策。人民币汇率在原有的汇率水平基础上，按照"一篮子货币"原则，确定了对世界上主要外汇国家货币的汇率，即选择我国在对外经济交往中经常使用的若干种货币，按照其重要程度和政策上的需要确定权重，并根据这些货币在国际市场的浮动幅度，加权计算出人民币汇率。1973—1984年，"一篮子货币"选用的货币和权重做过7次调整，主要有美元、英镑、德国马克、日元、瑞士法郎、法国法郎、意大利里拉等外国货币。由于我国对外经济交易规模不断扩大，在制定人民币汇率的基本原则时要求人民币币值高估，以期达到维护人民币币值稳定的目的。

1980年，为了调剂外汇额度的余缺，中国银行开办了外汇调剂与额度借贷业务，从而形成了外汇调剂市场和外汇调剂汇率。外汇调剂汇率高于官方汇率，与国际购买力的汇率决定基础相一致。为了鼓励出口、限制进口，加强对外贸易的经济核算和适应我国对外贸易体制的改革，从 1981 年起，我国实行两种汇率：一种是用于非贸易外汇收支的对外公布的汇率，另一种是用于贸易外汇收支的贸易外汇内部结算价。贸易外汇内部结算价定为 1 美元=2.53 元人民币外加 10% 的利润，即 1 美元=2.80 元人民币左右，直至 1984 年停止使用，中间未进行调整。

在此期间，我国实际上存在着三种汇率：一种是对外并适用于非贸易收支的官方汇率；一种是适用于贸易收支的贸易内部结算价；一种是调剂市场的外汇调剂汇率。

1985 年 1 月，我国停止了贸易外汇内部结算价的使用，贸易收支与非贸易收支均按官方汇率结算。内部结算汇率虽然与官方汇率并轨，但外汇调剂汇率仍然存在。

在此期间，人民币官方汇率根据全国出口商品平均换汇成本的变化而不断调整，随着国内物价的逐步放开、出口商品换汇成本的逐步提高，人民币对外汇率也不断下调，其官方汇率数据如下：

1985 年 1 月　　1 美元=2.80 元人民币

1986 年 7 月　　1 美元=3.70 元人民币

1989 年 12 月　1 美元=4.70 元人民币

1990 年 11 月　1 美元=5.20 元人民币

1991 年 4 月以后，外汇管理局根据国内物价上涨水平与美元汇率的涨跌情况，经常对汇率进行微调，1992—1993 年，保持在 1 美元=5.80 元人民币左右的水平。在此期间，我国外汇调剂汇率也不断变化，从最初与官方汇率相差 1 元人民币，一度调整到仅差 0.4 元人民币。但是，由于外汇需求的加大以及其他因素影响，到 1993 年年底，官方汇率与外汇调剂汇率相差 3 元人民币，外汇调剂汇率为 1 美元=8.70 元人民币。

1.3.2　汇率制度中的复汇率

1993 年以前，人民币汇率是在一定历史条件下形成的，与我国实行计划经济体制和经济体制不断改革密不可分。在计划经济体制下，外汇资金统收统支，创汇单位所获外汇要上交国家，用汇单位需要外汇要编制计划后审批。人民币汇率的形成离不开行政手段，基本上由官方确定。20 世纪 70 年代，人民币汇率采取"一篮子货币"政策，实行钉住汇率制。1980 年，我国开放外汇调剂市场，创汇单位与用汇单位可相互调剂外汇余缺，但它不是通过供求关系来配置外汇资源的市场，参与者也受条件局限，人民币汇率的杠杆作用没有充分发挥。此时，人民币币值一度被高估，汇率波动对进出口贸易不具有调节作用。国家对贸易收支和非贸易收支的外汇交易仍有一定限制，企业不能保留外汇，货币不能自由兑换。理论上看，人民币汇率形成机制不是市场经济手段，不利于我国建立社会主义市场经济体制。

现实上看，改革开放后，特别是 80 年代中期以来，我国一度是非贸易外汇汇率（官方汇率）、贸易外汇汇率（内部结算价）和外汇调剂汇率三种汇率并存的局面。1985 年非贸易外汇汇率与贸易外汇汇率并轨后，称为官方汇率。直至 1993 年年底，我国仍然存在外汇调剂汇率与官方汇率并存的复汇率局面，两者差价还较大，这不利于对外经济交易的开展和合作。

这一时期的复汇率是在一定历史条件下形成的。它在一定程度上解决了人民币币值的高估问题，从而缓解了出口贸易亏损，并且改善了国际收支。但是，随着我国以市场为导向的外贸和外汇体制改革的不断深入，复汇率也产生了越来越大的消极作用。

（1）导致外汇过度需求和外汇黑市猖獗。外汇调剂汇率高于官方汇率，反映了人民币币值的高估。这助长了对人民币贬值的预期，促成了外汇的过度需求，从而进一步推动外汇调剂汇率上涨，拉大了官方汇率与外汇调剂汇率之间的差距。这必然助长外汇投机行为，导致外汇黑市猖獗。

（2）造成企业不公平的竞争和浪费外汇资源。在复汇率下，用汇成本高低不同，按照官方汇率获得的外汇成本低廉，助长了一些企业向国家争要外汇，盲目引进外资项目和扩大投资规模，从而造成了外汇浪费，外汇资源配置不合理，不利于企业公平竞争。

（3）不利于我国与国际惯例接轨。《国际货币基金协定》第八条规定，禁止会员国实行歧视性的汇率安排或采用复汇率制。我国是国际货币基金组织成员国，当然有义务遵守该规定。另外，复汇率的存在也不利于我国取得最惠国待遇和加入世界贸易组织，不利于我国经济与世界经济一体化进程相一致。

可以说，取消复汇率，实行人民币汇率并轨，是社会主义市场经济体制建立的基本要求。从发展中国家的情况来看，许多国家都曾实行过双重汇率或复汇率制度，目的在于加强外汇管制，对付外汇短缺。然而，这些国家经济发展的实践证明，外汇管制并不能制止短缺，复汇率会造成利率、基准汇率、价格等的巨大扭曲，难以长期地促进出口、抑制进口，还容易引起国家之间的金融贸易摩擦，难以融入世界经济一体化进程中。

1.3.3　人民币汇率制度的改革

1）1994年以汇率并轨为核心的汇率制度改革

1994年1月，以汇率并轨为核心的外汇体制改革，实际上是我国由计划经济体制走向市场经济体制的重要一步，是我国金融体制改革的重要内容。这次外汇体制改革的主要内容有：实现汇率并轨和以市场供求为基础的、单一的、有管理的浮动汇率制；实行银行结汇、售汇制，取消外汇留成和上缴；建立银行间外汇交易市场，改进汇率形成机制；禁止外币在境内计价、结算和流通；取消外汇收支的指令性计划，政府主要运用经济、法律手段实现对外汇和国际收支的宏观调控。

这次的外汇体制改革，汇率并轨作为其核心内容，标志着新的人民币汇率制度开始登上我国的经济舞台。汇率并轨，意味着相应地改革了汇率形成机制和调节机制。它具有以下特点：

（1）以市场供求为基础的汇率。这是指我国外汇市场的供求状况是决定汇率并轨后人民币汇率水平的主要因素。例如，1994年1月1日中国人民银行公布的人民币对美元的汇率，即根据1993年12月31日占全国交易量80%的18个主要外汇调剂市场的美元加权平均价，确定了 1 美元兑换 8.70 元人民币，作为 1994 年 1 月 1 日外汇市场交易的中间汇率。以后在统一规范的银行间外汇市场上，基准汇率都是依据市场供求的变化，由中国人民银行对外公布的，并以直接标价法表示。

（2）单一的汇率。各外汇指定银行根据中国人民银行公布的基准汇率以及规定的浮动范围自行对外挂牌的汇率，适用于所有的外汇与人民币的结算与兑换，其中包括贸易外汇、非贸易外汇以及资本项目下的外汇收支活动，适用于国内企业和三资企业等经济概念上的中国居民。

（3）有管理的汇率。这主要体现在中国人民银行通过国家外汇管理局对人民币汇率实施宏观调控与监管，中国人民银行在银行间外汇市场上设有独立的操作室，当市场汇率出现较大幅度的波动时，通过买卖外汇或吞吐外汇来干预外汇市场，保持汇率的稳定；在零售外汇市场上，中国人民银行规定了银行与客户之间的外汇买卖差价幅度。

（4）浮动汇率。这主要体现在两个方面：一是中国人民银行每日公布的人民币市场汇率是浮动的；二是各外汇指定银行对外挂牌买卖外汇的汇率，可在中央银行规定的上下 2.5% 的幅度内自由浮动。

改革后的人民币汇率制度，充分考虑到国内、国际外汇市场，与社会主义市场经济体制的建立相一致，履行国际货币基金组织成员国的义务，因而具有强大的生命力。它将进一步推动我国的对外开放，扩大我国同世界各国和各地区的经济交往，使人民币向经常项目下可兑换迈出了重要的一步，并有利于推进我国加入世界贸易组织的进程。

2）2005—2015 年以市场供求为基础的汇率制度改革

自 2005 年 7 月 21 日起，我国开始实行以市场供求为基础、参考一篮子货币进行调节、有管理的浮动汇率制度。本次汇率制度改革的主要内容包括三个方面：

一是汇率调控方式。实行以市场供求为基础、参考一篮子货币进行调节、有管理的浮动汇率制度。人民币汇率不再钉住单一美元，而是参照一篮子货币，根据市场供求关系进行浮动。这里的一篮子货币，是指按照我国对外经济发展的实际情况，选择若干种主要货币，赋予相应的权重，组成一个货币篮子。同时，根据国内外经济及金融形势，以市场供求为基础，参考一篮子货币计算人民币多边汇率指数，对人民币汇率进行管理和调节，维护人民币汇率在合理均衡水平上的基本稳定。篮子内的货币构成，将综合考虑在我国对外贸易、外债、外商直接投资等外经贸活动中占较大比重的主要国家、地区及其货币。参考一篮子货币表明外币之间的汇率变化会影响人民币汇率，但参考一篮子货币不等于钉住一篮子货币，它还需要将市场供求关系作为另一重要依据，据此形成有管理的浮动汇率。这将有利于增强汇率弹性，抑制单边投机。

二是中间价的确定和日浮动区间。中国人民银行于每个工作日闭市后公布当日银行间外汇市场美元等交易货币对人民币汇率的收盘价，作为下一个工作日该货币对人民币交易的中间价格。现阶段，每日银行间外汇市场美元对人民币的交易价仍在中国人民银行公布的美元交易中间价上下 0.3% 的幅度内浮动，非美元货币对人民币的交易价在中国人民银行公布的该货币交易中间价 3% 的幅度内浮动。

三是起始汇率的调整。2005 年 7 月 21 日 19 时，美元对人民币的交易价格调整为 1

美元兑8.11元人民币，作为次日银行间外汇市场上外汇指定银行之间交易的中间价，外汇指定银行可自此时起调整对客户的挂牌汇价。这是一次性地小幅升值2%，并不是指人民币汇率第一步调整2%，事后还会有进一步的调整。因为人民币汇率制度改革重在人民币汇率形成机制的改革，而非人民币汇率水平在数量上的增减。这一调整幅度主要是根据我国贸易顺差程度和结构调整的需要来确定的，同时也考虑了国内企业进行结构调整的适应能力。

自2014年3月17日起，银行间即期外汇市场人民币兑美元交易价浮动幅度由1%扩大至2%。扩大汇率波动幅度，意在顺应市场发展要求，加大市场决定汇率的力度，建立以市场供求为基础、有管理的浮动汇率制度。

3）"8·11汇改"——以提高整个汇率形成机制的市场化程度和增强人民币汇率弹性为核心的人民币汇率制度改革

"8·11汇改"，指的是2015年8月11日，央行宣布调整人民币对美元汇率中间价报价机制，做市商参考上日银行间外汇市场收盘汇率，向中国外汇交易中心提供中间价报价。

2015年12月，中国外汇交易中心发布"CFETS人民币汇率指数"，人民币汇率形成机制开始转向参考一篮子货币、保持一篮子汇率基本稳定。在此基础上，人民币对美元汇率中间价初步形成了"收盘汇率+一篮子货币汇率变化"的机制，提高了透明度和市场化水平，在稳定市场预期方面发挥了积极作用。

从当时的背景看，在此次改革之前，我国虽然已经施行了以市场供求为基础、参考一篮子货币进行调节、有管理的浮动汇率制度，但是从2005年到2014年间，美元兑人民币汇率基本上处于持续下降状态，2014年年中达到最低点6.04左右，这也说明，市场还是以人民币兑美元的双边汇率为主。人民币对一篮子货币加速升值，在一定程度上形成了人民币汇率高估，这既不利于金融市场的稳定，也不利于中国的经济增长。比如，在2015年的12个月中，中国有10个月面临出口同比负增长，这种情况自2009年以来前所未见，2015年5月股市更是出现了大幅波动。

"8·11"汇改是汇率形成机制市场化的重要一步。随着美元兑人民币汇率逐渐回归到6.8左右，高估的情况逐渐改善，虽然在2019年突破了7整数关口，但人民币汇率基本上保持了稳定。

此次汇改，一方面，有利于市场发挥更大的作用，减少汇率的行政干预，增强汇率弹性，加强在岸与离岸市场间的联系，促进形成境内外更加一致的人民币汇率；另一方面，也相当于一次性消除了人民币中间价的政策性扭曲，推动了人民币与美元汇率中间价接近市场均衡价格，也是短期对人民币过度升值、回归合理币值的校正。并且随着市场机制不断完善，人民币汇率的合理均衡为我国经济供给侧结构性改革和资本市场改革提供了有利的环境，加快了人民币国际化的步伐。

2019年，人民币国际化发展总体上呈现出以下特点：一是贸易和直接投资跨境人民币结算逆势增长；二是证券投资业务大幅增长，成为推动人民币跨境使用增长的主要力量；三是人民币跨境使用政策不断优化，先后推出一系列更高水平的贸易投资便利化试点；四是人民币国际化基础设施进一步完善，人民币清算行体系持续拓展，CIPS成为人民币跨境结算的主渠道；五是双边货币合作持续深化，不断消除境外人民币使用障碍。

补充阅读资料1-1

在市场需求的推动下，近年来，人民币在周边国家及"一带一路"沿线国家的使用取得积极进展。2019年，中国与周边国家跨境人民币结算金额约为3.6万亿元，同比增长18.5%。其中，货物贸易项下人民币跨境收付金额合计9 945亿元，同比增长15%；直接投资项下人民币跨境收付金额合计3 512亿元，同比增长24%。与"一带一路"沿线国家办理人民币跨境收付金额超过2.73万亿元，同比增长32%。其中，货物贸易收付金额7 325亿元，同比增长19%；直接投资收付金额2 524亿元，同比增长12.5%。人民币已与马来西亚林吉特、新加坡元、泰铢等9个周边国家及"一带一路"沿线国家的货币实现了直接交易，与柬埔寨瑞尔等3个国家的货币实现了区域交易。

我国金融市场开放为周边国家及"一带一路"沿线国家的投资者提供了多元化的投融资渠道。周边国家及"一带一路"沿线国家的投资者不仅可以通过RQFII、沪深港通、直接入市投资、债券通等多种渠道投资我国金融市场，我国机构投资者也可以通过RQDII机制投资周边国家及"一带一路"沿线国家的金融市场上以人民币计价的金融产品。

2019年，菲律宾政府、葡萄牙政府、新开发银行、意大利存贷款集团等周边国家及"一带一路"沿线国家、境外机构在我国债券市场共发行熊猫债超过400亿元，占2019年发行总金额的68%。越来越多的周边国家及"一带一路"沿线国家的投资者投资我国金融市场，获取人民币金融资产的高收益投资回报，分享中国经济增长的好处。

我国与周边国家及"一带一路"沿线国家的双边货币金融合作不断深化。2008年以来，我国先后与越南、老挝、俄罗斯、哈萨克斯坦等9个周边国家及"一带一路"沿线国家签署了双边本币结算协议，与俄罗斯、印度尼西亚、阿拉伯联合酋长国、埃及、土耳其等23个周边国家及"一带一路"沿线国家签署了双边本币互换协议。

随着人民币加入SDR，人民币资产逐渐成为周边国家及"一带一路"沿线国家央行分散投资及外汇储备的选择。韩国、新加坡、泰国、菲律宾、印度尼西亚等国的央行已将人民币纳入外汇储备。

随着中国与周边国家及"一带一路"沿线国家经贸往来的不断深化，这些国家已形成相互依存的发展格局，人民币与周边国家及"一带一路"沿线国家的本币结算面临新机遇。

资料来源　中国人民银行《2020年人民币国际化报告》.

思政专栏

侨汇是侨居国外的本国公民或侨居在本国的外国公民汇回其祖国的款项。侨汇既是国内侨眷一项重要的经济来源，又是祖国非贸易收支的主要来源之一。

在中华人民共和国建立初期，由于当时特殊的国际环境，难以通过正常的国际贸易获取外汇，而国内飞速发展的经济建设和工业化目标又急需大量外汇。在这种状况下，侨汇就成了中国外汇收入的主要来源。诚如中国人民银行首任行长南汉宸所说："我们国家正在进行建设，需要进口的东西很多，也就更需要外汇。侨汇汇回来，不仅是利益归了侨胞，同时也有功于国家"。

资料来源　佚名.新中国侨汇工作的历史考察（1949—1966年）[EB/OL].[2020-09-30]. http://intl.ce.cn/zhuanti/hrhqyghgtpz/lscs/200908/31/t20090831_19906289.shtml.引文经过节选、压缩和改编.

点评：侨胞和华裔对国家的解放和经济建设做出了重要贡献，特别是在中华人民共和国成立初期，大量侨汇为祖国的经济建设提供了很大帮助。2014年10月17日，习近平总书记在给厦门市集美校友总会的回信中就写道：陈嘉庚先生是"华侨旗帜、民族光辉"。他爱国兴学，投身救亡斗争，推动华侨团结，争取民族解放，是侨界的一代领袖和楷模。他艰苦创业、自强不息的精神，以国家为重、以民族为重的品格，关心祖国建设、倾心教育事业的诚心，永远值得学习。

本章小结

1.内容概要

国际汇兑中的外汇，是一个动态的概念，是指一种行为过程，即把一国的货币兑换成另一国货币的专门性经营活动。外汇作为静态的概念，是指下列以外币表示的可以用作国际清偿的支付手段和资产：外国货币，包括纸币、铸币；外币支付凭证，包括票据、银行存款凭证、邮政储蓄凭证等；外币有价证券，包括政府债券、公司债券、股票等；特别提款权、欧洲货币单位；其他外汇资产。

外汇作为国际支付手段，大致经历了以下四个发展阶段：以金银货币为主要国际支付手段、以英镑作为主要国际支付手段、以美元作为主要国际支付手段、以各种可兑换货币共同作为国际支付手段。

汇率是一个国家或地区的货币用另一个国家或地区的货币所表示的价格，也就是此货币与彼货币的兑换比率或比价。它有两层含义：一是某种货币的价格数值，一是货币之间交换的比例数量关系。汇率的种类很多，有不同的划分方法。各国货币所具有或所代表的价值是汇率的决定基础，但由于在不同的货币制度下，各国或地区货币价值的具体表现形式各有不同，汇率在决策的基础也会相应发生变化。

汇率变动对国内经济的影响，主要表现在国民收入、价格、就业以及利率水平等方面；汇率变动对涉外经济的影响，集中体现在国际收支方面，涉及贸易项目、非贸易项目、资本项目和官方储备项目等。

人民币是我国的本位货币。人民币汇率是我国人民币与他国或地区的货币进行兑换、折算时所依据的比率，它代表着我国人民币的对外经济价值。中华人民共和国成立后，人民币汇率是依据人民币对当时国内外购买力的变化情况、参照进出口商品理论比率和国内外的生活物价指数确定的，与我国实行计划经济体制和经济体制不断改革密不可分。

1994年1月，以汇率并轨为核心的外汇体制改革，实际上是我国由计划经济体制走向市场经济体制的重要一步，是我国金融体制改革的重要内容。

2005年7月21日，我国又对人民币汇率制度进行了改革，开始实行以市场供求为基础、参考一篮子货币进行调节、有管理的浮动汇率制度。

2015年8月11日，央行宣布调整人民币对美元汇率中间价报价机制，做市商参考上日银行间外汇市场收盘汇率，向中国外汇交易中心提供中间价报价。

2.主要概念和观念

（1）主要概念

外汇　自由外汇　记账外汇　汇率　直接标价法　间接标价法　美元标价法　黄金平价　基金平价　购买力平价　人民币汇率

（2）主要观念

成为外汇的三个条件　汇率并轨　做市商制度

基本训练

1.填空题

（1）外汇作为国际支付手段，大致经历了以下四个发展阶段：以金银货币为主要国际支付手段、_____、以美元作为主要国际支付手段、以各种可兑换货币共同作为国际支付手段。

随堂测1

（2）汇率有两层含义：一是某种货币的_____，一是货币之间交换的比例数量关系。

（3）汇率变动对涉外经济的影响，集中体现在国际收支方面，涉及_____、资本项目和官方储备项目等。

（4）"8·11汇改"指的是2015年8月11日，央行宣布调整_____汇率中间价报价机制，做市商参考上日银行间外汇市场收盘汇率，向中国外汇交易中心提供中间价报价。

2.选择题

（1）外汇，是指下列以外币表示的可以用作国际清偿的支付手段和资产，包括（　　）。

A.外国货币　　　　　　　　　　　B.外币支付凭证

C.外币有价证券　　　　　　　　　D.其他外汇资产

（2）汇率是一个国家或地区的货币用另一个国家或地区的货币所表示的价格，也就是此货币与彼货币的兑换比率或比价。它有两层含义（　　）。

A.某种货币的价格数值　　　　　　B.货币之间交换的比例数量关系

C.货币之间的兑换关系　　　　　　D.A和C

（3）中央银行有时会对外汇市场进行直接干预。这种干预的形式包括（　　）。

A.在外汇市场上买入外汇　　　　　B.在外汇市场上卖出外汇

C.调整国内货币政策　　　　　　　D.调整财政政策

（4）20世纪90年代前后，我国外汇体制实际上存在着三种汇率，即（　　）。

A.适用于非贸易收支的官方汇率

B.适用于贸易收支的贸易内部结算汇率

C.外汇市场调剂汇率

D.外汇市场汇率

3.判断题

（1）外汇是外币，外币不一定是外汇。 （ ）

（2）汇率变动对涉外经济的影响，集中体现在国民收入、价格、就业以及利率水平等方面。 （ ）

（3）间接标价法是指以一定的外国货币为标准，折算为若干的本国货币来表示汇率。 （ ）

（4）金本位制度下的汇率，其决定基础是铸币平价或黄金平价。 （ ）

（5）1994年我国外汇体制的改革，以汇率并轨作为其核心内容。 （ ）

4.简答题

（1）简要说明外汇的概念及其形成条件。

（2）简要说明引起汇率波动的因素。

（3）简要说明汇率变动对经济的影响。

（4）简要说明人民币汇率制度改革的进程。

5.技能训练题

（1）请举例说明直接标价法与间接标价法有何区别。

（2）查阅外汇市场行情表，了解人民币对美元的汇率变动情况。

第2章

外汇市场

学习目标

通过本章学习，你应该达到以下目标：

素质目标：能够掌握外汇市场的基本知识和我国外汇交易的基本操作，一般解读外汇市场行情。

知识目标：了解我国外汇管理的进程和基本内容，掌握以人民币汇率并轨为主要内容的我国外汇管理体制改革等方面的知识。

技能目标：掌握汇率标价在外汇市场中的应用，熟悉外汇市场交易规则和认识外汇市场几大风险存在的技能。

能力目标：具有在我国外汇市场上进行个人外汇模拟交易操作的能力。

外汇收支、汇率形成机制与任何国家或地区的外汇管理是分不开的。外汇市场指不同国家或地区货币的交易以及兑换的市场，是由外汇需求者、外汇供给者、交易中介机构等所构成的外汇交易活动的场所。外汇市场上的交易有三个层次，即银行与客户之间、银行同业之间、银行与中央银行之间。在外汇市场上，外汇交易参与者从各自的需求出发，利用不同的币种和波动的汇率，可以进行不同形式的现汇交易、期汇交易、期货交易、期权交易、掉期交易和货币互换交易等。

2.1 我国外汇管理进程

一国外汇收入与支出是对外经济交易活动的产物。外汇收支、汇率形成机制与任何国家或地区的外汇管理是分不开的。**外汇管理**主要是指一个国家或地区的政府为了扩大对外经济交易、维持汇率的稳定和国际收支的平衡，对其境内或管辖范围内的外汇收支所实施的管理。外汇管理是促进一国或地区经济发展的重要调控手段。即使资本项目下完全开放的发达国家，对外汇收支也实行不同程度的管制。

2.1.1 我国外汇管理体制

在我国，外汇管理的基本内容随着外汇管理体制的改革而逐渐发生变化。它与我国经济发展阶段和经济体制变革同步变化，与我国对外经济交易的扩大有密切联系。

1）高度集中的外汇管理体制（1949—1978 年）

1979 年改革开放以前，与计划经济体制相一致，我国外汇管理体制相应地贯彻"集中管理、统一经营"的方针，实行高度集中统一的、以行政管理手段为主的外汇管理体制，对国家和地方外汇收支实行全面计划管理与控制。

（1）对外汇收支实行全面的指令性计划管理和控制。计划经济时期，包括国际收支平衡在内的国民经济"四大平衡"，既无内债又无外债是当时社会主义计划经济的重要特色。在此背景下，我国外汇收支实行两条线管理，即任何外汇收入都必须交售给国家，而外汇支出则根据以收定支的原则，由国家按照计划集中分配，由国家计划委员会全权负责制订国家外汇支出计划，上报国务院批准后执行。在这种体制下，进出口贸易由国营进出口贸易公司垄断经营，它们执行国家制订的指令性计划，统一经营，其外汇收支由中国人民银行统一管理，不得自行保留外汇。

（2）加强非贸易外汇收支计划管理和控制，实行强制结汇制。在当时，国务院、国家计划委员会和财政部等部门先后颁发了《关于非贸易外汇管理节约使用及增加收入的通知》《关于加强非贸易外汇管理的规定》等文件，实施了一系列加强非贸易外汇计划管理和控制的措施，规定所有机关、学校、团体、国营企业和其他单位等，持有的外汇或外汇收入必须卖给国家或存入国家银行，不得私自保留外汇。

（3）实行人民币汇率的行政管理体制。这一时期的人民币汇率管理只运用行政手段，基本上不运用经济杠杆调节汇率。人民币汇率由国家统一规定，并相对稳定和固定。人民币汇率仅作为进出口贸易结算的一种计划核算标准，与对外贸易的实际情况以及物价水平等都是脱节的，与汇率的决定因素和在国际市场的购买力不相一致。这种脱离实际的人民币汇率长期被高估，使得企业单位无法从出口贸易中获得相应的利润，许多出口商品发生差价亏损，许多进出口外贸公司依靠国家补贴。

此时期的外汇管理体制，是高度集中的指令性计划经济体制下的产物。它虽然有利于国家集中有限的外汇资源，保障国家重点经济建设项目对外汇资金的需求，对促进我国外汇收支平衡和维护人民币汇率的基本稳定起到了积极作用，但是，由于这种外汇管理体制在许多方面过于依靠行政管理手段来解决经济问题，忽略了国际市场的变化和市场价值规律，弊端日益暴露出来。主要有两点：一方面，管理体制过于集中和呆板，严重挫伤了对外贸易部门出口创汇的积极性，抑制了外汇收入增加的可能性；另一方面，管理体制过于计划和僵化，导致企业在国际市场上应变能力差，缺乏自主性和灵活性。在这种外汇管理体制下，整个国家外汇收支增长缓慢，对外经济交易也难以扩大，外汇储备年均仅约 5 亿美元，外汇资源缺口仍然很大。这是这一时期经济体制所产生的弊端，要通过对经济体制的不断改革才能解决。

2）改革开放中的外汇管理体制（1979—1993年）

随着我国对外经济交易扩大，国际收支成倍增长，国际金融市场相继发生重大变化，我国外汇管理体制也进行了相应的改革，并在不断深化。过去以计划控制和行政手段为特征的高度集中的外汇管理体制，逐渐转变为弱化计划管理、利用市场机制和经济政策为调节手段来促进外汇资源有效配置的外汇管理体制。其主要内容包括：

（1）建立健全外汇管理机构，行使外汇管理职能。1980年，国家外汇管理局成立，下设各省、地市外汇管理局，是专职行使我国外汇管理职能的机构。它的主要职责有：

制定国家外汇管理的方针和政策、法规，以及相应的实施细则；编制国家外汇收支计划、利用外资计划；编制国家和地方贸易收支及非贸易收支计划，统计国家和地方的国际收支状况，制定国际收支统计申报制度，并组织实施；负责编制国际收支平衡表。

负责审批国内金融机构经营外汇业务，以及审批外资金融机构的设立、变更与终止等，对其经营活动进行现场、非现场的检查和监督。

制定有关政策来培育和发展外汇市场；制定以市场供求为基础的、单一的、有管理的人民币汇率政策，并监督实施；公布每日主要外汇对人民币的中间汇率。

制定国家外汇储备政策，代理国家集中管理外汇储备资产；负责国家对外债务的计划、统计和监管；负责会同有关部门制定经常项目、资本项目的管理办法，并进行监管。

另外，承办国务院、中国人民银行交办的其他事项等。

（2）改革外汇分配制度，实行和完善外汇留成制度。改革开放后，我国外汇管理体制的核心——分配制度发生了重大变化，实行了近30年的外汇"统收统支"制逐步改变为"外汇留成"制。

外汇留成制度，是指企业商品出口和提供对外劳务、服务等的外汇收入，一部分结汇卖给国家，另一部分以额度或现汇的形式分配给部门、地方和企业，在国家外汇管理法规许可的范围内，自主地支配使用，国家对留成外汇的使用实行指导性计划，而不是行政性手段。这一制度，包括额度留成和现汇留成两种形式。额度留成是指创汇单位将外汇收入的金额结售给国家指定的银行，国家则按照创汇额度和规定的比例，分配给创汇单位一定数量的外汇额度，使用外汇时须凭额度指标到指定的银行，按照官方汇率购买外汇；现汇留成则是指创汇单位的外汇收入，按照国家规定比例直接核拨现汇，创汇单位可以在规定范围内自主支配使用留成现汇。

外汇留成制度当时作为混合经济体制的补充手段，是我国向外汇资源分配市场化迈出的重要一步，对于弥补出口企业的亏损、鼓励出口创汇和扩大对外经济交易等都起到了积极作用。

（3）创设外汇调剂中心，培育外汇市场。在实行外汇资金指令性计划分配的时期，外汇市场是不存在的。随着对外经济交易规模的扩大，为了解决部分地方、单位和企业之间供求不平衡的矛盾，调剂供需双方的外汇余缺，外汇调剂市场应运而生，成为计划分配外汇资源向市场配置外汇资源的过渡。

　　1980 年，中国银行首先开办外汇额度调剂业务，规定贸易外汇调剂价格。之后，逐步允许符合条件的国营和集体企业、外商投资企业之间，按照国家规定的外汇调剂价格，通过经营外汇业务的银行相互调剂外汇。自 1986 年开始，外汇调剂业务改由国家外汇管理局统一办理，明确规定了调剂外汇的来源和用途。

　　在培育外汇市场方面，深圳进行了大胆改革和探索。1985 年 11 月，深圳经济特区设立了外汇调剂中心，以服务企业和社会为宗旨，不以盈利为目的，专门从事外汇调剂业务。之后，全国各地纷纷仿效深圳，建立外汇调剂中心，全面放开外汇调剂价格，外汇调剂的范围和交易量迅速扩大，为日后外汇市场的建立和发展打下了良好的基础。

　　（4）打破外汇业务独家经营的格局。1984 年以前，中国银行作为国家经营外汇业务的专业银行，独家经营外汇业务，其他专业银行及金融机构基本上不能经营外汇业务。随着对外经济交易和国际金融业务量的不断扩大，这种独家经营外汇业务的缺陷日益显著，既不利于引入市场竞争机制，又不利于银行业商业化的改革。打破这一格局，允许各银行之间的业务交叉和相互竞争，建立新的外汇业务经营体系势在必行。

　　1984 年 10 月，深圳率先打破外汇业务独家经营的格局。中国工商银行深圳分行获准开办外汇业务，实行经营业务的交叉，放宽业务范围，打破专业银行之间的业务界限。之后，其他各专业银行也开始经营外汇业务。

　　（5）积极引进外资银行，推动我国金融业的对外开放。1982 年，南洋商业银行深圳分行成立，并获准经营范围广泛的外汇业务。这是中华人民共和国成立后引进的第一家外资银行。1985 年 4 月，《中华人民共和国经济特区外资银行、中外合资银行管理条例》等文件陆续出台，一些国际著名跨国银行和保险公司等各类外资金融机构纷纷抢滩中国。据不完全统计，各类外资金融机构当时在我国大城市设立办事处及分行已达 300 多家。它们不仅经营外汇业务，有的经批准还可经营人民币业务等。

　　这一时期，我国外汇管理体制呈现如下特点：人民币汇率实行有浮动的官方汇率和调剂市场汇率并存的双重汇率制。国际清算、外币收兑、无偿上缴国家均使用官方汇率，境内企业和三资企业调剂外汇余缺，有偿上缴国家外汇和境内居民外汇使用调剂市场汇率。

　　外汇分配具有计划分配和市场配置两条渠道。政府外汇的供需通过计划渠道实现，境内企业和三资企业所需的外汇则通过市场渠道。

　　外汇市场具有公开调剂市场和外汇调剂中心两种模式。在 20 个中心城市设立了外汇调剂中心，买卖双方通过外汇调剂中心进行议价交易。

　　外汇储备包括上缴国家外汇和企业留成外汇两个部分，有中央银行直接管理和中国银行代管两种形式。在这种体制下，企业日常的国际收支都通过外汇储备渠道进行，国家外汇储备和专业银行经营头寸混在一起，造成外汇储备关系不顺，难以确定国家外汇储备的规模以及适度水平，缺乏对外汇市场宏观调控的能力。

　　外债管理实行统一计划、分口管理的体制。国家计委每年下达借用外债计划指标，外管局负责国际商业贷款的审批和各种外债的统计、检测及监督，外经贸部负责双边政府贷款，财政部负责世界银行贷款，中国人民银行负责国际货币基金组织、亚洲开发银行和其他国际性、区域性的金融机构贷款，中国银行负责输出入能源贷款，农牧渔业部负责联合国农业发展基金会贷款。

3）市场配置外汇资源的作用愈加重要，与社会主义市场经济相适应的外汇管理体制不断完善（1994—2012年）

1993年11月，党的十四届三中全会通过了《中共中央关于建立社会主义市场经济体制若干问题的决定》，这是新一轮改革开放的纲领性文件。它勾画了社会主义市场经济体制的基本框架，明确提出要加快改革开放和社会主义现代化建设步伐，要求"改革外汇管理体制，建立以市场供求为基础的、有管理的浮动汇率制度和统一规范的外汇市场，逐步使人民币成为可兑换的货币"。这一阶段，经过持续改革发展，我国初步确立了与社会主义市场经济相适应的外汇管理体制框架。

（1）探索创新外汇管理理念和方式。外汇管理部门在不同阶段进行了各具特色的实践探索。1993年，外汇管理体制改革全面启动，"宽进严出"的管理思路逐步转变。2001年，我国加入世界贸易组织，为适应开放的大国经济，外汇管理逐渐转向"均衡管理"，明确了国际收支平衡的管理目标。2009年，外汇管理部门进一步提出外汇管理理念和方式"五个转变"，即从重审批转变为重监测分析、从重事前监管转变为强调事后管理、从重行为管理转变为更加强调主体管理、从"有罪假设"转变为"无罪假设"、从"正面清单"转变为"负面清单"，外汇管理服务实体经济的能力和水平不断提升。

（2）改革人民币汇率形成机制。顺应计划经济向市场经济转变，1994年人民币官方汇率和外汇调剂市场汇率实现并轨，我国开始实行以市场供求为基础的、单一的、有管理的浮动汇率制度。2005年开始实行以市场供求为基础、参考一篮子货币进行调节、有管理的浮动汇率制度，人民币汇率不再单一钉住美元。为与人民币汇率形成机制改革相适应，1994年取消外汇留成与上缴，实行银行结售汇制度，并成立了全国统一的银行间外汇市场，1998年取消外汇调剂业务。进入21世纪，伴随汇率形成机制改革的推进，强制结售汇制度退出历史舞台。

（3）不断提高人民币可兑换程度。1996年年底，我国接受国际货币基金组织协定第八条款，宣布实现经常项目完全可兑换，对经常性国际支付和转移不予限制。货物贸易外汇管理制度由逐笔核销转变为总量核查、动态监测、分类管理，服务贸易用汇审批进一步简化。2007年个人结售汇年度便利化额度由2万美元提高至5万美元，以便利居民旅游、留学等用汇需求。资本项目方面，持续完善外商直接投资和对外直接投资外汇管理，建立外债管理制度和合格机构投资者制度，不断满足境内外投资者的投融资需求。

（4）有效防范跨境资本流动冲击。1997年亚洲金融危机期间，外汇管理部门在坚持经常项目可兑换的同时，加强真实性审核管理，严格资本项目管理，及时规范了外汇收支秩序，增强了市场信心。人民币不贬值的郑重承诺避免了亚洲地区货币出现竞争性贬值，维护了区域经济金融环境的稳定，赢得国际社会一致好评。2008年国际金融危机爆发后，主要发达经济体实施量化宽松的货币政策，对我国外汇形势产生巨大的冲击。外汇管理部门密切跟踪形势变化，强化跨境资金流动监测预警和真实性审核，保持人民币汇率在合理均衡水平上的基本稳定，有效避免了外部风险传染。

（5）完善外汇储备经营管理。21世纪以来，我国逐渐摆脱外汇资源短缺状态，外汇储备规模自2006年以来一直稳居世界第一。面对国际金融市场的大幅波动，我国外汇储备实行国务院、中国人民银行和国家外汇管理局三级授权管理制度，加强中长期战略规划，审慎优化货币和资产结构，保障了储备资产安全、流动和保值增值。外汇储备积极拓展多元化运用，2003年通过中央汇金公司支持国有商业银行改革；2011年成立委托贷款办公室，为后续设立丝路基金等股权投资机构、服务"一带一路"建设和国际产能合作奠定基础。

4）统筹平衡便利化和防风险，建立健全与更高水平开放相适应的跨境资本流动管理框架（2013年至今）

2013年11月，党的十八届三中全会明确提出，经济体制改革的核心问题是处理好政府与市场的关系，使市场在资源配置中起决定性作用和更好发挥政府作用。党的十九大提出了习近平新时代中国特色社会主义思想，宣示中国特色社会主义进入了新时代。外汇管理部门坚持稳中求进工作总基调，统筹平衡促进贸易投资自由化、便利化与防范跨境资本流动风险之间的关系，在开放的环境中适应开放，不断完善跨境资本流动"宏观审慎+微观监管"两位一体管理框架，积极应对外汇市场高强度冲击，有力地维护了国家经济金融安全。

（1）稳步推进资本项目开放。按照经济发展阶段、金融市场状况、金融稳定要求，统筹交易环节和汇兑环节，有序推动不可兑换项目的开放，提高可兑换项目的便利化水平。大幅简化外商直接投资外汇管理，加强对外直接投资分类管理，直接投资已实现基本可兑换。以金融市场开放为重点，构建跨境证券市场交易互联互通机制，完善合格机构投资者制度，推动银行间债券市场和境内商品期货市场对外开放，跨境证券投资渠道不断拓展。建立全口径跨境融资宏观审慎管理框架，丰富了市场主体的融资渠道，降低了融资成本。

（2）不断提升贸易便利化水平。坚持经常项目可兑换原则，依法保障真实合规的经常项目国际支付与转移。在货物贸易、服务贸易、保险机构、外币现钞、个人外汇业务等领域推出多项便利化措施，推进区块链技术在外汇管理领域的应用。大力推动"放管服"改革，完善外汇管理局"互联网+政务服务"网上办理系统，持续优化营商环境。支持跨境电子商务、市场采购贸易、外贸综合服务等贸易新业态新模式。积极服务区域开放创新和特殊区域建设，支持在相关区域开展外汇管理改革的先行先试。支持"一带一路"沿线贸易投资活动，每年更新发布《"一带一路"国家外汇管理政策概览》。

（3）成功应对多轮外汇市场高强度冲击。2015年以来，受国内外多重因素综合作用影响，我国外汇市场出现了几轮较严重的"资本流出—外汇储备下降—人民币贬值"负向螺旋。面对复杂严峻的形势，外汇管理部门按照党中央、国务院部署，及时制定和实施了包括增强人民币汇率弹性、启动部分宏观审慎管理工具、加强市场预期引导等在内的一揽子应对措施，成功地稳定了外汇市场，有效维护了国家经济金融安全。2018年以来，在中美经贸摩擦不断、外部环境复杂多变的情况下，外汇管理部门在党中央的坚强领导下，认真总结前期应对外部冲击风险的经验，主动应对，多措并举，维护了外汇市场的基本稳定。

（4）跨境资本流动宏观审慎管理框架初步形成。为了防止大规模不稳定跨境资本流动引发系统性金融风险，外汇管理部门在坚持市场化导向和经常项目可兑换原则基础上，逆周期、市场化调控外汇市场主体的交易行为。建立和完善跨境资本流动监测、预警和响应机制，更好运用中间价逆周期因子、风险准备金、全口径跨境融资宏观审慎等各类政策工具。出台《银行外汇业务合规与审慎经营评估办法》，提升外汇管理政策传导效率。

（5）外汇市场微观监管政策体系不断完善。外汇市场微观监管旨在维护可兑换政策框架的稳定性和可信度，维护外汇市场竞争秩序，保护外汇市场消费者合法权益，防范微观主体外汇业务经营风险，并通过真实性审核、行为监管和微观审慎监管三个支柱实现政策目标。根据上述政策目标，外汇管理部门坚持在保障正常贸易投资活动的前提下，保持外汇市场微观监管跨周期的稳定性、一致性和可预期性，严厉打击跨境套利、地下钱庄、非法网络炒汇等外汇领域违法违规行为，切实维护外汇市场秩序。

观念应用 2-1

外汇管理的主要内容包括外汇收支和汇率的形成机制。它与任何国家或地区的外汇管理体制是分不开的。随着改革开放的深入进行，我国外汇管理体制的改革完成了从计划经济到市场经济体制的过渡，外汇管理职能相应地开始转变。

观念应用 2-1

分析提示

2.1.2　外汇管理职能的转变

1994年1月，以人民币汇率并轨为主要内容的我国外汇管理体制改革开始。根据1993年12月中国人民银行颁布的《中国人民银行关于进一步改革外汇管理体制的公告》，外汇管理体制改革的近期目标是实现经常项目人民币有条件的可兑换，其长期目标是实现人民币的自由兑换。实现人民币的自由兑换意味着取消经常项目和资本项目的外汇管制，对国与国之间的正常汇兑活动和资金流动不进行限制。目前近期目标已基本实现，长期目标的实现尚须时日，任重道远。

2008年8月1日国务院第20次常务会议修订通过并于8月5日开始实施的《中华人民共和国外汇管理条例》，是1994年以来我国外汇管理体制改革的主要内容和成果的集中体现。其主要内容包括：

（1）1994年以前，我国的人民币汇率是官方汇率和外汇调剂市场汇率并存的双轨制。1994年1月1日起实行以市场供求为基础的、单一的、有管理的浮动汇率制。2005年7月21日起实行以市场供求为基础的、参考一篮子货币进行调节、有管理的浮动汇率制。

（2）实行银行结汇、售汇制，取消外汇的无偿上缴和外汇留成制度。改革前企业创汇收入的一部分必须上缴，可保留一定比例（一般为50%）的外汇收入作为留成。留成分为现汇留成和额度留成两种。额度留成只是一种用汇权制，在使用时用人民币配成现汇。企业每用一笔外汇留成都需要层层审批。改革后，企业无须再向国家无偿上缴外汇。

（3）取消外汇收支的指令性计划，国家主要运用经济、法律手段实现对外汇的宏观调控。改革前，有相当部分外汇是以官方汇率按照国家的指令性计划进行分配。改革后，外汇分配取消了计划审批，全部外汇资源都由市场进行配置，不再依靠行政手段。

（4）停止发行外汇券。已发行的外汇券可继续使用，逐步兑回。同时，禁止境内任何形式的外币计价结算和流通，重新确立人民币在中国境内唯一的合法主体货币的地位。境内的一切商品和劳务支出均以人民币计收。

（5）建立国家统一、规范的银行之间外汇市场，改进汇率形成机制。改革前，我国的外汇市场是以各地外汇调剂中心的形式存在的，交易主体是外汇的最终供求者。改革后，国家建立了全国外汇交易中心以及分中心，市场主体是须批准可经营外汇业务的银行。通过这一市场为各银行之间相互买卖外汇余缺和清算提供服务。

（6）对外商投资企业的外汇管理政策不变。外商投资企业可以全额保留外汇，可以开立外汇账户，并继续保留外汇调剂市场为其买卖外汇服务。

这次外汇管理体制的改革，外汇管理局的职能相应发生了变化，即外汇管理的职能由直接管理转变为间接管理，由具体管理向宏观调控转变。改革前，外汇结售汇制管理程序是中国人民银行、外管局—企业（公司）等；改革后，外汇结售汇制管理程序是中国人民银行、外管局—外汇指定银行—企业（公司）等。随着外汇管理这一变化，中国人民银行、外管局的管理对象由企业转变为外汇指定银行，对付汇的审核责任也由外管局直接管理转移到外汇指定银行的直接管理，这有利于国家间接地进行宏观调控，保证了外汇业务管理和宏观调控的有效实施。

这次外汇管理体制的改革，有利于我国尽可能地适应经济一体化、资本一体化的客观变化，加快进入世界贸易组织的进程。人民币汇率并轨，以及允许人民币经常项目有条件可兑换，是我国经济与世界经济接轨的一部分，有利于平衡我国的经常项目的收支，促进我国进出口贸易，加强外资的引进。实行银行结售汇制度，加快了企业资金的周转速度，方便了企业用汇。同时，为境内各类企业创造了一个平等竞争的良好环境，有利于国有企业经营机制的转换。

补充阅读资料2-1 ▰ **国家外汇管理局的基本职能**

（一）研究提出外汇管理体制改革和防范国际收支风险、促进国际收支平衡的政策建议；研究逐步推进人民币资本项目可兑换、培育和发展外汇市场的政策措施，向中国人民银行提供制定人民币汇率政策的建议和依据。

（二）参与起草外汇管理有关法律法规和部门规章草案，发布与履行职责有关的规范性文件。

（三）负责国际收支、对外债权债务的统计和监测，按规定发布相关信息，承担跨境资金流动监测的有关工作。

（四）负责全国外汇市场的监督管理工作；承担结售汇业务监督管理的责任；培育和发展外汇市场。

（五）负责依法监督检查经常项目外汇收支的真实性、合法性；负责依法实施资本项目外汇管理，并根据人民币资本项目可兑换进程不断完善管理工作；规范境内外外汇账户管理。

（六）负责依法实施外汇监督检查，对违反外汇管理的行为进行处罚。

（七）承担国家外汇储备、黄金储备和其他外汇资产经营管理的责任。

（八）拟订外汇管理信息化发展规划和标准、规范并组织实施，依法与相关管理部门实行监管信息共享。

（九）参与有关国际金融活动。

（十）承办国务院及中国人民银行交办的其他事宜。

2.1.3　外汇管理的一般内容

我国外汇管理的主要内容，一般包括：

1）经常项目下的货币可兑换

经常项目下的货币可兑换是指一国对经常项目下的对外支付解除了限制或管制。国际货币基金组织（IMF）在其协定第八条的二、三、四款中规定，凡是能实现不对经常性支付和资金转移施加限制，不实行歧视性货币措施或多重汇率，能够兑付外国持有的在经常性交易中所取得的本国货币的国家，该国货币就是可兑换货币。可见，IMF所指的可兑换实际上是经常账户下的货币可兑换。实现了经常账户下货币可兑换的国家也即承担了IMF协定第八条款所规定的义务，成为IMF的第八条款国。

此外，IMF协定还规定实现经常账户项下可兑换应对以下四项内容的对外支付不加限制：①所有与对外贸易、其他经常性业务、包括服务在内的以及正常的短期银行信贷业务有关的对外支付；②应付的贷款利息和其他投资收入；③数额不大的偿还贷款本金或摊提直接投资折旧的支付；④数额不大的家庭生活费用汇款。

根据IMF《汇兑安排与汇兑限制年报（2018）》，在IMF的189个成员中，已有172个接受了第八条款。我国于1996年12月1日正式成为IMF第八条款国。

根据IMF协定第十四条款的规定，成员方可以暂时保留"国际经常性往来的付款和资金转移"的限制，于是，保留严格外汇管制的成员方被称为IMF第十四条款国，这类国家或地区的货币是不可兑换货币。鉴于各国家或地区的情况不同，IMF没有规定"暂时"是多长时间，但从IMF协定的宗旨看，IMF希望成员方尽快放松外汇管制。

2）资本项目下的货币可兑换

资本项目下的货币可兑换是指对资本流入和流出的兑换均无限制。IMF协定第六条款区分了经常项目和资本项目的自由兑换，允许成员方运用必要的控制手段调节资本的转移，即成员方没有义务来实施资本项目下的货币可兑换。

在第二次世界大战结束后初期，各国都对资本流动实施了严格的控制。随着经济的发展，一些发达国家逐步取消了资本和金融账户管制。近年来，金融市场全球化的趋势又推动了各国对资本和金融账户管制的进一步放开。IMF 在 1997 年中国香港年会上，确定了以推动各成员方实行资本账户下的可兑换为目标，试图推行资本项目下的货币可兑换。然而，由于当时正处于亚洲金融危机期间，反对资本自由流动的呼声较高，IMF 的计划只好暂时搁置。

1997 年亚洲金融危机爆发后，IMF 将原先对成员方资本账户开放的单项认定细分为 7 大类 11 项 40 个子项，并且以这 11 项为框架对成员方的资本管制状况进行评估。此外，IMF 还考察成员方对商业银行和其他信贷机构、机构投资者的专门规定，反映一国或地区对外资金融机构管理的基本框架。

目前大多数 IMF 的成员都对资本和金融项目实行不同程度的限制。在已实行资本项目可兑换的成员中，绝大多数是发达国家。经济合作与发展组织规定其成员有义务实现资本项目的货币可兑换，所以其成员均放弃了对资本流动的管制。此外，一些经济发展较快或者外汇收入充裕的国家和地区也相继实现了资本自由流动，东南亚、东欧、中东、拉美乃至非洲的一些国家和地区都属此类。

根据国际经验，大多数国家都是先实现经常项目可兑换，再逐步创造条件，过渡到资本项目可兑换，如法国、日本、意大利等在成为第八条款国 20 多年以后才完全取消资本项目下的外汇限制。

3）货币的完全自由兑换

如果一国货币在经常项目、资本和金融项目下都实现了自由兑换，该国货币就被称为完全的可自由兑换货币。

要实现货币的完全自由兑换，一国货币往往要经历不可兑换、经常项目有条件可兑换、经常项目可兑换、经常项目可兑换加上资本项目的有条件可兑换，直至资本项目可兑换，这其实是外汇管制不断放松的过程。

通常，经常项目下的可兑换是货币自由兑换的第一步，也是最为基本的一步，它往往成为各国货币自由兑换实践的突破口。纵观第二次世界大战之后的金融史，从 1958 年欧洲共同体实现有限度的自由兑换，1964 年日本实现部分的自由兑换，到 20 世纪七八十年代的拉美国家、东欧国家以及东南亚各国货币的自由兑换，再到 1996 年年底我国实行的人民币经常项目完全可兑换，大多数国家都是以经常项目下的自由兑换作为开端的，而少数国家（如阿根廷、波兰）首先实行资本项目下的可兑换都没有成功，造成了金融市场的动荡。

这主要是因为：首先，就经常项目和资本项目开放对一国宏观经济的影响程度而言，后者投机性因素较强，比前者的控制难度与风险大得多。所以，一般实行货币自由兑换的国家比较倾向于由易到难，按照比较安全的顺序来实现货币的可兑换。其次，从 IMF 来看，只要做到了经常项目自由兑换，该种货币就可以被认为是自由兑换货币了。IMF 对资本和金融项目下的自由兑换并无强制性规定，因此成员在资本项目下取消管制的压力大为减轻。最后，从国际经济交易的发展进程来看，首先实现经常项目下的自由兑换与第二次世界大战后关贸总协定（GATT）及之后的世界贸易组织（WTO）一直推动的贸易自由化有关。贸易自由化在前，资本自由化在后，是第二次世界大战后世界经济的一个重要特点，这无疑对货币自由兑换安排的阶段性产生了影响。

2.2　外汇市场基本内容

2.2.1　外汇市场概述

外汇管理的主要内容是说明外汇管理的范围，其中重点是外汇市场。**外汇市场**指进行不同国家或地区货币的交易以及兑换的市场，是由外汇需求者、外汇供给者、交易中介机构等所构成的外汇交易活动的场所。它包括居民之间、居民与非居民之间以及非居民之间进行的外汇买卖。外汇市场是国际金融市场的重要组成部分。由于它的存在，资金在国家之间的调转划拨才得以进行，国家之间的债权债务才得以清偿，国际大规模资本才得以流动，跨越国界的资金融通也得以实现。

1）外汇市场的形式

外汇市场从形式上分为有形外汇市场和无形外汇市场。**有形外汇市场**，是指从事外汇交易的双方在固定的交易场所和规定的营业时间里进行外汇买卖的场所。**无形外汇市场**，是指通过通信系统和交易终端，在银行没有固定的时间与地点进行外汇买卖的场所。这种外汇市场没有固定的交易场所，外汇买卖也没有固定的开盘或收盘时间，如伦敦、纽约、苏黎世、东京等外汇市场。目前，一般外汇交易都可通过连接本国及本地区或跨国家及跨地区的银行之间和外汇经纪人之间的电话、电传等通信工具进行。从这个意义上说，外汇市场是一个抽象的通信交易网络。伦敦和纽约是世界上最大的外汇市场所在地，人们一般将典型的外汇市场理解为抽象的市场或无形的市场。

2）全天候的外汇市场

世界上大约有30多个主要的外汇市场，它们遍布于世界各大洲的不同国家和地区。根据传统的地域划分，可分为亚洲、欧洲、北美洲三大部分，其中最重要的外汇市场有欧洲的伦敦、法兰克福、苏黎世和巴黎，北美洲的纽约和洛杉矶，大洋洲的悉尼，亚洲的东京、新加坡和中国香港等。

每个外汇市场都被距离和时间所隔，但各有特点，不乏共性，各自独立却又相互影响。在外汇交易上，交易双方不仅没有空间上的限制，也没有时间上的限制。这是因为各个外汇市场之间形成了一个发达、迅捷的现代通信网络。任何一个市场的外汇报价、外汇交易、汇率波动等信息都会很快地传递到世界各地。由于世界上主要外汇市场分布在不同时区和地区，一个市场收盘后，另一个市场开盘，出现了24小时不间断的外汇交易。如伦敦、法兰克福、苏黎世、巴黎等欧洲外汇市场营业结束后，纽约、旧金山、芝加哥等北美洲的外汇市场开市，之后，悉尼、东京、新加坡、中国香港等外汇市场逐次开市，又再回到欧洲。这些外汇市场按照不同时区的时差顺序开盘、收盘，如此周而复始，这样有利于国际资本流动，市场之间的汇率差异缩小，形成了经济全球化运作、全天候运行的统一的国际外汇市场。

国际清算银行统计显示，国际上3个外汇交易中心的平均交易额约为1.5万亿美元，一年约为300多万亿美元，相当于世界贸易额的20多倍。这正说明国际资本流动加速和规模扩大，促成了外汇交易额的迅速增加，外汇交易远远地摆脱了依附于国际贸易结算的地位，外汇市场在实现国际购买力的转移中发挥了独一无二的重要作用。

伦敦仍是世界上最大的外汇交易中心。作为世界上最悠久的国际金融中心，伦敦外汇市场的形成和发展也是世界上最早的。早在第一次世界大战前，伦敦的外汇市场已初具规模，世界上大多数国际贸易结算和支付都在此进行。1979年10月，英国全面取消了外汇管制，伦敦外汇市场在已有的规模上迅速发展起来。在伦敦金融城中聚集了约600多家银行，几乎所有的国际性跨国银行都在此设有分支机构。据统计，目前世界各国银行的国际业务有相当大的一部分是通过它们在伦敦的分行进行的。例如，美国银行国际业务的50%以上，日本银行国际业务的近40%，加拿大的36%，德国的25%，瑞士的26%，意大利的20%等，都是在伦敦处理的；本国金融业越不发达的国家，其国际金融业务对伦敦的依赖也越重，这大大提高了伦敦国际金融中心的地位。伦敦的地理位置独特，地处东西方两大时区的交汇点，连接着亚洲和北美洲市场，亚洲接近收市时伦敦正好开市，而伦敦收市时，纽约正是外汇交易活跃的时间。作为国际金融中心，伦敦的优势不仅在于其理想的国际时区地理位置、稳定的政治环境、发达成熟的金融业以及众多的相关人才，更在于其一直推行宽松金融政策来鼓励国际金融业务的发展。在伦敦外汇即期市场，所有的可兑换货币都可买卖；伦敦外汇远期市场的管制也较宽松，交易十分活跃，美元外汇远期交易可长达5年。伦敦作为世界上最大的外汇交易中心，对整个外汇市场的走势有着重要的影响。

纽约也是世界上最活跃的外汇市场之一。第二次世界大战后，随着美元成为世界性的储备、清算和支付货币，纽约成为全世界美元的清算中心。纽约外汇市场迅速发展成为一个完全开放的市场，成为世界上第二大外汇交易中心。它提供所有类型的外汇交易。远期外汇的交易额超过即期外汇交易额，参与远期外汇交易的银行数量超过参与即期交易的银行数量。在纽约货币市场上，1983年10月，美国取消了对存款的所有利率上限和期限限制；对定期存款单的发行面值也没有任何限制。因此，美国银行业吸收存款的能力得到了迅速提高。到了20世纪90年代末，纽约已发展成为适用多种金融衍生工具的、吸引大量投资与投机资金的主要的外汇市场。同时，世界上90%以上的美元收付通过纽约的"国际银行间清算系统"进行，它有着其他外汇市场无法取代的美元清算和划拨的功能，且地位日益巩固。另外，纽约外汇市场的重要性还表现在它对汇率走势的重要影响上。纽约外汇市场汇率变化的激烈程度比伦敦市场有过之而无不及，其原因主要有以下三个方面：美国的经济形势对整个世界经济有着举足轻重的影响；美国信用制度发达，金融市场体系完善，股市、汇市和债券市场相互作用，相互联系，又相互影响；以美国投资基金为主的投机力量非常活跃，对汇率波动推波助澜。因此，纽约外汇市场的汇率变化越来越引起人们的关注。

东京是国际金融中心之一，也是亚洲地区最大的外汇交易中心。在20世纪60年代以前，日本实行严格的金融和外汇管制。1964年，日本才加入国际货币基金组织，日元才被允许自由兑换，东京外汇市场开始逐步形成。20世纪80年代，随着日本经济的迅猛发展和其在国际贸易中地位的逐渐上升，东京外汇市场也日益壮大起来。90年代以来，受日本泡沫经济崩溃的影响，东京外汇市场一直处于低迷状态。东京外汇市场上的交易以美元兑换日元为主。日本是贸易大国，经常项目中的贸易收支对此外汇市场上汇率的波动影响较大。由于汇率的变化与日本贸易收支状况密切相关，日本中央银行对美元兑换日元汇率的波动极为关注，频繁地干预外汇市场。这是东京外汇市场的一个重要特点。

3）外汇市场的交易层次

外汇市场的参与者有：①外汇银行。它是指由中央银行指定或授权经营外汇业务的银行，一般包括专营或兼营外汇业务的本国银行、设在本国的外国银行分行。它是外汇市场的主要参与者，不仅是外汇交易的供求者，而且自行对客户买卖外汇。②外汇经纪人。其是指能提供最新的外汇交易各方面信息，并促成外汇交易供求双方成交的专业中介人或机构。目前在国际外汇市场上的外汇经纪人一般都是大商业银行或大经纪商。③中央银行。其通过购入外汇或卖出外汇，即吞吐某一外汇，干预外汇市场，来达到稳定本国汇率和平衡国际收支，从而实现政府的经济政策的目标。④外汇市场的一般供求者。一些进出口企业和个人，出于贸易和投资等目的，通过外汇银行买卖外汇，这是外汇市场的最终供求者。

外汇市场上的交易有三个层次：银行与客户之间、银行同业之间、银行与中央银行之间。

第一个层次是银行与客户之间的外汇交易，也称"零售市场"。交易的客户大多数是企业、公司和个人，出于各种各样的动机，需要向外汇银行买卖外汇，即主要进行本币与外汇之间的买卖。银行在与客户交易中，一方面从客户手中买入外汇，另一方面又将外汇卖给其他客户。银行实际上在外汇供给者与需求者之间起中介作用，并获得外汇交易中的差价。

第二个层次是银行同业之间的外汇交易，也称"批发市场"。外汇交易在同一市场各银行之间以及不同市场各银行之间进行。在外汇批发市场上，外汇交易币种主要包括本币与外币、外币之间，其特点是外汇交易的数额大、效率高，对汇率波动影响大。银行在为客户提供外汇交易的中介服务中，可能出现营业日内的某一外汇头寸的"多头"或"空头"，此称为"敞口头寸"，即一些外汇的卖出额大于买入额，或卖出额小于买入额。为了避免汇率波动风险等，银行就需要利用同业之间的外汇交易即时进行头寸的调拨，轧平外汇头寸，即将多头卖出，将空头买入。据统计，银行同业之间的外汇交易占外汇市场交易额的90%以上，一般每笔外汇交易额至少在100万美元，多者达1 000万或数千万美元。由此，银行同业之间的外汇买卖差价一般要低于银行与客户之间的买卖差价。银行同业之间的外汇交易反映出来的供求关系，决定和影响着汇率的波动以及走势。

第三个层次是银行与中央银行之间的外汇交易。中央银行干预外汇市场所进行的外汇交易是在它与银行之间进行的。通过这种交易，中央银行可以使外汇市场供求关系所决定的汇率相对稳定。如果某种外汇兑换本币的汇率低，中央银行就会向银行买入这种外汇，增加市场对此种外汇的需求量，促成其汇率上升。反之，如果中央银行认为该外汇的汇率高，就会向银行卖出此种外汇，促成其汇率下降。由于外汇市场是国际性的交易场所，因此，中央银行的干预不仅在本国外汇市场进行，还可以在其他外汇市场进行。例如，日本中央银行干预外汇市场，就常常在日本以外的中国香港、新加坡、伦敦、纽约等外汇市场进行。另外，中央银行出于外汇储备资产管理的需要，也经常要通过与银行之间的外汇交易，调整外汇储备的结构，避免金融性汇率的风险。

小知识2-1

我国外汇储备规模（1950—2019年）见表2-1。

表2-1　　　　　　　　　　　　我国外汇储备规模　　　　　　　　　单位：亿美元

年度	金额	年度	金额	年度	金额
1950	1.57	1974	0	1998	1 449.59
1951	0.45	1975	1.83	1999	1 546.75
1952	1.08	1976	5.81	2000	1 655.74
1953	0.9	1977	9.52	2001	2 121.65
1954	0.88	1978	1.67	2002	2 864.07
1955	1.8	1979	8.4	2003	4 032.51
1956	1.17	1980	−12.96	2004	6 099.32
1957	1.23	1981	27.08	2005	8 188.72
1958	0.7	1982	69.86	2006	10 663.44
1959	1.05	1983	89.01	2007	15 282.49
1960	0.46	1984	82.2	2008	19 460.3
1961	0.89	1985	26.44	2009	23 991.52
1962	0.81	1986	20.72	2010	28 473.38
1963	1.19	1987	29.23	2011	31 811.48
1964	1.66	1988	33.72	2012	33 115.89
1965	1.05	1989	55.5	2013	38 213.15
1966	2.11	1990	110.93	2014	38 430.18
1967	2.15	1991	217.12	2015	33 303.62
1968	2.46	1992	194.43	2016	30 105.17
1969	4.83	1993	211.99	2017	31 399.49
1970	0.88	1994	516.2	2018	30 727.12
1971	0.37	1995	735.97	2019	31 079.24
1972	2.36	1996	1 050.29		
1973	−0.81	1997	1 398.9		

资料来源　国家外汇管理局网站（www.safe.gov.cn）。

2.2.2 外汇市场交易形式

外汇市场上，外汇交易参与者从各自的需求出发，利用不同的币种和波动的汇率，采取灵活的交易策略，在现汇交易、期汇交易、外汇期货交易、期权交易、掉期交易和货币互换交易等中实现各自的实际需要。

（1）现汇交易，也称即期外汇交易。它是指外汇交易双方按照即期汇率成交后，双方于当日或两个营业日内办理收付交割的一种交易行为。交易的标的是外汇，称为即期外汇，或称现汇。对银行来说，现汇交易的目的主要是调整当时的外汇头寸。

与即期外汇交易相关的若干概念如下：

交割（delivery），是指买卖双方支付货币的行为。交割通常表现为交易双方分别按照对方的要求将卖出的货币解入对方指定的银行。双方实现货币收付的那一天称作交割日（value date），或称起息日，意味着买卖双方解入账户的货币从这一天开始计息。交割日为成交当天的，称为当日交割（value today）；交割日为成交后第一个营业日的，称为翌日或明日交割（value tomorrow）；交割日为成交后第二个营业日的，称为即期交割（value spot）。

营业日（working day），是指两个清算国的银行均开门营业的日子，以保证交易双方同时完成货币的收付，避免其中任何一方承担信用风险或利息损失。若其中任何一国遇到节假日，交割日按节假日天数顺延。

基本点（basic point），简称点，是表示汇率的基本单位。一般情况下，一个基本点为万分之一货币单位，相当于小数点后的第四个单位数，即0.0001。有些货币由于数字较大，因此其基本点有些不同。以日元为例，日元的价格变动主要在小数点后的两位数上，因此其基本点为0.01货币单位。

（2）期汇交易，也称远期外汇交易。它是指外汇交易双方按照远期汇率成交后，双方根据合同规定在约定的到期日（固定或不固定的到期日）办理收付交割的一种交易行为。被作为标的物的外汇，称为远期外汇。对银行来说，远期外汇交易的目的除了调整外汇头寸外，还可以有效地避免汇率风险。

远期外汇交易的期限在1个月至12个月不等，一般是3个月。在日常交易中，任何一个营业日都可作为远期外汇交易的交割日。按外汇实际交割日的确定来区分，可分为以下两种：

固定交割日的远期外汇交易。它是指按照交易双方商定的日期进行外汇交割的交易。这类外汇交易的交割日既不能提前，也不能推迟。例如，5月16日，A银行与B银行达成一项为期3个月的远期外汇交易，固定交割日，远期汇率为1美元兑换113.45日元，交割日为8月18日。届时，A银行与B银行必须在这一日，同时按对方的要求将卖出的货币解入对方指定的账户内。如果一方提前交割，另一方既不需要提前交割，也不需要因对方提前交割而支付利息。但如果有一方延迟交割，则另一方可向其收取滞付利息。

选择交割日的远期外汇交易。它是指交易的一方可在成交日后的第三天起至约定的期限内的任何一个营业日内，要求交易的另一方按照双方约定的远期汇率进行外汇交割的交易。例如，5月16日，A银行（报价银行）与B银行（询价银行）达成一项为期2个月的选择交割日的远期外汇交易。A银行愿意按1美元兑换109.28日元的汇率卖出10 928万日元，买入等值的美元。B银行愿意按同样的汇率卖出100万美元，买入等值的日元。在5月19日到7月18日之间的任何一个营业日，B银行都可要求A银行按既定的远期汇率进行交割，并按对方的要求将各自卖出的货币解入对方指定的账户内。

远期汇率的表示方法有以下两种：

①直接标明远期汇率。这种方法是指在外汇牌价上直接报出远期外汇的实际汇率。日本和瑞士的外汇市场均采取这种报价方式。

比如，某日苏黎世外汇市场的报价：USD/SFR

即期汇率：1.2754/1.2774

1个月远期汇率：1.2795/1.2815

2个月远期汇率：1.2720/1.2740

3个月远期汇率：1.2670/1.2690

6个月远期汇率：1.2582/1.2616

12个月远期汇率：1.2434/1.2445

②差价报价法。外汇银行只公布即期汇率而不直接公布远期汇率，远期汇率是在即期汇率的基础上计算出来的。这种报价方法的好处是简明扼要，比直接报价省事。

差价报价法有两种形式：

一种是用升水、贴水表示，即报出升、贴水数，然后在即期汇率的基础上加减升、贴水数得出远期汇率。英国、德国、美国和法国等国采用这种方法。

由于汇率的标价方法不同，计算远期汇率的方法也不同：

在直接标价法下，远期升水：远期汇率=即期汇率+升水

远期贴水：远期汇率=即期汇率-贴水

在间接标价法下，远期升水：远期汇率=即期汇率-升水

远期贴水：远期汇率=即期汇率+贴水

例如，某日在伦敦外汇市场上，英镑对美元（间接标价法）的即期汇率为：1英镑=1.2520/1.2540美元，3个月远期美元升水0.30/0.25美分，则3个月远期美元汇率应由即期汇率减去升水数，即：

即期汇率：1.6420/1.6440

美元升水：0.0030/0.0025

远期汇率：1.6390/1.6415

另一种是用"点数"来表示。银行在进行外汇报价时，通常使用"点数"，即基本点。汇率在一天时间内通常只会在小数点后的第三位变动，亦即变动几十个点，不到100点。于是，外汇银行在报价时，只报出远期汇率升、贴水的点数，而且并不说明是升水还是贴水。所报出的点数有两栏数字，分别代表买入价与卖出价变动的点数。

例如，某日加拿大某银行报价：USD/CAD

即期汇率：1.0950/1.0970

1个月远期汇率：10/15

3个月远期汇率：35/25

6个月远期汇率：55/40

我们已经知道，实际的远期汇率可通过即期汇率加上或减去升、贴水得出，但上述数字并未标明是升水还是贴水，因此我们必须先判断变化的方向，然后才能对点数进行加减。

判断升、贴水的方法是：当买价变动小于卖价变动时，即为升水；当买价变动大于卖价变动时，即为贴水。在不同的标价法下，买价和卖价的位置不同。在直接标价法下，前面是买价，后面是卖价；在间接标价法下，前面是卖价，后面是买价。通过归纳，我们可以得出计算远期汇率的一个规则：不管采用什么标价方法，如果远期汇率点数的顺序是前小后大，就用加法；如果远期汇率点数的顺序是前大后小，就用减法，即"前小后大往上加，前大后小往下减"（见表2-2）。

表2-2　　　　　　　　　　　　　点数报价的计算方法

远期汇率的排列方式	升、贴水方向	计算方法
前大后小	直接标价法：贴水；间接标价法：升水	减法
前小后大	直接标价法：升水；间接标价法：贴水	加法

根据这一计算规则，我们可以得出上例中加拿大某银行所报出的美元远期汇率：

即期汇率：1.0950/1.0970

1个月远期汇率：1.0960/1.0985（+10/15）

3个月远期汇率：1.0915/1.0945（-35/25）

6个月远期汇率：1.0895/1.0930（-55/40）

（3）**外汇期货交易**。它是指在期货交易所，交易双方通过经纪公司或经纪商的公开竞价，买入或卖出未来日期的标准化外汇期货合约的交易。外汇期货交易的货币主要有美元、英镑、日元、德国马克、瑞士法郎等，在形式上交易的标的物是标准化外汇期货合约，外汇期货合约的标价是货币兑换的汇率，一般以美元折算。

外汇期货交易是与远期外汇交易不同的一种交易工具，它有三个基本特征：一是外汇期货合约只代表交易双方对有关货币汇率变动趋势的一种预测。因此，当交易一方买入或卖出一手外汇期货合约时，不需要实际付出或收入合约面值所标明的外汇，而只需要手续费。合约生效后，如果当天期货市场收市时的实际期货价格大于该期货合约所标明的价格，则期货合约的买方需支付差价，卖方则收入差价；反之，如果当天期货市场收市时的实际期货价格小于该期货合约上标明的价格，则合约的买方获得收益而卖方亏损。二是一份外汇期货合约实际上是一份每天都需要结算清楚的有约束力的协定合同，而不是像许多人所误解的那样，期货合约与远期合同一样，只是在未来某个确定的日期买入或卖出一项有关外汇资产的有约束力的协定。如果合约一方（如买方）在最终交易日结束之前，卖出同样的一份外汇期货合约，此合约的数量相等但价格不同，那么就会结束自己在外汇期货交易中的买方地位。三是外汇期货交易的经纪人要求买卖双方都需在缔约时付出一定数量的现金存款作为保证金。这笔保证金存入经纪人在清算事务所的账户并公布于众，用以防止期货交易的任何一方违约。于是，期货交易的实际过程是，如果合约一方在某个交易日获得的收益使得账户余额大于所要求的保证金，就可立即提取保证金的盈余部分；反之，如果在某个交易日损失额使账户余额低于所要求的保证金，则需要补足或追加差额部分。

外汇期货交易与远期外汇交易之间有一些实质性区别。首先，对交易双方来说，外汇期货交易每天都要发生现金流动，而远期外汇交易一般是到合同交割期才会有现金流动，即按原来商定的远期汇率交割有关货币。其次，在期货合约有效期内，交易者有可能获得额外的收益或遭到额外的损失，但在远期外汇交易的有效期内，对交易者来说不可能发生这种情况。除此以外，两者的重要区别还在于：在外汇期货交易市场上交易结算金额与成交时金额一般都有变化，按照一种标准数量单位的倍数变化；而远期外汇交易结算金额与成交金额是不变的。远期外汇交易合约的期限一般没有特别规定，以周或月计算，还可以协商任何期限；外汇期货合约则按照标准期限3个月、6个月、9个月、12个月计期。远期外汇交易是在场外进行的；外汇期货交易则是在期货交易大厅里进行的。远期外汇交易是在交易双方之间直接进行的；外汇期货交易双方则要通过经纪公司买入或卖出，由清算事务所进行结算，交易方只需对净额头寸负责，即他买入一手期货合约，再卖出同样的一手期货合约，一买一卖，最后结算差价。远期外汇交易不受交易规则的约束；外汇期货交易则有较规范的市场规则，并受有关法规管辖。

（4）期权交易。它是从期货交易中演变过来的，指在外汇期货交易中，交易双方按照约定的汇价和时间，就是否买入或卖出某一外汇预先达成合约的交易。期权交易中，期权持有者是购买人，期权让与者是出售人。交易双方买卖的是一种权利。期权持有者就外汇合约所规定的日期、汇价等有选择地进行买或卖，或者放弃行使这一权利，但他有义务向期权让与者支付期权费。期权费是一个变量，其汇价高低由交易双方商定，并取决于有效期的长短。有效期越长，期权费越高；反之，期权费就越低，两者成正比。

期权交易的种类，可以按照买入或卖出这两种行为划分三种交易方式：**看涨期权**，也称买入期权，是指交易者在有效期权期内按合约规定的汇价，向期权出售者买入一定数量的外汇币种的权利。**看跌期权**，也称卖出期权，是指交易者在有效期权期内按合约规定的汇价，向期权出售者卖出一定数量的外汇币种的权利。套期期权，是指交易者在同一时期内，购买某一外汇币种的看涨期权和看跌期权，以期择机获取不同方向的期权价格差额。

外汇期权交易有它的独特性。首先，对期权合约买入者来说，外汇期权类同于保险，它具有比远期和期货交易风险更小的优越性。这是因为，外汇期权交易实际产生的是进行买卖的权利而不是义务。外汇期权以约定汇价锁住成本的方法，使汇价异向变动的风险受到了限制；同时，期权持有者又可以利用汇价的任何有利变化。期权持有者的损失不会超过期权费。其次，对期权合约买入者来说，使用外汇期权可以使保值或锁住成本成为确定因素，其原因在于，期权买入者实际上在购进期权合约时就知道期权费的大小，并将其计入成本。最后，外汇期权可以用来作为将来发生与否尚不确定的外汇交易进行风险管理。在这一方面期权交易有较之远期以及期货交易的独到的优越性。例如，假设一家中国进出口公司向美国的某个客商出口一批商品，由于该公司对该地区环境甚至这一客商的信誉并不十分了解，因此担心有可能收不回货款。在这种情况下，如果该公司根据预期可能收入的外汇而采取卖出一笔同样数额币种的远期合约的办法来保值的话，一旦这一客商违约不付或延付，该公司可根据外汇价格变动的情况，选择履行还是不履行那份"卖出期权"。如果不履行，损失最多止于期权费，实际遭受的外汇风险不大。

（5）掉期交易。它是指两笔买卖方向相反，但其中某一货币金额相同，而交割日不同的外汇交易行为。具体地说，银行在买入或卖出即期外汇的同时，卖出或买入远期外汇。银行进行掉期交易的目的在于避免汇率波动带来的风险。

目前，掉期交易大致有三种形式：①即期对远期，即买入或卖出一笔现汇的同时，卖出或买入一笔期汇。这是掉期交易最常见的形式。在短期资本输出/输入中，如果将一种货币调换成另一种货币，通常需要做这一形式的掉期交易，即在期汇市场上卖出或买入，以避免外汇到期时其汇率下跌，外币资产缩水，或外汇负债到期时其汇率上涨，外币资产升值。②明日对次日，即成交后的第二个营业日交割，第三个营业日再做反向交割的一种交易。这种掉期交易用于银行同业之间的隔夜资金拆借。③远期对远期，指对不同交割期限的外汇远期交易双方做货币、金额相同而方向相反的两个交易。这种交易只是偶尔使用。

在掉期交易中，即期对远期的形式使用最为普遍。例如，中国银行某分行根据客户的要求，用美元买入1亿日元的即期外汇。为防止3个月后日元汇率下跌，该银行可以利用掉期交易手段，即在买入1亿日元现汇的同时，卖出3个月期的日元期汇和买入3个月期的美元期汇，从而避免可能因日元汇率下跌而承担的风险。

（6）**货币互换交易**。它是指持有不同币种的外汇交易双方，以商定的筹资本金和利率为基础，进行货币本金的交换并结算利息的交易行为。货币互换交易的基本方法有：首先是本金的初期互换，其主要目的是确定交易双方各自本金的金额，以便将来计算应支付的利息和再换回本金。其次是利息的互换，即交易双方按议定的利率，以未偿还本金额为基础，进行利息支付。最后是本金的再次互换，即在合约到期日，双方换回交易开始时互换的本金。货币互换交易不仅可以降低筹资成本，并使有关企业、公司能够利用外国资本市场获得本来不易获得的某种货币资金，而且有助于避免风险。

与货币互换交易相似的交易行为是利率互换交易。它是指持有同种货币的交易双方，以商定的筹资本金为计算利息的基础，一方以其筹集的固定利率资金换取另一方的浮动利率资金。在交易中双方实际上只计算互换的利息差异并作结算，而不会发生本金的实际转移。通过这种互换，交易中的一方可将其某种固定利率资产或负债换成浮动利率资产或负债；另一方则相反。

目前，随着国际金融业的发展，金融工具也不断创新，外汇交易的形式还将丰富多彩，外汇市场的地位以及特征与这些变化将更加紧密地联系在一起。它的特征有如下几点：

首先，外汇市场是某国或地区之间宏观经济变化的"晴雨表"。一般说来，一国或地区外汇市场的交易量，以及本币对外币的汇率变化，对其国民收入、就业、物价指数和利率水平等经济变量都有重大的影响。同时，外汇市场不仅对本国的宏观经济变量极为敏感，还容易受他国经济实力变化的影响。外汇市场的地位与作用显得越来越重要，对开放型国家或地区的经济尤为如此。

其次，外汇市场的汇率波动频繁，外汇风险管理已引起重视。20世纪70年代初期，许多国家或地区逐步实行浮动汇率制。此后，外汇市场的动荡不稳和汇率波动剧烈就成了经常现象。进入90年代，全球经济一体化趋势不可阻挡，国际资本流动的规模与速度成倍增加，汇率剧烈波动，不可避免地给对外经济交易带来风险。在外汇批发、零售市场上，外汇风险管理大显身手，外汇交易者更懂得利用有效的交易形式，来达到套期保值、转移风险或追逐利润的目的。

再次，外汇市场上"创造价格"的功能越来越突出。外汇交易过程中，出现的并不是一种价格，而是两种价格，即买入价和卖出价。在外汇交易价格之间有一定的差幅，差幅也经常变动。外汇交易商，主要是外汇银行，通过变动差幅的大小而"创造价格"，并根据这些价格进行交易。外汇交易商与外汇经纪商不同，后者只是促成外汇的买方能找到卖方，或卖方找到买方；而前者则不仅促成交易，而且为了轧平头寸有时还作为交易的一方，即如果一笔外汇卖出一时找不到买方，外汇银行则以其"创造"出的价格自己买入这笔外汇。外汇交易商众多的"创造价格"，将使外汇交易的价格趋同，影响汇率的变化。

最后，外汇市场上政府的干预比以前频繁、规模小，但及时并且效率高。尽管世界上许多国家或地区实行的是开放性经济，但政府对经济的干预或调节从未放弃过。尤其是外汇市场，不仅本国货币当局时常介入，有时甚至几个国家的中央银行联合起来干预。同时，干预的频率较过去频繁，但规模不大。

观念应用2-2

据冰岛 Landsbanki 消息，由于冰岛克朗持续下滑，冰岛央行2019年1月10日卖出3 500万欧元，购入45亿冰岛克朗。这是自2018年9月以来，冰岛央行第四次干预外汇市场。前三次分别是2018年9月、10月、11月，分别卖出欧元900万、900万、600万。冰岛央行行长 Mar Gudmundsson 表示：自2018年秋天以来，冰岛克朗对美元、欧元汇率均大幅下跌，为减少冰岛克朗过度的日常波动和过多的短期波动，央行采取了适度的干预措施。这符合央行的金融监管政策，抛出的欧元约为冰岛外汇储备的1%，对外汇供应影响有限。

观念应用2-2

分析提示

2.2.3　外汇交易操作与规则

在外汇市场上，每个交易日都要发生数额巨大的外汇交易，成交、结算、支付、交割等都在规范中进行。外汇交易的一般规则和程序，保证了外汇市场得以正常运转。

1）外汇交易的一般规则

在国际外汇市场，外汇交易者对同一种货币的汇率会给出两种价格，即买入价和卖出价。外汇交易者报价的一般规则是买入价低于卖出价，但确切地说，这又必须取决于是用直接标价法还是用间接标价法。如果外汇交易者用的是直接标价法，则其报价必然是外币的买入价低于外币的卖出价；如果外汇交易者用的是间接标价法，则其报价会是外币的买入价高于外币的卖出价。买入价与卖出价的差额就是外汇交易者的收益。

由于美元在国际金融中的特殊地位，外汇市场上有许多行市采用美元标价法，即除了有特别说明外，所有的货币汇率都是以美元报出的。另外，英镑、欧元、新西兰元等采用间接标价法，其他货币一般采用直接标价法。

在国际外汇市场，外汇交易报价时力求简明扼要，特别是在银行同业之间进行的外汇买卖。按交易惯例，一般只报汇率的最后几位数，此称为基本点。例如，2000年10月21日，东京外汇市场即时汇率1美元=1.5265瑞士法郎，而10月22日的即时汇率为1美元=1.5217瑞士法郎，汇率变动了0.0038瑞士法郎，即汇率变动38个基本点。对于远期汇率，一般不作完整报价，而只报出其对即期汇率的升水或贴水数，此也称为基本点。另外，某些外汇市场所显示的汇率变动也有此特点。

外汇市场显示和外汇交易报价的参考汇率，如果是在银行同业之间进行，意味着外汇批发交易，一般都是以100万美元为交易单位的。因此，银行同业之间的买卖报价往往比客户零售市场的报价低，买卖差价幅度小。如果是一般的进出口商，较适合小规模交易的汇率，交易时必须在询问价格时预先说明，并具体报出外汇交易金额。在这种情况下，银行会对其原先的报价做适当调整，有利于银行外汇交易的进行。

银行对外公布行情和报出买卖价格后，按一般惯例，银行应当承担按这些汇价买入或卖出该种货币的义务。但这里还有个交易时间和成交金额的限制。在即期外汇交易中，即期交易一方不能要求另一方按照10分钟以前的报价行情成交；交易金额一般控制在100万到500万美元之间。

在国际市场外汇交易中，经常出现一些简语和术语。为了能在汇率频繁波动中迅速而无误地成交，使用外汇交易术语必须注意规范化。最快地熟悉语言环境，熟练地运用交易术语，是促使外汇交易成交的基本功。

外汇交易一般都是先比较了解各地行情和分析汇率变化的可能，再通过电话、电传等电信系统阐明交易的基本内容，最后以必要的书面文件格式对交易行为加以确认。在交易过程中，交易双方必须严格恪守信用，遵守"一言为定"的原则和"我的话就是合同"的惯例。买卖一经成交就不得反悔，不能要求变更交易内容或撤销合同。

2）外汇交易的一般程序

除了上述一般规则外，外汇交易的程序依次如下：

自报家门。主动发起交易接触、进行询价的当事人，必须说明自己的银行、交易代码，以便让报价的银行知道对方及其相应的信息。

询价。询问有关货币即期汇率或远期汇率的买入价、卖出价。询价的内容必须简洁明了，一般包括交易的币种及其简称、交易金额和交割期限。

报价。银行专门从事外汇交易的操作员，在接到询价后立即对有关货币的现汇或期汇报出买入价、卖出价。一般情况下，这是外汇交易商议的基础。

成交。询价的当事人首先表示买入或卖出某种货币及其数量、某种期限的交易价格，然后由报价银行承诺。此时，外汇交易通信工具的多通道语音记录仪会把交易对话一字一句地记录下来。打印到纸上的记录即可作为交易的原始凭证或交易合约。

确认。一旦报价银行的交易员承诺愿意买或卖，这就说明成交，交易合约即告成立，双方要受交易合约的约束。按一般惯例，当报价银行做出交易承诺后，交易双方还应不厌其烦地将外汇买卖的币种、汇率、数量、交易金额、起息日期，以及资金结算方式和账户等再相互证实或确认一遍。例如，"按111.5日元我向你买入500万美元，11月29日起息，美元解付至××银行，入我的账户；日元将付至××银行，入你的账户"。

交割。这是外汇交易业务的最后一个程序，也是一个最有实质性意义的环节，即交易双方各自按照对方的要求，将卖出的货币及时准确地解入对方指定的银行以及指定的账户。

下面举例说明银行与客户之间进行的外汇交易一般规则和程序。假如美国某公司账户上仅有美元，但有一笔100万英镑的应付款即将到期支付。该公司认为，比利时法郎与德国马克的最好报价可能在布鲁塞尔市场；奥地利先令与德国马克的汇率最有竞争力的报价银行在维也纳；与英镑有关的货币交易最好在伦敦外汇市场进行。因此，该公司经过询价，认为英国巴克莱银行的英镑即期汇率较合适，于是决定与其进行此笔外汇交易。下面是交易双方询价、报价、成交的通话记录：

询价方：What's your spot GBP/USD, pls?（请问英镑对美元的即期汇率是多少？）

报价方：1.4465/1.4495.（1英镑等于1.4465/1.4495美元。）

询价方：Mine GBP 1.（我买入100万英镑。）

报价方：OK, done.（好的，成交了。）

交易双方进一步商定就是要证实这笔交易和告知对方解付账户，即买入货币付往哪个银行、入什么账户等内容，交易对话仍在继续：

报价方：Sell GBP 1, Spot At　1.4495, Value 29/11/19.（我卖给你100万英镑，美元汇率为1.4495，起息日为2019年11月29日。）

询价方：GBP 1 to Citi BK, A/CNo3868578 .（我买入的英镑请付至花旗银行，账户为3868578。）

报价方：USD pls to Barclays BK, A/CNo671165.（我的美元请付至英国巴克莱银行，账户为671165。）

上述交易过程在很短的时间内结束，这意味着英国巴克莱银行在1.4495的美元汇率上卖出英镑，美国某公司以144.95万美元买入100万英镑。至此，这笔外汇交易的最后环节就是交割，即在这笔交易的当日或次日将各自货币解付至对方指定的银行账户。

在外汇交易中，由于存在一些客观的、非人为的因素，导致外汇买卖交割一时难以实现，这就需要进行外汇交易中的展期和注销。

展期。这是外汇交易某方由于非人为的因素，需要推迟外汇的实际交割日期而不得不采取的一种技术处理方法。通常采取掉期交易手段操作一笔与原交易金额相同、买卖方向相反的即期交易和相对应的远期交易，使之在即期交易中轧平头寸，在远期交易中重新安排。例如，3月15日，某客户进行了一笔远期外汇交易，卖出100万美元，买入11 500万日元，交割日期为5月17日。因为进口商非人为因素推迟向客户付款，该客户向银行申请展期。银行认为该客户信用一直很好，理由充分，根据实际情况准予展期一个月。具体做法是：进行一笔掉期交易，按1美元兑换115日元的即期汇率买入100万美元，卖出等值的日元；并按1美元兑换114.42日元的远期汇率，卖出100万美元，买入11 442万日元，交割日期为6月17日。这样，该客户在需付出掉期交易的一般费用后，达到展期的目的。

注销。在外汇交易中，"一言为定"是交易双方必须遵守的原则。一经成交，交易双方就不得擅自撤销或变更。这里所指的注销，即再做一笔与原先交易方向相反、交易数量和交割日期相同的外汇交易，使得两项合约相互冲抵，从而达到注销原合约的目的。同时，申请注销的一方必须承担由此而造成的损失。例如，10月21日，某公司通过银行进行一笔远期外汇交易，按1美元兑换125日元的即期汇率，卖出100万美元，买入12 500万日元，交割日期为12月23日。11月29日，该公司以国外出口商已撤销贸易合同为由，要求注销上述远期外汇交易。于是，银行立即在市场上按1美元兑换127.50日元的远期汇率，买入100万美元，卖出12 750万日元，交割日也定在12月23日。通过两笔外汇交易数量和交割日期相同但买卖方向不同的外汇交易，达到注销的目的。然而，由此造成的一切损失将由该公司负担。

2.2.4　外汇市场的风险

外汇市场的风险有广义和狭义之分。广义的外汇风险是指由于汇率、利率的变化，交易者的违约以及实行外汇管制的国家政策上的变化等，给外汇交易者可能带来的经济损失；狭义的外汇风险仅指两国货币汇率的变动给交易者可能带来的损失。下面所言的外汇风险主要指狭义的外汇风险。

1）从功能上外汇风险的分类

一般说来，外汇风险从功能上可以分为以下几种类型：①外汇交易风险，它是指由于外汇买卖而产生的汇率风险。这种风险是以一度买入或卖出外汇，将来又必须卖出或买入外汇为前提而存在的。②交易结算风险，它是指以外币计价或成交的交易，由于外币与本币的比率发生变化而引起亏损的风险，即在以外币计价成交的交易中，交易过程中外汇汇率的变化使得实际支付的本币发生变化而产生的亏损。③外汇评价风险，又称会计风险，指企业（公司）进行外币债权、债务结算和财务报表的会计处理时，对于必须换算为本币的各种外汇计价项目进行评议所产生的风险。④储备风险，指国家、外汇银行、企业等为平衡国际收支或应付国际支付的需要而储备的外汇资产，因汇率的变化而引起外汇价值发生的损失。

2）从国际收支项目上外汇风险的分类

从国际收支项目上分类，汇率风险一般分为商业性汇率风险和金融性汇率风险。具体地说，**商业性汇率风险**是指国与国商品流通中进出口商所承担的外汇风险。在国际贸易中，由于地域遥远和交通不便，事实上难以完全按照"一手交钱、一手交货"的交易方式进行。交易双方先谈商品的价格、数量、交货时间、计价货币等问题。签订合同后，卖方组织货源，买方开出信用证。发货、到货、付款，这个过程一般都要3个月到半年时间。如果交通不便、路途遥远，时间还要更长一些。在这段时间里，汇率不可能不发生变化。如果汇率变动幅度大，势必有一方要承担意外的损失。除了商业性汇率风险外，汇率波动也会给国家间的劳务输出入、旅游收入带来非商业性汇率风险与损失。

金融性汇率风险主要指在国际借贷中，由于贷款时与还款时汇率出现较大变化而带来的巨大外汇损失。其包括债权债务风险、国际储备风险和交易头寸风险。例如，债权债务风险是一些银行、公司常常遇到的实际问题。例如，我国某金融机构在东京发行一笔总额为100亿日元、期限为5年的武士债券，按照当时日元对美元的汇率，1美元兑换100日元，该金融机构可将100亿日元在国际外汇市场上兑换1亿美元。但5年期满后，日元对美元的汇率变为1美元兑换90日元，如果不考虑利息，该金融机构要偿还100亿日元，就要多付约1 111万美元。这就是金融性汇率风险的内容之一。

3）外汇风险防范

一般认为，有外汇交易和汇率波动，就不可避免地存在汇率风险。若使汇率风险减少到最低限度，外汇风险管理很有必要。外汇风险管理对政府、银行和企业来说，主要有事前外汇风险的防范和事后外汇风险的转嫁。

事前外汇风险的防范，主要是通过改善内部管理、提高外汇业务水平来实现。要做好汇率预测和分析，掌握汇率变化趋势，以利于在国际收付中正确选择使用货币。一般的原则是：计价收付的货币必须是可兑换的货币；采取收硬付软的原则，即在出口贸易中，力争选择硬货币来计价结算，在进口贸易中，力争选择软货币计价结算。要多元化地经营国际贸易业务，即在国际市场中，商品的分散销售和生产原料进口的多渠道，是防范外汇风险的基本策略。它可以在汇率波动时，使不同市场上的商品价格的差异带来的风险相互抵消。多样化地筹集国际资本，也是事前防范外汇风险的策略之一。从多个资本市场以多种货币形式获得借贷资金，可以分散汇率和利率变化带来的风险。例如，仅以日元一种货币筹资或储备，日元持有者就要承受日元汇率波动的全部风险。如果日元升值，其还本付息的负担加重，筹资成本提高；如果日元贬值，其储备资产无形中产生损失。如果以美元、英镑等多种货币筹资或储备，由于汇率此消彼长，可减少或抵消汇率变动的风险。

事后外汇风险的转嫁，主要是利用外汇市场金融资产的交易来实现。要力求提前或推迟外汇收付。它是根据对汇率的预测，对在未来一段时间内必须支付和收回的外汇，采取提前或推迟结算方式以减少对外经济交易的风险。要适时地调整短期外汇资产负债结构。如果预测某一货币可能升值，则增加此种货币的短期资产；反之，则减少此种货币的短期资产。要利用金融市场借款消除风险。具体做法是，对进出口商而言，第一，在签订贸易合同后立即在金融市场上借入所需货币；第二，卖出或买入即期外币，取得本币或外币资金；第三，利用金融市场有效地运用所取得的本币或外币资金；第四，执行贸易合同，出口商以出口货款偿还借款本息，进口商一方面以外币支付货款，另一方面以本币归还本币借款本息。还可以以在外汇市场上进行掉期交易、期货交易等形式来达到套期保值的目的。

2.3 我国外汇市场

2.3.1 我国外汇市场的发展及特征

我国的外汇市场是银行间各种外汇交易发生的市场，参与主体包括商业银行、国际公司、非银行金融机构、中国人民银行和个体（企业和居民），其中主要参与者是商业银行、国际公司、非银行金融机构、中国人民银行。银行间外汇交易占外汇市场交易活动的大部分。银行间外汇市场包括即期、远期、掉期、期权四类人民币外汇产品。

中国现有的外汇市场是以中国外汇交易系统为中心，该系统是在1994年外汇管理体制改革基础上建立起来的。1994年，中国外汇交易中心开始进行人民币外汇即期交易。2005年8月10日，中国人民银行建立了银行间人民币外汇远期市场，人民币外汇远期交易作为一种具有真正流动性和交易价值的避险产品开始操作，初步形成具有代表性的国内人民币远期汇率，成为人民币外汇衍生产品真正意义上的开端。此后，我国一直在循序渐进地推进人民币外汇衍生产品市场的发展。2006年和2007年相继推出人民币外汇掉期交易和货币掉期交易；自2011年4月1日起，我国银行间外汇市场正式推出人民币外汇期权交易。至此，以远期、掉期、期权为核心产品的人民币外汇衍生产品市场基本形成。

《2018年中国国际收支报告》显示，2018年，人民币外汇市场累计成交29.07万亿美元（日均1 196亿美元），较上年增长20.7%。其中，银行对客户市场和银行间外汇市场业务分别占比14.6%和85.4%。从交易产品构成看，外汇和掉期业务比重最大，达57.2%，即期交易占38.1%。

现阶段，中国外汇市场的主要特征为：①实行强制性集中交易模式，即银行间外汇交易必须通过中国外汇交易中心进行，不得进行场外交易。②在市场结构上，中国外汇交易中心实行会员制，对非中央银行会员核定外汇周转限额，超买和超卖额度必须在当日内平盘；截至2019年年末，共有即期市场会员692家，远期、掉期市场会员232家，期权会员138家。为增加市场流动性，2005年，我国外汇市场引入做市商制度。③银行间外汇市场采用电子竞价交易方式，中国外汇交易中心运用现代化的通信网络为各金融机构提供外汇交易与清算服务。④决定市场汇率的基础是外汇市场的供求情况，国家外汇管理局每日公布基准汇率，对外汇市场进行宏观调控和管理。

随着人民币汇率形成机制改革的深入，我国外汇市场发展迅速并取得了显著成效，市场规模不断扩大，品种逐渐丰富。随着金融体制改革的深入和人民币汇率形成机制的逐步完善，今后应当不断加强外汇市场建设，推进人民币外汇衍生产品市场建设，丰富外汇市场交易主体，提高外汇市场交易机制的灵活性与多样性；完善做市商制度，为市场提供充足的流动性；加强对市场风险的预警和评估，完善市场自律机制，提高监管效率等。

补充阅读资料2-2　　　　　　　　　　　　　　**做市商制度**

做市商（market maker）是指在证券或资本市场上，由具备一定实力和信誉的证券经营法人担任特许交易商，不断地向公众投资者报出某些特定证券或其他标的物的买卖价格（即双向报价），并在该价位上接受公众投资者的买卖要求，以其自有资金和证券，与投资者进行证券交易。做市商通过这种不断买卖的行为，维持市场的流动性，满足公众投资者的投资需求。

做市商制度也是国际外汇市场的基本市场制度。做市商通过自身的连续报价和交易，为市场提供流动性，平滑市场价格波动，提高交易效率，分散风险，并通过买卖价差盈利。同时，做市商也集中了市场供求信息，成为重要的定价中心。

2005年11月24日，国家外汇管理局发布《银行间外汇市场做市商指引（暂行）》及《关于在银行间外汇市场推出即期询价交易有关问题的通知》，决定在银行间外汇市场引入做市商制度，并于2006年年初在银行间外汇市场推出即期询价交易方式。

正式的《银行间外汇市场做市商指引》（以下简称《指引》）于2010年颁布，后又于2013年4月进行了修订。《指引》所称银行间外汇市场做市商，是指经国家外汇管理局核准，在我国银行间外汇市场进行人民币与外币交易时，承担向市场会员持续提供买、卖价格的义务的银行间外汇市场会员。《指引》明确了做市商的基本条件、权利义务和对做市商交易的管理等内容。《指引》发布后，凡符合条件的外汇指定银行均可持规定的申请材料，向国家外汇管理局申请做市商资格。经核准后，履行做市商义务，并接受定期评估。截至2019年年底，已有人民币外汇即期做市商30家，人民币外汇远掉期做市商26家，全年做市商交易量超过询价和竞价市场总成交量的90%。

2002年，我国银行间外汇市场在欧元和港币交易中就已经进行了做市商制度的试点。引入做市商制度，是我国进一步发展银行间外汇市场，完善人民币汇率形成机制的配套举措，有利于活跃外汇市场交易、提高外汇市场流动性、增强中央银行调控的灵活性，有助于进一步提高人民币汇率形成的市场化程度，更好地发挥市场在资源配置中的基础作用。

从运行情况看，银行间外汇市场做市商制度已经取得了良好的成效，市场主体参与交易的自主性增强，对汇率行情的反应更加敏感和快捷，人民币汇率形成机制的灵活性得到了进一步改善。做市商数量不断增加，也有利于推动外汇指定银行增强报价能力，增加市场竞争力度，提高银行间外汇市场的市场化程度和交易效率。

2.3.2　我国个人外汇交易操作

一般说来，传统的外汇储蓄业务是一种存取性业务，以获取利息为目的。个人外汇买卖是一种交易性行为，以获取汇率差额为主要目的，同时客户还可以通过该业务把自己持有的外币转为更有升值潜力或利息较高的外币，以获取汇率波动的差价或更高的利息收入。由于个人投资者拥有的外汇资产没有可以进行选择的投资金融工具，换成人民币又不能换回外汇，而个人实盘外汇买卖则能够满足其外汇资产保值增值的目的，因此其成为继股票、债券后又一金融投资热点，成为外汇市场又一新的业务。

在我国外汇市场，目前已有中国银行、交通银行、中国建设银行、中国工商银行等商业银行开展了个人外汇交易业务，以满足我国个人居民日益增多的外汇资产投资的需要。个人外汇买卖，作为投资理财的新工具，是指参照国际金融市场汇率，将一种个人拥有的外汇兑换成另一种外汇。通过个人外汇买卖，此外汇与彼外汇的交易，有可能获得更具升值潜力的某一种外汇，赚取汇率波动产生的差价；有可能转存利率较高的外汇存款，获得更高的利息收益；有可能使手中的外汇增值，满足不同的外汇资产投资需求。

1993年中国银行上海分行率先推出**个人实盘外汇买卖业务**，即个人居民在银行规定的时间内，通过柜台服务或其他电子金融服务方式，进行不可透支的可自由兑换外汇间的交易。目前，一些银行开办的个人实盘外汇买卖，可交易的外汇或外币的种类略有不同，但基本上包括美元、欧元、日元、英镑、瑞士法郎、港元、澳大利亚元等主要货币，有些银行还包括加拿大元、新加坡元等。

居民个人可以通过个人外汇实盘买卖进行以下两类交易：与美元有兑换关系的交易，例如，美元兑换欧元、日元、瑞士法郎、港元、加拿大元、新加坡元等，以及英镑兑换美元、澳大利亚元兑换美元；与非美元货币之间的交易，例如，英镑兑换日元、澳大利亚元兑换日元等。在国际市场上，此类交易被称为交叉盘交易。另外，个人实盘外汇买卖中，英镑、澳大利亚元和欧元兑换美元的报价，英镑、澳大利亚元和欧元是基准货币；其余的货币兑换美元的报价，美元是基准货币。

银行根据国际外汇市场行情，按照国际惯例进行报价。个人外汇买卖的价格由基准价格和买卖差价两部分构成。买价为基准价格减买卖差价，卖价为基准价格加买卖差价。因受国际上各种政治、经济因素，以及各种突发事件的影响，汇价经常处于剧烈的波动之中，因此客户在进行个人实盘外汇买卖时，应充分认识到风险与机遇并存。

1）个人外汇交易规则

在个人外汇买卖中，有一些一般规则：

（1）个人实盘外汇买卖是外币与外币之间的买卖，人民币不是可自由兑换货币，不可以进行交易。

（2）客户外汇交易不需要单交手续费，银行的费用体现在买卖价格的差异上。

（3）银行一般不做零散货币买卖，有些银行还规定了外汇买卖的最低限额，最低金额一般为100美元。有些银行对个人实盘大额外汇交易实行一定的优惠，缩小银行买入价与卖出价的差价。

（4）进行外汇买卖后，客户在提取外币现金时，可能会出现各币种的零散金额，一般银行按当天人民币买入价折成人民币付给客户。

（5）个人外汇买卖在正常工作日进行，国际市场休市、公休日、节假日一般不办理此业务。

（6）若非银行责任，如事故、灾害、停电等非人为的因素导致外汇买卖中断，银行不承担任何责任。

（7）个人外汇买卖属于实盘交易，买卖货币必须进行实际收付。银行办理个人外汇买卖时，要求客户必须有足额的现金或外币账户中有足够的卖出货币金额，不允许有客户透支交易的行为。

（8）个人外汇买卖有现钞、现汇价格之分。根据有关规定，现钞不能随意换成现汇。个人外汇买卖本着钞换钞、汇换汇的原则。

（9）个人实盘外汇买卖实行T+0的清算方式，即居民客户进行电话交易或自主交易后，银行电脑系统立即自动完成资金交割。

2）个人外汇交易手段和方式

目前，个人实盘外汇买卖的交易手段有三种：柜台交易，即居民客户在规定的交易时间内，通过柜台提供的服务以及有形的市场，完成个人外汇交易的方式；电话或网上交易，指居民客户在规定的交易时间内，使用音频电话机和网上交易系统，按规定的操作方法自行按键交易的方式；自助交易，指居民客户在规定的营业时间内，通过营业厅内的个人理财终端，按规定的方式自行操作，完成个人外汇买卖交易的方式。三种交易手段各有优点，柜台交易有固定的交易场所，可感受到交易氛围，特别适合初涉个人外汇交易的投资者。电话或网上交易成交迅捷，并可异地操作，特别适合公务繁忙的白领投资者。自助交易信息丰富，并提供多种技术分析手段，特别适合对外汇交易有一定经验的投资者。另外，网络银行和家居银行都在考虑增加个人外汇买卖业务。

个人实盘外汇买卖的交易方式有两种：市价交易，又称时价交易，即居民客户根据银行当时的报价即时成交；委托交易，又称挂单交易，即居民客户可以先将交易指令留给银行，当银行报价达到其希望成交的汇价水平时，银行电脑系统就立即根据客户的委托指令成交。目前，此种交易方式只适用于电话交易、自助交易。

3）个人外汇交易策略

我国居民客户参与个人实盘外汇买卖时，应注意如下问题：

（1）由于外汇汇率波动频繁，客户有可能获得利润，也有可能遭受损失，这取决于客户对市场行情的判断是否正确，因此外汇买卖由客户自行决策，自担风险。

（2）由于汇率随时变动，当银行为客户办理买卖成交手续时，会出现银行报价与客户申请指令单所填写的汇率不一致的现象，若客户接受新的价格并要求交易，应重新填写申请指令单，以新的汇率进行交易。

（3）外汇交易一旦成交，客户不得要求撤销。交易成交的认定以银行经办人员按客户申请指令输入电脑，并打印出个人外汇买卖交易单为准。

（4）客户有义务在接到外汇买卖交易单时，核对交易内容是否与个人申请内容一致，以便发现问题当场解决。

（5）银行在办理个人外汇买卖交易手续所需的必要工作时间之内，因市场行情突变，或出现其他无法防范的因素而导致交易中断，造成客户未能完成交易，客户有责任提前办理外汇交易手续。

（6）个人外汇买卖可以规避汇率变动所造成的损失，也可以选择高利率的币种而增加利息收入，但同时又具有风险。因此，分析和预测影响汇率走势的多项因素是每个客户必须具备的基本功。

（7）决定和影响汇率变动的基本因素。按照市场一般规律，决定外汇买卖价格的是供求关系，影响外汇市场供求关系的有四个基本因素，即经济与金融因素、政治与传媒因素、各国中央银行的政策因素、心理与市场预期因素。个人实盘外汇买卖应注重中长期判断，要对基本的经济数据予以特别重视，如一国的国际收支状况、经济增长率、通货膨胀率、购买力平价等。

（8）必要的金融基础知识。金融是现代经济的核心，个人对金融市场以及外汇市场的基本情况应有所了解，对外汇市场的参与者、路透社和德励财经等报价系统、经常项目收支、国际资本流动、金融市场体系的成熟与否、利率机制与汇率关系等情况，要基本掌握。

（9）畅通的信息来源。国际市场风云变幻，一条消息、一个数据甚至一个谣言都会给外汇市场以强烈的冲击。任何分析、判断、预期都离不开以相关的信息为基础，对信息及数据进行归纳整理，找出其中的规律。如果没有一定的信息来源，或缺少必要的专业知识，外汇交易就将陷入盲目之中。

（10）建立自己的判断方式。个人参与实盘外汇买卖的背景各不相同，交易的币种、数量等也有差异，有人以美元计盈亏，有人以日元计盈亏；有人注重短线操作，有人以长线为主。个人的判断方法，甚至判断的依据也各有不同，由此建立个人的判断方式很有必要。为了检验自己判断的正确率，还可以进行模拟买卖，再进入实际操作。

补充阅读资料2-3　　　　　　　　　　　　外汇宝（个人实盘外汇买卖）

产品说明

外汇宝是中国银行个人实盘外汇买卖业务的简称，是指在中国银行开立本外币活期一本通存折且持有外币现钞（汇）的客户，可以按照中行报出的买入/卖出价格，将某种外币（汇）的存款换成另一种外币（汇）的存款。支持即时买卖和挂单委托。

客户可以利用国际外汇市场上外汇汇率的频繁波动性，在不同的存款货币间转换并赚取一定的汇差，以达到保值、盈利的目的。

交易币种：美元、欧元、英镑、澳大利亚元、港币、瑞士法郎、日元、加拿大元、新加坡元，可做直接盘交易与交叉盘交易。

交易方式：柜台、电话、自助终端和网上银行等多种交易方式。

产品优势

提高收益：使投资者有机会在获取外币存款利息的同时，通过外汇交易进行保值甚至赚得额外的汇差收益。

交易方法多样：目前可以通过柜面服务人员、电话交易设备等方式进行。交易方式灵活，既可进行市价交易，又可进行委托交易。一日可进行多次交易，提供更多投资机遇。

适用对象

凡持有个人有效身份证件，拥有完全民事行为能力的境内外个人，并持有中国银行外汇宝支持交易的货币，均可进行个人实盘外汇交易。

办理流程

凭本人有效身份证件在中国银行开立活期一本通或定期一本通存折并存入一定数量的外币现汇或现钞，以及持有外币现钞的客户均可在中国银行开办外汇宝业务的网点进行交易。

凭本人有效身份证件和长城电子借记卡到柜台即可开通电话银行服务。

提交证件

本人有效身份证件。

风险提示

交易时间为星期一早7点至星期六凌晨5点（除周六、日、休市和其他非交易日外）。

因受国际上各种政治、经济因素，以及各种突发事件的影响，汇价经常处于剧烈的波动之中，因此，进行个人实盘外汇买卖，风险与机遇并存。基于任何投资产品都具有风险特性，在决定买卖前，投资者应先了解交易的风险，并考虑个人对风险的承受力、期望回报等。

■ 思政专栏

2019年4月22日，国家外汇管理局发布了《"一带一路"国家外汇管理政策概览（2018）》（以下简称《概览》）。《概览》从经常项目外汇管理、资本和金融项目外汇管理、个人外汇管理、金融机构外汇业务管理等方面对各国外汇管理政策进行梳理，旨在为市场主体理性开展"一带一路"贸易投资活动、维护自身合法权益提供更丰富的参考信息。近年来，我国与"一带一路"国家的经贸联系日益紧密。据商务部统计，2018年我国与"一带一路"沿线国家货物贸易进出口总额同比增长16.3%，高于同期我国外贸增速3.7个百分点，占外贸总值的27.4%。2018年我国企业对"一带一路"沿线国家非金融类直接投资达156.4亿美元，同比增长8.9%；沿线国家对我国直接投资60.8亿美元，同比增长11.9%。

点评：目前，中国企业参与"一带一路"贸易投资活动的跨境结算仍以美元和欧元为主。进入投资所在国后，部分"一带一路"国家可以接受美元进行交易，部分国家则要求在一定期限内兑换为当地货币进行投资，也有部分国家货币可以直接兑换为人民币。《概览》可以为企业提供有效、实用的"一带一路"国家外汇管理政策，帮助企业理性开展"一带一路"贸易投资活动、维护自身合法权益，并进一步促进双边经贸投资往来，营造良好的商贸投资环境。

■ 本章小结

1.内容概要

外汇与汇率是各国或地区对外经济交易活动的产物。外汇收支、汇率形成机制与任何国家或地区的外汇管理是分不开的。外汇管理主要是指一个国家或地区的政府为了扩大对外经济交易、维持汇率的稳定和国际收支的平衡，对其境内或管辖范围内的外汇收支所实施的管理。外汇管理是促进一国或地区经济发展的重要调控手段。

1994年以人民币汇率并轨为主要内容的我国外汇管理体制改革，标志着我国外汇管理职能的改变。外汇管理体制改革的近期目标，是实现经常项目人民币有条件的可兑换，其长期目标是实现人民币的自由兑换。实现人民币的自由兑换意味着取消经常项目和资本项目的外汇管制，对国家之间的正常汇兑活动和资金流动不进行限制。

自2005年7月21日起，我国开始实行以市场供求为基础、参考一篮子货币进行调节、有管理的浮动汇率制。这是我国自1994年汇率制度改革以来，经多次政策微调之后，人民币汇率制度的一次重大变革。

2015年8月11日，为增强人民币对美元汇率中间价的市场化程度和基准性，中国人民银行决定完善人民币对美元汇率中间价报价，实施人民币汇率形成机制改革，做市商在每日银行间外汇市场开盘前，参考上日银行间外汇市场收盘汇率向中国外汇交易中心提供中间价报价，同日大幅调低人民币对美元中间价。

2016年5月8日，中国人民银行正式公布以"收盘价+篮子货币"为基础的人民币汇率形成机制。此后，人民币双向浮动弹性明显增强，不再单边升值；人民币不再钉住美元，逐步转向参考一篮子货币；人民币中间价形成的规则性、透明度和市场化水平显著提升。

外汇市场指进行不同国家或地区货币的交易以及兑换的市场，是由外汇需求者、外汇供给者、交易中介机构等所构成的外汇交易活动的场所。它包括居民之间、居民与非居民之间以及非居民之间进行的外汇买卖。外汇市场是国际金融市场的重要组成部分。

外汇市场形式上存在有形和无形之分；外汇市场上交易有三个层次，银行与客户之间、银行同业之间、银行与中央银行之间；外汇市场上，外汇交易参与者从各自的需求出发，利用不同的币种和波动的汇率，可以进行不同形式的现汇交易、期汇交易、外汇期货交易、期权交易、掉期交易和货币互换交易等；外汇交易的一般规则和操作，都有特定的要求；外汇市场存在的商业性风险和金融性风险，在一定条件下是可以防范和规避的。

传统的外汇储蓄业务是一种存取性业务，以获取利息为目的。个人实盘外汇买卖是一种交易性行为，以获取汇率差额为主要目的。在我国，个人外汇买卖作为投资理财的新工具，是指参照国际金融市场汇率，将一种个人拥有的外汇兑换成另一种外汇。个人外汇买卖能满足不同的外汇需求。

2.主要概念和观念

（1）主要概念

外汇管理　经常项目下的货币可兑换　资本项目下的货币可兑换　外汇市场　有形外汇市场　无形外汇市场　外汇期货交易　看涨期权　看跌期权　货币互换交易　商业性汇率风险　金融性汇率风险　个人实盘外汇买卖业务

（2）主要观念

外汇管理的基本内容　中央银行干预外汇市场　外汇市场风险　个人外汇交易动机　做市商制度

基本训练

1.填空题

（1）计划经济体制下，我国实行_____的外汇管理体制。

（2）外汇市场是由外汇需求者、外汇供给者、_____等所构成的外汇交易活动的场所。

（3）外汇市场存在的_____和_____在一定条件下是可以防范和规避的。

随堂测2

（4）传统的外汇储蓄业务是一种存取性业务，以获取_____为目的。

2.选择题

（1）1994年开始的我国外汇管理体制改革的近期目标是实现（　　）下人民币有条件的可兑换，其长期目标是实现人民币的自由兑换。

A.资本项目　　　　　B.经常项目　　　　　C.贸易项目　　　　　D.平衡项目

（2）外汇市场上交易有三个层次：银行与客户之间、银行同业之间、银行与中央银行之间。第一个层次是银行与客户之间的外汇交易，也称"（　　）"。

A.零售市场　　　　　B.批发市场　　　　　C.干预市场　　　　　D.有形市场

（3）1994年我国外汇管理体制改革的主要内容，一是我国实行汇率并轨，二是实行（　　）。

A.银行结售汇制度　B.外汇调剂市场　　C.浮动汇率制度　　D.个人外汇交易

（4）我国个人实盘外汇买卖是外币与（　　）之间的交易。（　　）不是可自由兑换货币，不可以进行交易。

A.人民币　外币　　B.人民币　人民币　C.外币　外币　　　D.外币　人民币

3.判断题

（1）外汇管理是促进一国或地区经济发展的重要调控手段。（　　）

（2）无形外汇市场是指从事外汇交易的双方在固定的交易场所和规定的交易时间进行外汇买卖的市场。（　　）

（3）市场经济体制中不允许中央银行干预外汇市场。（　　）

（4）看跌期权，是指交易者在有效期内按合约规定的汇价，向期权出售者卖出或放

弃卖出一定数量的外汇的权利。   （　　）

（5）对外经济交易中，由于债权债务、储备资产、银行交易头寸等引起的外汇风险称金融性风险。   （　　）

4.简答题

（1）简要说明交割、营业日、基本点的概念。

（2）远期汇率有哪些标示方法，请举例说明。

（3）简述外汇交易的程序。

（4）简述汇率风险的种类。

5.技能训练题

（1）了解个人如何参与外汇交易。

（2）查阅资料，了解做市商制度。

第3章

国际结算

学习目标

通过本章学习，你应该达到以下目标：

素质目标：具有懂得国际结算原理，掌握国际结算方法方面的素养。

知识目标：了解国际结算的概念、国际结算工具及其结算方式方面的知识。

技能目标：掌握国际结算的技能。

能力目标：具有运用国际结算原理，熟练进行国际结算操作的能力。

国际结算，是指为清偿国家间债权、债务关系而办理的资金收付、划拨，或为国家间的非债权债务性质的资金转移而进行的业务活动。国际结算的产生和发展源于国际贸易的产生和发展。国际结算方法主要有汇款、托收、信用证等业务。国际结算的业务流程因结算方式不同而有所不同。信用证结算是目前国际结算中最完善、使用最普遍的一种结算方式，商业银行处理信用证业务要有一定规范，并要了解信用证存在的可能风险，以及采取的防御措施。

3.1 国际结算概述

3.1.1 国际结算的产生与发展

国际结算，是指为清偿国家间债权、债务关系而办理的资金收付、划拨，或为国家间的非债权债务性质的资金转移而进行的业务活动。国际结算包括两部分内容：国际贸易结算，又称有形贸易结算，是指由国际实物贸易而产生的结算业务；国际非贸易结算，又称无形贸易结算，是指由不同国家间的经济、政治、文化等交流而产生的货币收付业务，包括国际金融服务、跨国旅游、国际运输等方面的结算。

国际结算的产生和发展的基本内容：

（1）国际结算的产生和发展源于国际贸易的产生和发展。世界上最早出现的国际贸易，是在"货币制度"形成以前，各国之间采用"物物交换"的方式进行的商品交易。

货币出现以后，国际贸易以金银作为结算工具来清偿彼此之间的债权债务。但由于其使用的不便和所承担的较大风险，国际贸易的发展受到了一定限制。

（2）票据的产生和推广，使国际结算由现金结算发展到非现金结算。12世纪以后，地中海沿岸国家开始在交易中采用"兑换证书"形式的票据。随后，票据形式的结算得到很大的发展，票据制度的日趋完善，使得票据能以简便的方式实现转让，由最初的证据性证券演变成流动性证券。非现金票据的广泛使用，克服了金银铸币等现金结算方式的不便，推动了国际贸易的发展。

（3）单据证券化，使付款方式从"凭货"发展到"凭单"付款。随着资本主义的进一步发展，保险业、航运业、商业有了明确的分工，提单、保单条款逐步定型化，使其由一般性的收据发展成为可转让的"物权凭证"，变成可以买卖和抵押的物品。卖方交付单据即代表交付货物，买方付款赎单即代表买到货物。这样，国际贸易的结算方式也由"凭货付款"发展成为"凭单付款"。

（4）从交易商双方直接结算发展到以银行为中介的结算。最初，国际贸易中非现金结算的票据授受，由交易双方直接办理，但由于买卖双方处在不同国家，直接结算很不方便，即便以汇票作为支付工具，也必须以两地存在两笔同等贸易额的交易为前提。随着银行业的兴起，银行网点的普遍建立，国际银行代理业务的广泛开展，国际结算便从以商业汇票为主转换为以银行汇票为主，商人间的直接结算关系逐步被以银行为中介的间接结算关系所替代。银行逐渐成为国际、国内贸易结算的中心。

（5）国际结算向电子化方向发展。随着国际贸易的巨大发展，银行成为自由外汇多边国际结算的中心，而大量的国际结算凭证的寄发和信息传递，主要依靠航空邮递和电报联系，手续多、费用贵、速度慢、效率低。随着现代电子通信技术的发展，无纸化贸易在全球范围内得到推广。银行电子国际清算系统的产生，使得国际结算业实现了电讯快速处理。现今，随着电子数据交换（EDI）的发展，银行的单据也正向着电子数据交换方向发展。

3.1.2 国际结算清算系统

随着电子通信技术的发展，国际结算中已构成银行电子国际清算系统，大大提高了工作效率。目前，我国银行的国际结算和国际金融业务已经分别同纽约、伦敦和环球三大电子国际清算系统建立了联系，为我国对外经贸和国际金融业务的发展提供了优质高效的服务。

世界三大银行电子国际清算系统简介如下：

（1）纽约清算所银行同业电子清算系统（简称CHIPS）。该系统于1970年在纽约建立，现有100多家美国银行和外国银行机构自愿组织的协会团体，实际上是一个国际美元收付的电脑网络。1981年，美国联邦储备银行为CHIPS开立了一个特别清算账户，纽约的美国清算银行通过这个账户利用联邦储备银行的电脑网络，当日即可完成结清，在纽约以外的其他城市收付结算，需要通过美国联邦储备系统的FEDWIRE进行。中国银行纽约分行为CHIPS和FEDWIRE两个清算系统的成员银行。凡通过上述系统的清算业务，如发生纠纷时，将依据纽约的法律解决。同时，经上述两个系统转汇的业务，每笔另计手续费。

（2）伦敦银行同业自动清算系统（简称CHAPS）。该系统于1984年建立于伦敦，沿用的是英国银行双重清算体制。在该系统中，所有商业银行都通过与其往来的清算银行进行清算（初级清算）；由国家银行和清算银行之间进行集中的清算（终极清算）。因此，所有商业银行都必须在清算银行开立账户，在初级清算时折算差额；各清算银行在英格兰银行开立账户，在终极清算时折算差额。

（3）环球银行金融电讯协会（简称SWIFT）。该清算系统始建于1977年，总部设在比利时首都布鲁塞尔；另外，分别在比利时、荷兰和美国设立了三个操作中心，在90多个国家设有分理站或通信网点。该清算系统有2 000多家会员银行，分布于世界各地，连接4 000多家用户，利用该清算系统提供的服务。该系统具有以下功能：业务覆盖面广，可以应用于国际银行之间的资金调拨、国际汇兑、外汇买卖、信用证业务和托收业务，以及账目核对等；每日连续24小时高效工作，电讯发出后2分钟左右，就会收到收电银行的反应；保密性能好，可以自动编制和核对密押，对所有电讯负责，不会发生丢失的情况；格式标准化，规定收发电讯须符合统一的标准化格式，可以防止会员银行间在文字上或翻译上的误解或差错。

随着现代信息网络技术的发展，在我国几家大型国有商业银行，都有自己开发的国际结算系统；一些地区考虑到资源共享和开发成本，当地各银行成立地区的资金票据结算中心，国际结算只是其中一部分。

3.2 国际结算工具

国际结算，是使用支付工具，通过相互抵账的办法，来结算国家间债权债务关系的，这种支付工具即为票据。**票据**有广义和狭义之分。广义票据泛指一切商业交易使用的权利单据，代表对商品的所有权和资金的请求权。狭义的单据仅代表对资金请求权的权利单据。国际结算中的票据是指狭义的票据，包括汇票、本票、支票。在国际结算中，以汇票为主，本票和支票占次要地位。

3.2.1 汇票

1）汇票的概念

各国的法律对汇票的定义并无统一规定，大陆法系国家的法律中一般不对汇票的定义做规定，大多英美法系的国家则在法律中对汇票进行定义。英国的《票据法》规定：汇票，就是由一人签发给另一人的无条件书面支付命令，要求受票人在即期或定期或可以确定的将来时间，支付确定数额的货币给予特定之人或其指定之人，或持票人。我国的《票据法》对汇票的定义为：**汇票**，是出票人签发的，委托付款人在见票时或者在指定的日期无条件支付确定的金额给收款人或者持票人的票据。

2）汇票的内容

汇票上所记载的项目，根据其性质及重要性不同，可分为三类：

（1）绝对必要记载项目，是指汇票必须记载的内容，必要项目记载是否齐全，直接关系到汇票是否有效。我国《票据法》规定，汇票必须记载以下项目：

①"汇票"字样。汇票上应注明"汇票"字样，而且应当写在汇票本身，而不得写在粘单上。

②无条件支付的委托。因为汇票是出票人指定无条件支付委托，所以支付不能受到限制，也不能附带任何条件，以维护票据权利人的利益。如果汇票上出现附条件付款，如对支付方式加以限制，则这类票据无效。在我国，无条件支付的委托，通常用"凭票付"或"请于到期日无条件支付"等文字表示。

③汇票金额。汇票上必须表明确切的金额数目，如果以货币以外的物作为给付标的物，则该汇票不发生票据效力。汇票金额要用文字大写和数字小写同时表明。在支付金额以外，允许带有支付利息条款，但条款须载明利率、计息起讫日期。汇票也可载明按照某种汇率付款的条款。

④出票人签章。签章，是出票人担负出票责任的表示，汇票上的签章可为签名、盖章或签名加盖章，没有签章的出票行为视为无效。法人和其他使用汇票的单位在汇票上的签章，为其法人或该单位的盖章加其法定代表人或其授权的代理人的签章。按规定，若两人以上共同签章，则对票据上的义务负连带责任。

⑤付款人名称。付款人，是受出票人委托支付一定款项的人，应写明付款人的名称、地址，以便持票人向其提示承兑或付款。从严格意义上讲，汇票的付款人不会是出票人，但有时一家银行的分行作为出票人，而以其总行作为付款人，虽然出票、付款同为一家银行，但位居两地，称为"已付汇票"。

⑥收款人名称。收款人，是票据的初始债权人，必须明确记载。但英美法系国家准许汇票是无记名的。依照我国《票据法》的规定，不记载收款人姓名或商号的汇票是无效的。

⑦出票日期，是指汇票上签发的日期，而不是汇票发出去的时间。出票日期的载明，有如下作用：判明出票人在出票当时有无行为能力，如果签发人是法人，则可以判断该法人当时是否已经成立，从而判断其是否有行为能力；决定提示期间；对出票后定期付款的汇票而言，是付款日期的确定和利息起算日的依据。

（2）相对必要记载项目。除了以上必须记载的内容外，还有三个"相对必要记载项目"，这些项目十分重要，但若不记载，也不会影响汇票的法律效力。

①出票地点，指出票人签发汇票的地点。票据是否成立是以出票地法律来衡量的，但票据如不注明出票地，并不会影响其生效。我国《票据法》规定，汇票上未记载出票地，则出票人的营业场所、住所或经常居住地为出票地。

②付款地点，指持票人提示票据请求付款的地点。根据国际私法的"行为地原则"，到期日的计算及在付款地发生的承兑、付款等行为都要适用付款地法律，但不记载付款地的票据仍然成立。我国《票据法》规定，汇票上未记载付款地的，付款人的营业场所、住所或经常居住地为付款地。

③付款日期，指付款到期日，是付款人履行付款义务的日期。汇票的付款期限有：即期付款，见票即付，在持票人向付款人做付款提示时，付款人应马上付款；定日付款，规定确切的付款日，付款人按期付款；出票后定期付款，又称出票远期付款，此种汇票是以出票日为基础，一段时期后付款；见票后定期付款，又称见票远期付款，须首先由持票人向付款人做承兑提示，然后以承兑日为起点，推算到期日。

（3）汇票的任意记载项目。任意记载项目是指除以上两类项目以外的项目，它是由出票人根据需要记载的限制或免除责任的内容。这些项目一旦被接受，即产生约束力。具体项目此处不再论述。

3）汇票的种类

在实际应用中，从不同角度，汇票可分别做如下分类：

（1）根据汇票付款期限不同，汇票可分为：即期汇票，指持票人提示当日即为汇票到期日的汇票；远期汇票，指在将来可以确定的日期付款的汇票。

（2）根据是否记载权利人，汇票可分为：记名式汇票，记有收款人的名称的汇票；不记名汇票，未记载收款人名称的汇票。

（3）根据汇票流通区域不同，汇票分为：国内汇票，指出票人、付款人、收款人均在一国的汇票；国际汇票，指出票人、付款人、收款人中至少有一人不在同一国的汇票。

（4）根据出票人不同，汇票分为：银行汇票，指银行签发的汇票；商业汇票，指银行以外的法人、其他经济组织等签发的汇票。

（5）按汇票是否跟单分为光票汇票和跟单汇票。

3.2.2　本票

1）本票的概念

英国《票据法》对本票的定义为：本票，是一人向另一人签发的，约定即期或定期或在可以确定的将来时间，向指定人或根据其指示向来人无条件支付一定金额的书面付款承诺。我国《票据法》规定：**本票，是出票人签发的，承诺自己在见票时无条件支付确定的金额给收款人或持票人的票据。**

本票的出票人必须具备以下条件：

（1）出票人必须具有可靠资金来源。本票是承诺见票即付的票据，因此，本票的出票人必须具有支付本票金额的可靠资金来源。不具备这个条件的，无资格签发本票。

（2）出票人必须保证支付本票票款。银行本票多为即期本票，见票即付；若签发远期本票，则应严格限定其付款期限，如我国规定，本票的付款期限最长不超过两个月。

2）本票的内容

（1）绝对应记载事项：①表明"本票"的字样；②无条件支付的承诺；③确定的金额；④收款人名称，不允许签发无记名本票；⑤出票日期；⑥出票人签章。

（2）相对应记载事项：①出票地，本票上没有记载出票地的，出票人的营业场所视为出票地；②付款地，本票上没有记载付款地的，出票人的营业场所视为付款地。

3）本票的种类

（1）按出票人不同，本票分为银行本票和商业本票。

（2）按付款期限不同，本票分为即期本票和远期本票。

3.2.3 支票

1）支票的概念

英国《票据法》对支票的定义为：支票是以银行为付款人的即期汇票。我国《票据法》规定：<u>支票，是由出票人签发的，委托办理支票存款业务的银行或其他金融机构在见票时无条件支付确定金额给收款人或者持票人的票据。</u>

支票的出票人必须具备以下条件：①出票人必须在银行有存款；②要与存款银行订有使用支票的协定；③支票的出票人必须使用存款银行统一印制的支票，而不能像汇票和本票一样由出票人自制。

2）支票的内容

（1）绝对应记载事项，我国《票据法》规定，支票必须载明以下事项：①表明"支票"的字样；②无条件支付命令；③确定金额；④收款人名称；⑤出票日期；⑥出票人签章。

（2）相对应记载事项：①付款地：支票上未载明付款地的，以付款人的营业场所为付款地；②出票地：支票上未载明出票地的，以出票人的营业场所、住所或经常居住地为出票地。

3）支票的种类

（1）划线支票，即划有两条横跨票面的平行线的支票，只可转账，不可取现。划线支票又分为两类：①普通划线支票，支票上的划线之间是空白，或写有"不可议付"字样。②特别划线支票，两条划线之间写有一家银行的名称，这是对该银行的特别划线。受票行根据特别划线支票的提示，必须付款给划线上的银行或其代收银行。

划线支票的受票银行若违反划线规定，由此使支票的真正所有人遭受损失，该受票行要承担责任。未划线支票的持票人可以将该支票加上普通划线或特别划线，普通划线支票的持票人可以在该支票的线内加注他的开户银行成为特别划线支票，但两者不可反向操作。

（2）一般支票，与划线支票相对，又称未划线支票或开放支票，这类支票可转账，也可取现。

（3）保付支票，是由付款银行在支票上加盖"保付"戳记，以表明在支票提示时，一定付款。支票一经保付，付款责任即由银行承担。

3.3　国际结算方法

3.3.1　汇款

1）汇款的概念

汇款，又称汇付，是指银行接受客户（付款方）的委托，通过银行间的资金划拨、清算、通汇网络，使用合适的支付凭证，付款方委托银行将款项汇交收款方，以完成收、付款方之间债权债务的清偿的一种结算方式。

在汇款业务中有四个基本当事人：汇款人、收款人、汇出行、汇入行（或解付行）。四个当事人之间的关系为：

（1）汇款人与汇出行。汇出行一经接受汇款人的汇款申请书，双方便构成以汇款申请书为基础的契约关系。汇出行一经受理汇款，就有义务按申请书内容汇出汇款，若未按申请书指示办理，发生损失，汇出行应负责任；但若不属银行过失，如邮递过程中遗失、错漏、延误而造成损失，汇出行不负责任；对于国外银行的失误，汇出行也不负责任。如果由于客观原因，汇出行无法将汇款交收款人，银行应把款项退回汇款人。

（2）汇出行与汇入行。汇入行一旦接受汇出行委托，便构成了双方契约关系，其依据是汇出行开出的付款委托书和汇票。但汇入行可以接受也可以不接受汇出行的付款委托，若不接受，应立即通知汇出行；若接受委托，则有责任按汇出行指示办理。

（3）汇入行与收款人。两者间无契约关系。若收款人对收到的款项有异议，应与汇款人交涉，不涉及双方银行。

2）汇款的方式

汇款方式主要有三种：电汇、信汇、票汇。

（1）电汇，是指汇出行应汇款人的申请，通过报发加押电报、电传（或其他通信工具）给在国外的分行或代理行，指示其解付款项给收款人的汇款方式，其突出优点就是"快"。现在电汇的方式绝大多数是电传和SWIFT，而且SWIFT也大有取代电传之势。在银行，电汇的优先级最高，一般均在当天处理，而且其差错率很低，但由于汇出行占压汇款资金时间极短，因此银行收费较高，通常适用于金额大、汇款急的汇款。

（2）信汇，是指汇出行以航空邮件的形式，将信汇委托书或支付委托书寄给汇入行，授权其解付款项给收款人的方式。信汇收费低廉，但速度较慢，而且邮寄过程的中间环节过多，容易被耽搁或遗失，常用于金额不大、收款不急的汇款。与票汇相比，信汇方式下收款人必须在收到银行的汇款通知书后才能前来领款，其主动性、灵活性较差。现在银行已较少使用此方式。

（3）票汇，是指汇出行应汇款人的要求，开立以其分行或代理行为解付行的银行即期汇票，由汇款人将此汇票寄送收款人，凭票取款的一种方式。像信汇一样，票汇方式结算所需时间也较长，收费较低。但此即期汇票可背书转让，收款人也不必只向汇入行取款。通常，国外银行只要能核对汇票上的签字，就可买入此汇票，这使得收款人有较大的主动性。票汇方式常用于金额小、收款不急的汇款。

3）汇款方式在国际贸易中的作用

在国际贸易中，汇款结算方式的运用主要有以下三种：

（1）预付货款，即进口商先将货款的部分或全部汇交出口商，出口商收到货款后，立即在一定时间内发货。

（2）货到付款，进口商收到货物后，当即或一定时期后付款给出口商。其包括：①售定，即"先出后结"，进口商与出口商达成协议，规定出口商先发货，再由进口商按合同规定的货物售价和付款时间进行汇款。②寄售，出口商将货物运往国外，委托国外商人按事先商定的条件在当地市场上代为销售，待货物售出后，国外商人将扣除佣金和有关费用后的货款汇给出口商。

（3）凭单付款，进口商通过银行将款项汇给出口商所在地银行，并指示凭出口商提供的某些商业单据或某种装运证明即可付款给出口商。

汇款是可以撤销的，在汇款尚未被支取之前，汇款人随时可以通知汇款行将汇款退回，所以出口商在收到银行的汇款通知后，应尽快发货，尽快交单，尽快收汇。汇款方式的使用完全依赖双方的信用，通常只对进出口双方中的一方有利，对另一方不利。

3.3.2　信用证

1）信用证的概念

信用证，是银行根据进口商的请求，向出口商开立的承诺在一定期限内凭规定的单据支付一定金额的书面文件。信用证以其是否跟随单据，分为光票信用证和跟单信用证两类。在国际贸易中主要使用跟单信用证。国际商会第 600 号出版物《跟单信用证统一惯例》（UCP600）中规定：信用证是一项不可撤销的安排，是构成开证行对相符交单予以承付的确定承诺（Credit means any arrangement, however named or described, that is irrevocable and thereby constitutes a definite undertaking of the issuing bank to honour a complying presentation）。

信用证业务中的相关定义有：①通知行，指应开证行的要求通知信用证的银行。②申请人，指要求开立信用证的一方。③银行工作日，指银行在其履行受 UCP600 约束的行为的地点通常开业的一天。④受益人，指接受信用证并享受其利益的一方。⑤相符交单，指与信用证条款、UCP600 的相关适用条款以及国际标准银行实务一致的交单。⑥保兑，指保兑行在开证行承诺之外做出的承付或议付相符交单的确定承诺。⑦保兑行，指根据开证行的授权或要求对信用证加具保兑的银行。

信用证业务中当事人之间的关系为：

（1）申请人与开证行。开证行一经接受申请人的开证申请书，就构成双方契约关系，其依据便是开证申请书。开证申请人一般为进口商，其主要责任有：①按照合同规定，申请开立信用证，并保证信用证在规定的装运期以前到达出口地；②只要单据正确，应及时付款赎单；③开出不可撤销信用证，申请人不能擅自要求开证行修改或撤销。

开证行是开立信用证的银行，其主要权责有：①根据开证申请书及时正确地开立信用证；②按信用证规定向受益人付款；③在进口商无力付款赎单时，有权处理单据或货物，以抵偿所垫付款项，若出售货物的价款不足以抵偿其垫款，有权向开证申请人追回不足部分。

（2）开证行和受益人。开证行一经开出不可撤销的信用证，便与受益人构成以信用证为基础的契约关系。受益人的主要权责有：①若发现信用证与合同不一致，有权要求进口商修改信用证；②有权凭正确单据取得货款；③一旦接受信用证，就应按信用证条款办事，在规定装运期内装货，并在规定的有效期和交单期内提交规定的单据；④同时对单据的正确性和货物合格负责。

（3）开证行与通知行。通知行一经接受开证行关于通知信用证的要求，便构成双方契约关系，信用证就是双方契约。通知行的权责有：鉴别信用证的真伪；准确及时地把信用证通知给受益人。

（4）开证行和议付行。议付行一经接受开证行的议付邀请，便构成双方契约关系，其依据为信用证和议付通知书。议付行，指根据受益人的请求和开证行的邀请，同意买进可议付信用证下的单据，垫付做押汇的银行。其主要权责有：①议付行仔细审核单据，保证安全及时收汇；②议付行享有付款请求权；③议付行对受益人享有追索权。

（5）议付行与受益人。议付行一经接受受益人的质押书或议付申请书，双方便构成契约关系，受益人的质押书或议付申请书便是双方的契约。

（6）开证申请人和受益人。出口商和进口商之间交易的基础是买卖合同，双方一经在合同上签字，买卖双方便构成了契约关系，买卖合同便是双方的契约。

2）信用证的特点

根据UCP600的规定，信用证的特点可归纳如下：

（1）开证行承担第一性的付款责任。在信用证结算方式下，不是由付款人，而是由开证行负第一性的付款责任。就买卖关系来看，承担付款责任的应是进口商，但使用了信用证后，银行就代进口商承担了付款责任。出口商只要按信用证的要求提交了相符的单据，开证行就必须付款，即使进口商倒闭破产，开证行的责任也不能免除，且这种付款责任是第一性的，并不是进口商不能付款时才由开证行来付，相反地，出口商直接要求开证行付款，开证行安排付款后，再与进口商结算。

（2）信用证是独立于贸易合同的自足性文件。信用证是独立的文件，不依附贸易合同，虽然信用证的开立是以合同为依据的，但信用证开出并被受益人接受后便独立于合同，信用证的当事人只受信用证条款的约束，银行也只对信用证负责。合同条款与信用证条款是否一致，所交单据是否符合合同要求，银行一律不予过问。

UCP600第四条规定，就其性质而言，信用证与可能作为其开立基础的销售合同或其他合同是相互独立的交易，即使信用证中含有对此类合同的任何援引，银行亦与该合同无关，且不受其约束。因此，银行关于承付、议付或履行信用证项下其他义务的承诺，并不受申请人与开证行之间或与受益人之间在已有关系下产生的任何请求或抗辩的影响。受益人在任何情况下不得利用与银行之间或申请人与开证行之间的合同关系。

这个独立性从议付行、开证行及受益人的立场看是非常重要的。如果信用证与合同挂钩，那么银行在办理结算和议付时，势必要对每一合同的内容进行审查，有时为确认货物是否符合合同或检查货物是否装运，要亲自到装运港去检查，这样做，银行在技术、人力上都不能胜任。独立性对开证行也举足轻重，如果进口商可以以出口商违背合同为理由拒绝履行对开证行的偿付义务，开证行也会随时被卷入买卖双方的纠纷之中，这样的话，银行为保证自身的利益，一定不会轻易开出信用证。对受益人来说，信用证独立于合同，才使之能真正获得信用证提供的保障。如果开证行可以以买卖合同为依据向受益人抗辩，即使受益人完全履行了合同项下的义务，受益人的货款仍然没有保障。

（3）信用证业务只处理单据，不涉及货物。UCP600第五条规定：银行处理的是单据，而不是单据所涉及的货物、服务或履约行为。第三十四条规定：银行对任何单据的形式、充分性、准确性、内容真实性、虚假性或法律效力，或对单据中规定或添加的一般或特殊条件，概不负责。

显然，银行在信用证业务中处理的是单据，而不是货物。买卖双方虽是以货物为交易对象，但在国际结算中，当事人只关心单据是否符合信用证条款，而不管货物是否和信用证条款一致，只要单据没问题，开证行不能以任何借口推卸付款责任。银行确认单据是否符合信用证要求时，只审查其表面，而不关心单据背后的货物，即决定是否接受单据时不能以单据外的事项为理由。同样，受益人要实现信用证项下的权利，必须提交符合信用证规定的单据，而不能以完全履行了买卖合同项下的义务为由要求开证行付款。

3）信用证的种类

（1）跟单信用证与光票信用证。跟单信用证，是指凭附有货运单据的汇票或仅凭货运单据付款的信用证。光票信用证，是指不附单据、受益人可以凭开立的收据或汇票分批或一次在通知行领取款项的信用证。

（2）保兑信用证与不保兑信用证。保兑信用证，是指另外一家银行接受开证行的要求，对其开立的信用证承担保证兑付责任的信用证。不保兑信用证，是指未经另一家银行加保的信用证。

（3）即期付款信用证、议付信用证、承兑信用证、延期付款信用证与假远期信用证等。

①即期付款信用证，是指受益人（出口商）根据开证行的指示开立即期汇票，或无须汇票仅凭运输单据即可向指定银行提示请求付款的信用证。

②议付信用证，是指议付行开立的、对受益人提交的符合信用证规定的汇票/单据进行议付的信用证。如果信用证不限制议付行，可由受益人（出口商）选择任何愿意议付的银行，提交汇票、单给所选银行，请求议付，这类议付信用证称为自由议付信用证；反之，为限制性议付信用证。

③承兑信用证，是指信用证规定开证行对于受益人开立的、以开证行或其他银行为付款人的远期汇票，在审单无误后，应承兑汇票并于到期日付款的信用证。

④延期付款信用证，是指开证行在信用证上规定于货物装运后或交单后若干天付款的信用证。此类信用证不需汇票，仅凭受益人交来单据，审核相符，指定银行从承担延期付款责任起，延长至到期日付款。延期付款信用证的功能与远期信用证的功能相同，只是在期限上不同而已。

⑤假远期信用证（又称买方远期信用证），是指买方（进口商）为获得票据贴现市场的资金融通，申请开立以票据贴现市场所在地银行为汇票付款人的信用证。信用证规定出具的远期汇票经承兑后，到贴现市场贴现，出口方可即期得到款项，而申请人则于到期日付款。

（4）可转让信用证与不可转让信用证。可转让信用证，是指信用证的受益人（第一受益人）可将信用证金额的部分或全部转让给另一个或另几个受益人的信用证。可转让信用证只能转让一次，第二受益人不得转让，而且转让费用由第一受益人承担。不可转让信用证是指受益人不能将信用证的权利转让给他人的信用证。

（5）对背信用证与对开信用证。对背信用证，又称第二信用证，是以中间商作为开证申请人，要求原通知行或指定银行以原信用证条款为基础向第二受益人开立的信用证。对开信用证，是指以交易双方互为开证申请人和受益人、金额大致相等的信用证。第一张信用证的受益人（出口商）和申请人（进口商）分别是第二张信用证的申请人和受益人，第一张信用证的通知行往往是第二张信用证的开证行。

（6）备用信用证，是代表开证行对受益人承担某项义务的凭证，在此凭证中，开证行承诺偿还开证申请人的借款，或在开证行申请人未能履约时保证为其支付，一般有借款担保和履约担保。

（7）循环信用证，是指其金额被全部或部分使用，无须经过信用证修改，根据一定条件就可以自动、半自动或非自动地更新或还原再被使用，直至达到规定的使用次数、期限或规定的金额用完为止的信用证。

（8）预支信用证，是指允许出口商在装货交单前，可以支取全部或部分货款的信用证。应申请开证的进口商的要求，开证行在信用证上加列条款，授权出口地的通知行在出口商交单以前，向出口商预先自行垫付全部或部分金额的款项。待出口商交单议付时，出口地银行再从议付金额中扣还预先垫款的本息，将余额付给出口商。如果出口商届时不能装货、交单，出口地银行可向开证行提出还款要求，开证行保证立即偿还出口地银行的垫款本息，然后向开证申请人追索此款。

4）信用证的作用

信用证有两大作用：一是保证作用，即对出口商来说，保证只要按照信用证规定交单就一定会取得货款；对进口商来说，保证按信用证规定取得物权单据，并可通过信用证条款控制交货期、货物数量和质量等。二是资金融通作用，即对出口方来说，装船前，可凭信用证向其往来银行借取打包贷款；装船后，可凭装运单据向其往来银行申请押汇取得货款；对进口方来说，开证时不占压资金或只交部分押金，单据到达后才付款赎单。

大多数国际惯例是由国际性的商业组织或团体编纂和解释的，其中最为重要的机构当属国际商会。

国际商会（International Chamber of Commerce，ICC）由美国商会发起，成立于1919年，总部设在巴黎，是由来自世界各国的生产者、消费者、制造商、贸易商、银行家、保险家、运输商、法律经济专家等组成的国际性的非政府机构。其宗旨是：在经济和法律领域里，以有效的行动促进国际贸易和投资的发展。其工作方式为：制定国际经贸领域的规则、惯例，并向全世界商界推广；与各国政府以及国际组织对话，以求创造一个有利于自由企业、自由贸易、自由竞争的国际环境；促进会员之间的经贸合作，并向全世界商界提供实际的服务等。

ICC通过其下设的十几个专业委员会和数十个工作组，制定了国际商业领域的许多规则和惯例，如国际贸易术语、国际贸易结算规则等，为全世界广泛采用。

自1979年以来，国际商会通过多种途径与我国探讨建立联系，发展业务合作关系。1981年6月，国际商会第139届理事会决定将"国际商会中华民国国家委员会"改为团体会员。1986年12月，中国国际商会与国际商会进行了第一次会晤，经过谈判，国际商会执行局于1988年6月决定将"国际商会台北商业理事会"改名为"中华国际商会中国台北商业理事会"。在此情况下，中国国际商会逐步加强了与国际商会的业务联系和往来，国际商会多次表示，中国在国际贸易中起着越来越重要的作用，但由于该会章程条款所限，中国当时还不能成为该会会员。该会因此数次提出，愿先协同我国的国际商会成立合作委员会，以保持和发展双方的业务合作。1991年6月，双方在巴黎宣布成立了"国际商会–中国国际商会合作委员会"。1994年11月18日，国际商会在巴黎召开第168届理事会，正式接纳我国为会员。

1995年1月1日，由中国国际贸易促进委员会牵头组建的ICC CHINA（国际商会中国国家委员会）正式宣告成立。ICC CHINA目前的会员单位兼顾了国有、集体、乡镇、私营、三资企业等多种成分，涉及制造、外贸、金融、运输、保险、轻纺、商业等领域，较广泛地代表了中国经济的各个部门、各种成分、各个层面。ICC CHINA代表中国企业界、金融界参与国际商务事务和各种国际经贸规则的制定等工作，同各国商界、企业、双边和多边国际组织以及包括中国政府在内的各国政府机构展开对话，在促进同世界各国、各地区工商界的往来与沟通，加强同各国政府及驻华使馆的合作方面，起到了桥梁作用。

3.3.3 托收

1）托收的概念

托收，是指出口方开立汇票（或连同货运单据），委托当地往来银行，通过进口商当地银行向进口方提示单据、收取货款的结算方式。国际商会第522号出版物《托收统一规则》中对托收的定义为：就本规则而言，托收是指银行根据所收到的指示对下述条款中所限定的单据进行处理，以求获得付款和/或承兑，或凭付款和/或承兑交单，或凭其他条款和条件交单。

单据是指金融单据和/或商业单据：金融单据是指汇票、本票、支票或其他用来获得现金付款的类似凭证；商业单据是指发票、运输单据、所有权单据或其他类似单据，或任何其他不属于金融单据的单据。

托收业务中的当事人有：委托人，又称出票人，是指开出汇票委托当地银行向国外付款人收取款项者，一般是出口商。付款人，又称受票人，是指根据托收指示被提示单据并被要求付款者。托收行，是指接受委托人的委托，通过国外银行向付款人托收款项的银行。代收行，指接受托收行的委托，向付款人收取款项的银行。它包括除托收行以外的任何参与办理托收的银行。向受票人提示票据的代收行又称为提示行。

各托收当事人之间存在着如下相互关系：

（1）委托人与托收行。托收行一旦接受了委托人的委托申请书，双方就构成以托收申请书为基础的契约关系。托收行有责任按申请书所列条件和指示代委托方向国外收款。

（2）托收行与代收行。代收行一旦接受委托行寄来的托收委托书，便与托收行构成以托收委托书为依据的契约关系。代收行有责任按委托书所列条件和指示代托收行向付款方收款，代收行若不接受委托，应立即通知托收行，并寄回委托书及所附汇票和单据。

（3）代收行与进口方。两者之间不是委托与被委托关系，无契约关系，也无责任和义务关系。

2）托收的种类

托收结算方式按照托收汇票是否附有商业货运单据，分为光票托收和跟单托收。光票托收，是指汇票不附带货运单据委托银行收款的方式，通常用于收取出口货款尾数、样品费、佣金、代垫费用等其他贸易从属费用，进口索赔款以及各非贸易项目的收款等。跟单托收，是指附带货运单据委托银行收款的方式。有些国家为避免印花税的负担，不使用汇票，而使用即期付款的托收。托收按照方向不同分为进口托收与出口托收。

3）托收的交单条件

凭单付款，意指当出口方委托银行向进口方提示汇票及所附符合合同要求的单据时，进口方应立即付款。但实际业务中，在双方协议的前提下，进口商的付款承诺可代替立即付款，进口商凭其承诺获单，再在约定的期限满时付款；也可以一方面取得进口商的付款承诺，一方面保留单据，待到约定期限再单、款两清。因此，根据实际情况，出口方委托银行收款时，可能有两种不同交单条件。

（1）付款交单。即期付款交单，代收行必须在进口方付清票款后，才能交付货运单据。远期付款交单，代收行向进口方提示汇票及单据，进口商立即承兑汇票并于到期日付款赎单。

远期付款交单的目的是给进口商准备资金的时间，同时，在进口商付款之前，物权单据仍由代收行掌握，维护了出口商权益。但实际上，进口商多不愿意接受这种交单方式，因为进口商承诺汇票，而不能获取单据，这说明对其不信任，则承诺作用不大；而且，远期付款期限较长，货物运抵目的地时间较短，如到期日付款赎单，则影响进口商提货。

（2）承兑交单。承兑交单是指代收行于进口方（付款人）承兑汇票后，即将货运单据交给进口商，待汇票到期时，进口方履行付款责任。

远期付款交单较之承兑交单对出口商更有利，因为在付款交单条件下，出口商在汇票承兑后货未脱手，遭受违约损失的可能性较小。而承兑交单则对进口商有利，因为进口商仅凭承兑汇票就可获单提货，但对出口商而言，万一进口商到期拒付，则将货款两空。因此，出口商以承兑交单方式进行交易，只能限于少数比较可靠的客户，而且每笔金额也不会太大。

4）托收的作用

托收业务依靠商业信用，托收银行与代收银行对托收的汇款能否收到不负责任。跟单托收中，出口商以控制物权单据来控制货物，以交付物权单据代表交货，而交单又以进口商付款或承兑为条件，因此，出口商一般不会遭受货款两空的损失，比赊销安全。对进口商而言，只要付款或承兑就可获得物权单据，从而得到货物，比预付货款安全。因此，无论对于出口商还是进口商而言，跟单托收都比汇款安全。托收结算方式中，出口商的资金负担较重，在进口商付款之前，货物占用的资金主要由出口商来承担，进口商基本不负担资金。但是，出口商有物权单据，他可以通过出口押汇从银行融通资金，因而可在一定程度上减轻资金负担压力，不仅出口商可以从银行融资，进口商也可以通过信托收据和担保提货向银行融资。总体说来，托收相对较利于进口商。

3.3.4 保函

1）保函的概念

保函，又称银行保函或银行保证书，是指银行办理代客担保业务时，应申请人要求，向受益人出具的保证文件，凭提交与承诺条件相符的书面索款通知和其他类似单据即行付款。

保函有三个基本当事人：申请人或称委托人，担保行，受益人。这三个基本当事人之间的责权关系有：

（1）申请人义务。在担保行按保函规定向受益人付款后，申请人应立即偿还担保行所垫款项；负责保函项下一切费用及利息。

（2）担保行责权及免责。担保行一旦接受了申请人交来的申请书，便有责任按照申请书所列条款及时向受益人开立保函；担保行一经开出保函，在受益人按保函规定向担保行索偿时，担保行一定向受益人付款；若申请人不能立即偿还担保行所垫款项时，担保行有权向申请人追索垫款；担保行对保函项下的所有文件的真伪、是否与事实相符以及邮电传送过程中的延误、遗失、错漏均不负责。

（3）受益人责权。受益人按保函规定提交有关文件，并向担保行索偿，取得付款。

（4）通知行责任义务。核对担保行的签字、密押相符；及时将保函通知受益人；对保函内容是否准确，以及邮电传送过程中的延误、遗失、错漏均不负责。

2）保函的特点

保函主要是用银行信用代替或补充商业信用，使交易的一方避免或减少因另一方未履行交易合约而使自己遭受损失的风险，促进交易的顺利进行，推动国际贸易及各种国际经济交往的开展。它有如下特点：①独立于委托人与受益人之间的合同或标的物条件之外；②依据其规定的条件生效，由担保人以保函中规定的任何单据为基础做出决定；③不可撤销。

3）保函的种类

商业银行保函广泛应用于国际经济交易的各种领域，其形式灵活，种类繁多，这里只简单介绍常见的几种形式。

（1）投标保函。随着国际贸易的发展，越来越多的买卖合同和劳务承包合同是在招标竞买的基础上达成的。投标保函，就是指担保银行应申请人（投标人）的委托，向招标人开出的书面保证文件，以保证在投标人中标而不签约的情况下向招标人赔偿其所受损失。若招标人未中标，则投标保函失效；若招标人收到中标通知，则保函的效力延续到投标人与招标人签订合同并提交规定的履约保函时。投标保函的赔偿金额通常为项目金额的2%~5%。

（2）履约保函。履约保函是指担保银行应申请人的要求向受益人开出的保证文件，以保证在申请人不履行合同条款的情况下向受益人赔偿其所受损失。履约保函的金额通常为合同金额的10%。

（3）预付款保函。预付款保函又称还款保函，或退款保函，是指银行应申请人（接受预付款的一方）的要求，向受益人（支付预付款的一方）开出的担保文件，以保证在申请人不履行合同义务的情况下向受益人赔偿一定金额的款项。预付款保函在申请人履行了合同规定的义务或预付款全部扣减完毕时失效，担保金额通常为合同金额的10%。

（4）付款保函。付款保函是指担保银行应申请人（进口方）的要求向受益人（出口方）开出的保证进口方在收到符合合同规定的货物后向出口方支付全部货款的书面保证文件，若进口方违约，担保行将赔偿出口方损失。付款保函的金额就是贸易合同金额，保函有效期一般长于合同规定付款日期半个月。

（5）来料加工保函。来料加工保函是指担保银行应进口方要求向出口方开出的担保文件，保证进口方在收到符合合同规定的生产设备、原材料及相关技术和资料后，在合同规定期限内保质保量地将产品交到出口方或其指定的第三者，否则由担保方负责赔款。来料加工保函有效期一般至合同规定的进料或进件方以成品偿付来料或来件价款的日期再加半个月。

（6）补偿贸易保函。补偿贸易保函是指进口方银行向出口方保证在合同规定期限内，进口方以其产品或款项偿还所欠设备款，否则由担保方负责赔付。补偿贸易保函自进口方收到设备并进行试生产时开始，至保函项下全部价款清偿或双方约定的具体日期止。

（7）留滞金保函。在国际承包及大型设备交易中，一般规定先支付合同金额的90%～95%，待设备安装调试合格后再支付剩余5%～10%的留滞金。若承包方或卖方要求业主或买方支付合同的全部金额，承包方或卖方可以向业主或买方提供名为"留滞金保函"的付款保证承诺，如遇设备存在质量问题、零部件短缺等问题，担保行将承包方或卖方预支的留滞金退还业主或买方。

（8）借款保函。借款保函是指担保银行应借款人的要求，向贷款银行或其他贷款人出具的付款担保书，以保证借款人按借款合同的规定按期向贷款方归还所借款项及由此产生的利息。

（9）透支保函。透支保函是指担保银行应申请人要求向透支银行开出的保证文件，以保证借款人按期偿还透支金额及相应利息，否则由担保行负责赔偿。

（10）租赁保函。租赁保函是指担保银行应承租人的要求向出租人开立的保证文件，以保证承租人按照合同的规定支付租金，否则将由担保行负责赔偿。

小知识 3-2

开出保函的目的是使作为合同一方当事人的受益人得到银行的保证，以消除其对申请人履约能力的怀疑，从而促成双方交易的达成。总体来看，银行保函有以下两个基本作用：

（1）保证款项的支付。保证合同项下款项的支付，这是保函与信用证相似的地方，也正因为如此，银行保函才成为一种结算方式。付款保函、租赁保函、借款保函，以及诸如费用、佣金、关税、票据等保函均属此类，银行在保函中向受益人保证交易的对方将按期支付合同的价款。

（2）保证合同的履行。银行保函可以制约申请人按期履行其合同义务，以避免和减少违约事件的发生，因为申请人不履约就必须支付赔款，即使是银行支付的，也是要归还的，这也是保函区别于信用证的一个重要方面。属于这一类的保函有履约保函、投标保函、预付款保函、保释金保函等。

由于银行保函具有上述两项基本作用，所以其应用范围远远大于跟单信用证，并能解决一些信用证无法解决的问题。人们既可以把它当成结算方式，解决各种交易中的支付问题，也可以用它来保证合同的正常实施，一旦申请人违约，就成为对申请人的惩罚和对受益人的补偿手段。

随着人们经济活动空间的扩大和国际贸易、国际金融交易量的增加，国际结算已成为重要内容，国际结算的工具与方法也随着时代的变化而变化，利用信息网络技术进行国际结算的速度越来越快。具体分析与自己相关的金融活动与结算的关系。

观念应用3-1

分析提示

3.4　国际结算实务

3.4.1　票据行为

票据行为就是出票、背书、承兑等结算活动。**出票**是指开出书面字据，并在票据上签字，然后将其交付给受款人。**背书**，是指持票人为将票据权利转让给他人或者将一定的票据权利授予他人行使，而在票据背面或者粘单上记载有关事项并签章的行为。交付票据，是指受款人或受让人做成背书后，将票据交给被背书人。票据在背书后，交付给被背书人，即完成背书行为。

1）背书

（1）背书目的。一是权利转让。受款人或受让人为将票据权利转让给他人，必须在票据上背书后才能实现。二是委托收款。受款人或受让人为委托收款而背书，此时，票据权利并未转移给接受委托的银行，只是票据本身转给了该银行。

（2）背书种类。空白背书，又称无记名背书，是指背书人仅在票据背面签名，而不写明被背书人。记名背书，又称特别背书或正式背书，是指背书人在票据背面写明被背书人的名称，并签字。限制性背书，是指背书人所做背书中限制仅支付给被背书人，被背书人不得再背书转让。附带条件背书，是指背书人在票据背面写明某项条件，只有在完成该项条件时，才将汇票交给被背书人。托收背书，是指背书人背书仅为了托收票款，而非票据权利转让。

2）承兑

承兑，是指远期汇票的付款人在票据上签字确认，以表示票据到期时同意执行出票人发给他的无条件付款的命令。

（1）承兑的形式。受票人在票据正面写上"承兑"字样，将已承兑的票据交给持票人。

（2）承兑的种类。一般承兑，是指票据受票人毫无保留地全部接受票据内容，有以下几种做法：仅有受票人签字；"承兑"字样加受票人签字；受票人签字加承兑日期；有"承兑"字样、承兑日期及受票人签字。当受票人不是银行或受票人是非交换行时，以上四种做法需加"经某行付款"。限制承兑，是指在做承兑时，添加一些明确改变票据文义的字词，主要有以下几种情况：有条件承兑，完成所述条件后，承兑人即予以付款；部分承兑，承兑人对汇票金额的一部分负责到期付款；地方性承兑，承兑指明仅能在某地付款；修改付款期限承兑。

3）保证

保证，是指票据债务人以外的第三人以担保票据债务的履行为目的的一种从属性票据行为。

（1）保证的形式。保证人签字并加"保证"字样；保证人签字加上"保证"字样和被保证人。

（2）保证的责任。保证人对票据承担着与被保证人同等程度之责。对远期票据，未获承兑前，保证人要保证该票据被承兑并到期付款；对已承兑票据，保证人则保证该票据到期付款。持票人可直接向保证人要求付款，保证人支付票款后，便成为持票人，可对被保证人及其前手行使追索权。

（3）保证的作用。被保证了的票据，可接受性增强，更易于流通转让。

4）退票

退票（或拒付），是指持票人提示汇票要求承兑时遭到拒绝承兑，或持票人提示汇票要求付款时遭到拒绝付款。

5）拒绝

拒绝证书，是指汇票遭拒付时，由持票人要求拒付地的法定公证人或其他依法有权做出证书的机构做出证明拒付事实的文件。做出拒绝证书的程序是：持票人将被拒付汇票交给公证人委托其办理拒绝证书，后者持票再度去受票人处请其付款。如受票人仍然拒绝，则公证人按规定格式做成拒绝证书连同汇票交还持票人，拒绝证书和被拒付的汇票连在一起，打上启封章，持票人凭着拒绝证书，向其前手背书人行使追索权。

6）追索权

追索权，是指汇票遭到拒付时，持票人对其前手有请求其偿还汇票金额及费用的权利。汇票一经被拒付，持票人对其前手诸背书人和出票人立即拥有追索权。追索票款包括：汇款金额、利息、做成拒绝证书和其他必要的费用。

3.4.2　结算方式的业务流程

1）汇款方式的业务流程

（1）电汇业务流程。汇款人填具电汇申请书，连同汇款一并交给汇出行，并支付相关费用；汇出行接受申请，并将电汇回执交给汇款人；汇出行根据申请人的指示，用电传或SWIFT方式向国外代理行发出汇款通知；汇入行收到电传或SWIFT，核对密押无误后，即可缮制电汇通知书，通知收款人收款；收款人持通知书前去取款，并在收款收据上签字；汇入行核对相关凭证无误，解付款项；汇入行将付讫借记通知书邮寄汇出行；汇出行与汇入行之间进行头寸清算。电汇业务流程如图3-1所示。

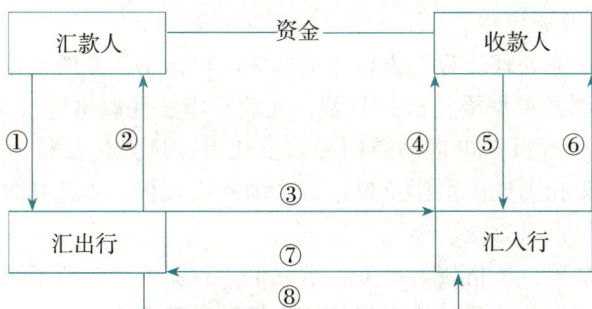

图3-1 电汇业务流程图

（2）信汇业务流程。汇款人填写信汇申请书，连同汇款一并交给汇出行，并支付相关费用；汇出行接受申请，给予客户信汇回执；汇出行邮寄信汇委托书通知汇入行（国外代理行），委托书上载明汇款人、收款人、金额等内容；汇入行收到信汇委托书后，向收款人发出汇款通知书，通知其前来取款；收款人凭有效证件前来取款，汇入行核对无误后予以解付；收款人收款后在收款收据上签字；汇入行向汇出行发出付讫借记通知书；汇出行与汇入行之间进行头寸清算。信汇业务流程如图3-2所示。

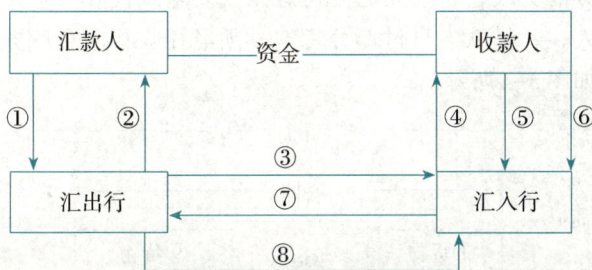

图3-2 信汇业务流程图

（3）票汇业务流程。汇款人填写票汇申请书，连同汇款一并交给汇出行，并支付相关费用；汇出行开立银行即期汇票交给汇款人；汇款人自行邮寄汇票给收款人或亲自携带汇票出国；汇出行开立汇票后，将汇款通知书（票根）邮寄给国外代理行；收款人持汇票向汇入行取款；汇入行验核汇票与票根无误后，解付票款给付款人；汇入行把付讫借记通知书寄给汇出行；汇出行与汇入行之间进行头寸清算。票汇业务流程如图3-3所示。

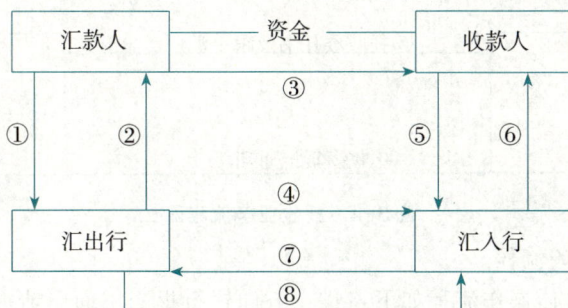

图3-3 票汇业务流程图

2）托收方式的业务流程

（1）出口托收业务处理流程。出口方填制托收申请书，注明交单条件及其他各种条件和指示，连同汇票及单据委托银行收款；托收行审核托收申请书及所附汇票和单据；给予客户回执；托收行根据申请书缮制托收委托书，选择代收行，加注索汇办法及路线；托收行将托收委托书连同汇票及单据寄给国外代收行，委托其收款；代收行寄来贷记通知书后，付款给出口方。

托收行应注意事项：严格按出口方指示办事，若国外代收行要求更改托收条件或指示，必须经委托人同意；对国外代收行的任何意见或要求或托收项下任何变动均应立即通知委托人（出口方），委托人的任何新的指示或更改托收条件均应立即转告代收行。

（2）进口代收业务处理流程。代收行收到托收委托书后，审核其签字是否相符，并审核托收委托书所列汇票及单据的名称、份数与实际所附汇票及单据是否相符；代收行接受委托后，向付款人（进口方）提示付款；付款人见票后，审核单据与合同一致后，付款赎单或承兑汇票；进口方提货；代收行将收妥贷记通知书寄给托收行。

代收行应注意事项：严格按托收委托书办事，如付款人要求更改托收条件或指示，须经委托人同意后方能更改；付款人的任何意见或要求或代收项下任何变动均应立即通知托收行转知委托人；若付款人只付部分货款，须经托收行同意后方能放单。

托收业务流程如图3-4所示。

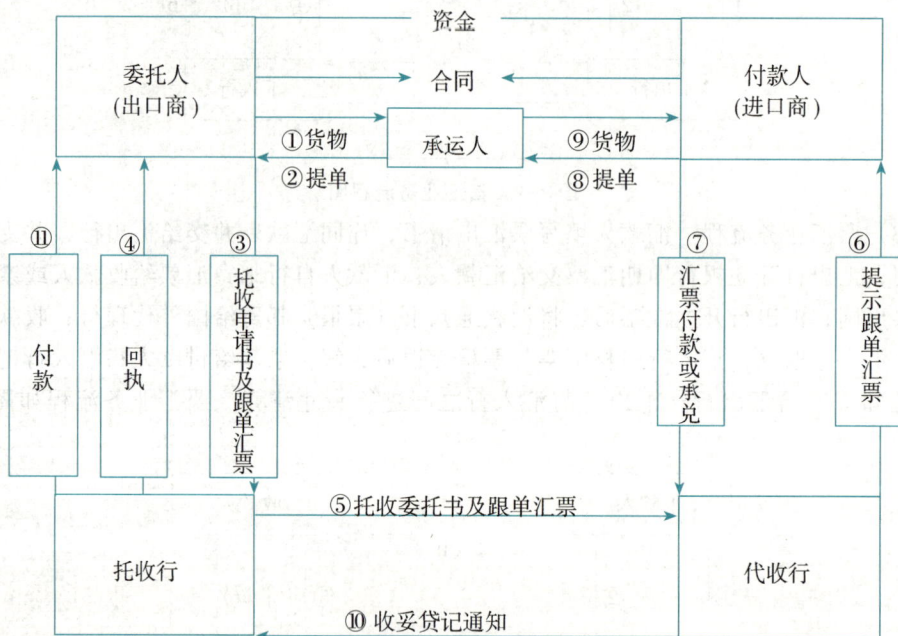

图3-4 托收业务流程图

3）信用证的业务流程

信用证业务的具体操作流程如下：进口方向银行提交书面申请书，申请开证，申请书包括信用证应具有的内容、开证申请人的责任义务、承认开证行权利并说明开证行责任；进口方银行审核开证申请书，开出信用证，并委托国外联行或代理行将信用证通知受益人；出口方银行鉴别信用证表面真实性，及时将信用证通知给受益人；出口商审核信用证与合同一致后，向其往来银行交单议付；出口方银行审单议付、寄单索汇；开证行审单付款、进口方付款赎单。

信用证的流程图如图3-5所示。

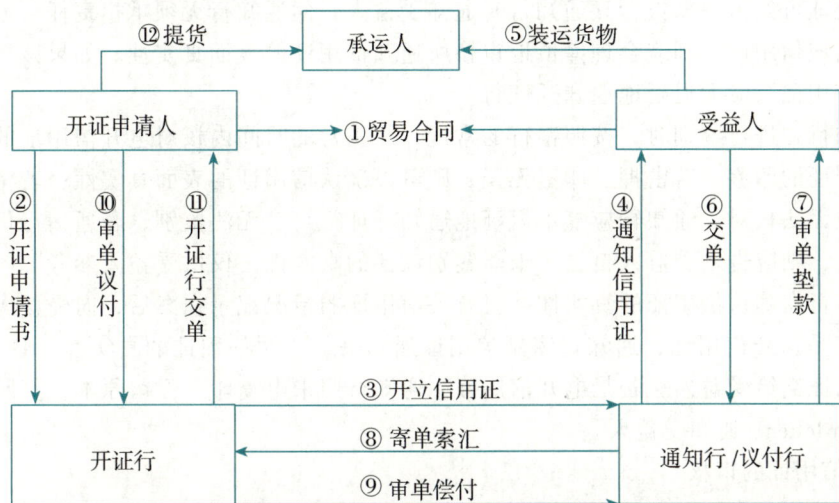

图3-5　信用证业务流程图

3.4.3　信用证处理实务

信用证结算是目前国际结算中最完善、使用最普遍的一种结算方式，此处将具体介绍银行如何处理信用证业务。

1）信用证的开立

开证行在接受了开证人的开证申请书后，若同意开证，则信用证必须严格按照开证申请书规定的内容开立。世界各国银行都有自己的信用证格式，但以国际商会的UCP600的最新标准跟单信用证格式最为正规。

信用证的开证方式有两种：信开和电开。前者指通过书信格式缮制信用证，并航寄通知行；后者指开证行将信用证内容加注密押，并选择电报、电传或SWIFT系统等方式发送通知行。用电报或电传方式开证，有简电本和全电本两种情况。前者是将信用证金额、有效期等主要内容用电文预先通知出口商，由于其内容不完整，简电本不是有效的信用证，通常附注"随寄证实书"字样，证实书即为随后寄来的信开信用证；后者是以电文形式开出的完整信用证，全电本是有效的信用证，可凭以交单议付。SWIFT方式是根据环球银行金融电讯协会提供的标准电文格式——MT700/MT701来开立跟单信用证。由于SWIFT方式传递速度快、成本低，并使信用证具有标准化、固定化和统一格式的优点，渐渐取代电报、电传方式而成为广泛使用的开证方式。

通常银行会根据开证申请人的资信状况给予不同的授信额度，并对开证金额中大于授信额度的部分收取保证金或抵押品。信用证开立后，必须经过严格审证并确定无误后才能签发。

2）信用证的通知

实际业务中，开证行开出信用证后，会选择出口商所在地的一家银行（一般为其分支机构或代理行）作为通知行，由通知行验明信用证的真实性后再通知出口商。

信用证可经另一家银行（通知行）通知受益人，而通知行无须承担责任。但若该行决定通知该信用证，则应合理谨慎地审核所通知信用证的表面真实性。如果该行决定不通知该信用证，应无迟延地通知开证行。

通知行在进行鉴别时，按照银行的常规，在正常的时间内核对电开信用证的密押或信开信用证的印鉴。若密押、印鉴无误，则可以确认信用证的表面真实性；若密押、印鉴不符或无法核对，通知行应毫不迟延地通知开证行自己无法鉴别，若通知行仍决定通知受益人，则应告之受益人自己"未能鉴别该证的真实性，仅供受益人参考"。

通知行在确认信用证的真实性并将有关信用证的情况记录在案后，向受益人通知信用证：若是信开信用证，通知行缮制信用证通知书，说明信用证的真实性，将通知书、正本信用证交给受益人。若是电开信用证，通知行照来电复印，保留原本，复印本随附函（cover letter）通知受益人。

3）信用证的审核

在具体业务中，通知行为了维护受益人的利益而审核信用证，对信用证的可靠性和有效性进行审查，重点内容有：

（1）审查开证行资信。

（2）审查信用证的有效性。对于电开信用证，若其中申明"详情后告"（DETAILS TO FOLLOW）之类语句，或声明邮寄证实书为有效信用证文件，则该电开证不能视为有效信用证文件。

（3）审查信用证的责任条款。若开证行为减轻其应付责任而附加各种保留或限制条款，这种信用证对出口商的安全收汇没有保证，应要求开证行将其删除后才能接受。

（4）审查索汇路线和索汇方式。信用证的索汇路线必须正常、合理，若索汇路线迂回、环节过多，应与开证行联系进行修改。凡大额信用证，其索汇方式应要求加列电索汇条款（T.T.REIMBURSEMENT CLAUSE）。

（5）审查费用问题。指示另一方服务的一方，有责任负担被指示方为其服务而产生的与其指示有关的任何费用，包括手续费、成本费或其他开支。因此，信用证项下一切费用一般均应由进口商负担。

若信用证存在有问题的条款，必须尽快通知开证人做必要修改，修改后才能使用；若无问题，可按信用证规定制单托运。

4）审单

出口商收到信用证，确认其条款与合同相符并可接受后，则按规定发货，制作相关单据向信用证的指定银行或开证行交单。信用证的指定银行或开证行收到单据后须首先审单，只有单据符合信用证要求，才能按信用证规定进行付款、承兑或议付。

银行审单，应遵照国际标准银行惯例，以 UCP600 中的规定作为审单标准，以单单一致、单证相符为审单原则。

（1）审核信用证各个日期的时效性：在审单之前，先确认信用证与货物出运、单据交付是否过期；确保议付在信用证有效期内，否则视为信用证过期；确保货物出运在最迟装运期内，否则视为过装期；确保交来的单据在信用证规定的交单期内，否则视为迟交单。

（2）单据审核要点：

①汇票。确保汇票载有正确的信用证号码、开证行名称、开证日期；确保出票人签字或名称与受益人名称一致；确保汇票做成正确的付款人，不应以申请人作为汇票付款人；确保汇票期限就是信用证所要求的；确保金额大小写一致；确保它包含信用证所要求的条款；如有更改，应由受益人签章证实。

②商业发票。确保发票是受益人出具的，有受益人名称与地址；除非信用证另有规定，确保发票做成以申请人的名称为抬头人；确保货物描述和信用证的商品描述相符；确保发票上包括了信用证所提及的货物细节、价格和价格条款；确保发票上提供的其他资料如 SHIPPING MARK、号码、包装、重量、运输资料等与其他单据一致；确保发票日期不得迟于装船日期；确保发票上的货币与信用证的一致，金额不得超过信用证的规定；确保按照信用证要求，发票已被签字、公证人证实、合法化、证明等；确保提交正确张数的正本和副本；确保它包含信用证所要求的条款；如果有更改，确保应由受益人签章证实。

③运输单据（尤指海运提单）。确保提交正本单据的张数符合信用证规定；除非信用证准许，确保它不是"租船合约"的运输单据；确保收货人、被通知人、地址符合信用证规定；确保如果运输单据需要背书，要适当背书；确保货物描述一般地符合信用证所说明的货物描述、SHIPPING MARK、号码以及其他规格，并与其他单据上的相同；确保运输单据出现"运费已经预付"或"运费待收"的表示符合信用证的要求；确保运输单据上没有能够使其"瑕疵"或"不清洁"的条款；确保符合 UCP600 适当的运输条文规定的一切其他条件；如有更改，确保由船运公司或承运人签章证实。

④保险单据。确保根据信用证要求交来保险单、保险凭证、保险申明；确保提交开立的全套保险单据；确保保险单据是由保险公司或保险商或他们的代理人签发的；确保发出日期或保险责任生效日期最迟应在已装船或已发运或接受监管之日；除非信用证另外允许，确保保险单据必须使用与信用证相同的货币出具；确认货物描述一般地符合发票的货物描述；确保承保的商品是从指定装载港或接受监管点到卸货港或交货点；确保已投保了信用证指定的险别，并已明确表示出来；确保保险单据表现的其他资料与其他单据一致；如果单据有更改，确保应由保险公司证实。

⑤产地证。确保它是独立的单据，不要与其他单据联合起来；按信用证要求，确保它已被签字、公证人证实、合法化、证明等；确保产地证上的资料与其他单据一致；确保产地证上载明的产地国家符合信用证的要求。

⑥装箱单。确保它是独立的单据，不要与其他单据联合起来；确保它符合信用证的

要求，一张详细的装箱单要列出每件包装、纸板箱等内容的清单和其他有关资料；确保装箱单上的资料应与其他单据一致。

（3）审单注意事项：在审单时应填写审单记录，发现不符点，应详细记载，并及时通知客户取回更正。审单必须经过初审和复审，或经特别授权出单才能寄单索汇，以确保审单质量。

5）不符点单据处理

当单据出现不符点时，信用证的开证行可以免除付款责任，而受益人将面临极大的风险，因此，在受益人提交的单据不符合信用证要求时，应针对不同情况分别处理：将所有单据退还受益人更改，以便在信用证有效期内和最迟交单期内再交单；对于无法更改的单据，可应受益人要求向开证行电提不符点，要求凭不符单据授权付款、承兑或议付，开证行加押回电授权寄单或付款、议付后，再寄单或议付；在交单人书面授权下将信用证项下不符单据以等待批准方式寄送开证行，要求其审查和批准接受单据或拒绝接受单据。

6）寄单索汇

若信用证对寄单方法、索汇目标、索汇传送载体、索汇路线等有明确规定，要严格按照信用证规定办理，对于无明确规定的事项，也要按照银行惯例，遵循高效、安全的原则进行办理。

（1）寄单。单据经初审、复审并确认后，应背书于汇票和正本信用证的背面。信用证背面背书应注明议付日期、编号、金额、信用证余额，并由背书人签字。须缮制致开证行的寄单面函，根据出单的不同处理情况向开证行做收款指示。复核寄单面函所列单据种类、份数是否与寄出的单据相一致，索汇条款是否正确，寄单银行名称、地址是否无误，复核正确后由有权签字人签署寄单面函。

若信用证规定分两次寄单，应将一份副本单据及1/3提单（如果存在）与寄单面函第二联装订后用挂号信寄出。次日航邮寄副本。

寄单时应注意寄单地址，不能寄错或串单。寄单面函的收款指示应正确明了，收汇单位应与账户行名称及账号相对应。

（2）索汇。信用证指示有偿付银行和索汇条款的，应视单据的不同情况分别做索汇：若单据无不符点，可于出单的同时按照信用证要求向偿付行发电或出汇票索汇，并在寄单面函上向开证行申明单据无不符点。若单据有不符点，可在寄单面函上申明，待开证行来电授权索汇后，再通过发电或出汇票向偿付行索汇。

3.4.4　信用证风险以及防范

1）信用证风险

虽然信用证方式比较能被买卖双方所共同接受，但由于它所固有的独特性质（特别是它的机械的"严格一致"原则），常为不法商人所利用，客观上也存在一定的风险。从出口贸易业务的角度分析，信用证的风险主要有以下几个方面：

（1）进口商不依合同开证。信用证条款应与买卖合同严格一致，但实际上由于多种原因，进口商不依照合同开证，从而使合同的执行发生困难，或者使出口商遭受额外的损失。最常见的是：进口商不按期开证或不开证（如在市场变化和外汇、进口管制严格的情形下）；进口商在信用证中增添一些对其有利的附加条款（如单方面提高保险金额、变换目的港、更改包装等），以企图达到变更合同的目的；进口商在信用证中做出许多限制性的规定等。

（2）进口商故设障碍。进口商往往利用信用证"严格一致"的原则，蓄意在信用证中增添一些难以履行的条件，或设置一些陷阱，如规定不确定、有字误以及条款内容相互矛盾的信用证。信用证上存在字误，如受益人名称、地址、装运船、有效期限等打错字，不要以为是小瑕疵，它们将直接影响要求提示的单据，有可能成为开证行拒付的理由。此外，信用证中规定禁止分批装运却又限定每批交货的期限，或既允许提示联运提单却又禁止转船，或者要求的保险种类相互重叠等，这些无疑是相互矛盾的。

（3）进口商伪造信用证，或窃取其他银行已印好的空白格式信用证，或与已倒闭或濒临破产银行的职员恶意串通开出信用证等寄送出口商，若未察觉，出口商将遭受货款两空的损失。例如，河南某外贸公司曾收到一份以英国渣打银行伯明翰分行（STANDARD CHARTERED BANK LTD.BIRMINGHAM BRANCH.ENGLAND）名义开立的跟单信用证，金额为 USD37 200 00，通知行为伦敦国民西敏寺银行（NATIONAL WEST-MINSTER BANK LONDON）。因该证没有像往常一样经受益人当地银行通知，真实性未能确定，故该公司在发货前拿该证到某中行要求鉴别真伪。经银行专业人员审核，发现几点可疑之处：信用证的格式很陈旧，信封无寄件人地址，且邮戳模糊不清，无法辨认从何地寄出；信用证限制通知行伦敦国民西敏寺银行议付，有违常规；收单行的详细地址在银行年鉴上无法查证；信用证的签名为印刷体，而非手签，且无法核对。根据以上几点，银行初步判定该证为伪造信用证，后经与开证行总行联系核实，确实如此，从而避免了一起伪造信用证诈骗。

（4）进口商规定要求不易获得的单据的信用证。如要求有某特定人签字的单据，或注明货物配船部位或装在船舱内的货柜提单，或明确要求 FOB 凭保险公司回执申请议付，这些对作为受益人的卖方来说根本无法履行或非卖方所能控制。例如，信用证规定，受益人需提供由海关质检部门出具的品质、数量和价格检验证明，但根据国家海关总署的规定，海关质检部门只能出具品质和数量的检验证明，但不能出具价格的检验证明。因此，此信用证非卖方所能获得，应及时要求买方通过银行修改，取消有关价格检验的词句。

（5）涂改信用证诈骗。进口商将过期失效的信用证刻意涂改，变更原证的金额、装船期和受益人名称，并直接邮寄或面交受益人，以骗取出口货物，或诱使出口方向其开立信用证，骗取银行融资。例如，江苏某外贸公司曾收到一份由我国香港客商面交的信开信用证，金额为 318 万美元，当地中行审核后，发现该证金额、装船期及受益人名称均有明显涂改痕迹，于是提醒受益人注意，并立即向开证行查询，最后查明此证是经客商涂改后，交给外贸公司，企图以此要求我方银行向其开出 630 万美元的信用证，以便在国外招摇撞骗。事实上，这是一份早已过期失效的旧信用证。幸亏我方银行警惕性高，才及时制止了这一起巨额信用证诈骗案。

（6）伪造保兑信用证诈骗。所谓"伪造信用证诈骗"，是指进口商在提供假信用证的基础上，为获得出口方的信任，蓄意伪造国际大银行的保兑函，以达到骗取卖方大宗出口货物的目的。

如果信用证规定必须在货物运至目的地后，货物经检验合格后或经外汇管理当局核准后才付款；或规定以进口商承兑汇票为付款条件，如买方不承兑，开证行就不负责任。这些已非信用证交易，对出口商也没有保障可言。

2）信用证风险防范

在国际贸易与金融中，信用证方式客观上存在着一定的风险，必须采取适当的预防措施：

（1）慎重选择贸易伙伴。在寻找贸易伙伴和贸易机会时，应尽可能通过正式途径（如参加广交会和实地考察）来接触和了解客户，不要与资信不明或资信不好的客户进行交易。在签订合同前，应设法委托有关咨询机构对客户进行资信调查，以便心中有数，做出正确的选择，以免错选贸易伙伴，自食苦果。

（2）预先在买卖合同中明确信用证的内容。买卖合同是信用证的基础，对于出口商日后收到的信用证内容，可预先在买卖合同里做出明确规定，大致包括：开证日期（以开立日期为准）；信用证的有效期；规定开证行、保兑行（在一定条件下）；指定信用证的种类（即期、可转让等）；说明单据名称与份数；允许分批转运（不应限定每批装运间隔期间，如每批间隔30天）；规定出口商有权依照合同修改信用证条款，若进口商不按其要求修改，出口商有权提出损害赔偿。

（3）慎重安排信用证的开立方式及条件。在信用证交易中，卖方必须严格按照信用证规定的条件去装船交单，才能取得款项。因此，卖方在订立买卖契约时，对于有关信用证的开立方式及其条件，必须做慎重的安排与选择，尽可能做到按自己认为满意的方式来安排信用证的开立，并对所接受的信用证条件都有绝对的把握履行，对于没有把握履行的条件不要订立或要求修改。例如，应要求买方在买卖契约订立以后尽快开立信用证，以便有充分的时间来安排生产、购货或装船。

出口方及银行均需对信用证进行认真审查，审查范围及内容主要有两个方面：首先，核对信用证的内容与买卖合同是否一致，发现有出入的内容及无法执行的条款必须迅速要求进口商改正，而且只有收到开证行的改正通知书后方能装运货物，万不可轻信客户的允诺。其次，审查信用证的可靠性，如信用证的真伪、开证行的信用、信用证的种类、信用证的生效等。对开证行的名称、地址和资信情况与银行年鉴进行比较分析，发现疑点，立即向开证行或代理行查询，以确保来证的真实性、合法性和开证行的可靠性。通知行应合理谨慎地核验所通知的信用证表面真实性。因此，通知行有责任鉴别所通知信用证的真伪。实务中，通知行往往要掌握开证银行的签字样本。

观念应用 3-2

国际贸易中，出口合同规定的支付条款为装运月前15天电汇付款，买方延至装运月中始从邮局寄来银行汇票一张，为保证按期交货，出口企业于收到该汇票次日即将货物托运，同时委托银行代收票款。1个月后，接银行通知，因该汇票系伪造，已被退票。此时，货物已抵达目的港，并已被买方凭出口企业自行寄去的单据提走。事后追偿，对方早已人去楼空，对此损失，出口方应吸取什么教训？

观念应用 3-2

分析提示

补充阅读资料 3-1　　　　　　　　补充阅读资料民币结算

跨境人民币业务迎来政策红利的持续释放。2020年9月18日，人民银行等六部门联合印发《关于进一步优化跨境人民币政策 支持稳外贸稳外资的通知（征求意见稿）》（下称《意见稿》），提出在全国范围内开展更高水平贸易投资便利化试点，支持贸易新业态跨境人民币结算，放宽部分资本项目人民币收入使用限制，取消外商投资相关业务专户管理要求。

此次《意见稿》中提及，要在全国范围内开展更高水平贸易投资便利化试点。境内银行可在"展业三原则"的基础上，凭优质企业提交的《跨境人民币结算收/付款说明》或收付款指令，直接为优质企业办理货物贸易、服务贸易跨境人民币结算，以及资本项目人民币收入在境内的依法合规使用。

《意见稿》还指出，支持贸易新业态跨境人民币结算。境内银行在满足交易信息采集、真实性审核的条件下，可按相关规定凭交易电子信息为跨境电子商务等贸易新业态市场主体提供经常项下跨境人民币结算服务。支持境内银行与非银行支付机构在依法合规的前提下合作为跨境电子商务、市场采购贸易方式、外贸综合服务等市场主体提供跨境人民币收付服务。有业内人士表示，这将利好跨境支付，将促成银行与持牌跨境支付机构的合作。

在业内看来，此次《意见稿》中最大的变化当属境外放款重大调整。金融监管研究院副院长、外汇研究部负责人王志毅表示，一是取消此前政策中规定的跨境人民币境外放款如果提前还款仍需占额度的要求，二是将币种因子由0调整为0.5，这意味着跨国企业使用外币进行境外放款，将多占0.5的额度。他表示，按照人行现在的公式，外币境外放款将不能放足30%所有者权益，而只能放款20%（30%÷1.5）。同外债一样，人民币境外放款将在额度上更有优势。

对此，某位外资企业财务相关人士表示，《意见稿》在推进跨境人民币便利化的同时，还满足了跨国企业对跨境人民币使用的众多需求，激发他们使用人民币的信心。

资料来源　佚名. 六部门：拟支持贸易新业态跨境人民币结算［EB/OL］.［2020-09-22］. https://epaper.xkb.com.cn/view/1170283.

■ 思政专栏

2018年5月2日，人民币跨境支付系统（CIPS）（二期）全面投产，符合要求的直接参与者同步上线。CIPS向境内外参与者的跨境人民币业务提供资金清算结算服务，为人民币国际化铺设"高速公路"，是符合国际标准的重要金融基础设施。截至2018年3月底，CIPS共有31家境内外直接参与者，695家境内外间接参与者，实际业务范围已延伸到148个国家和地区。

CIPS（二期）在功能特点上进行了改进和完善：一是运行时间由5×12小时延长至5×24小时+4小时，实现对全球各时区金融市场的全覆盖；二是在实时全额结算模式的基础上引入定时净额结算机制，满足参与者的差异化需求，为跨境电子商务提供便利；三是业务模式设计既符合国际标准，又兼顾可推广可拓展要求，支持多种金融市场业务的资金结算；四是丰富参与者类型，引入金融市场基础设施类直接参与者；五是系统功能支持境外直接参与者扩容，为引入更多符合条件的境外机构做好准备。

资料来源　中国新闻网. 人民币跨境支付系统（二期）全面投产［EB/OL］.［2018-05-02］. http：//www.chinanews.com/cj/2018/05-02/8504439.shtml.

点评：目前，SWIFT系统为全球提供金融信息服务，涵盖了全球25%的跨境支付，这在使得跨境贸易支付便利化、安全化的同时，也使得各国贸易被该系统主导者美国所监控，成为美国对其他国家实行经济制裁的主要工具。中国被美国视为竞争对手，在国际交易结算中刘制裁风险不能不防备，在基础设施方面搭建CIPS，可以在一定程度上确保国家经济金融安全，推动人民币国际化，便于加入该系统的金融机构轻松进行以人民币结算的贸易支付和汇款等业务。

■ 本章小结

1.内容概要

国际结算，是指为清偿国家间债权、债务关系而办理的资金收付、划拨，或为国家间的非债权债务性质的资金转移而进行的业务活动。国际结算包括两部分内容：国际贸易结算，又称有形贸易结算，是指由国际实物贸易而产生的结算业务；国际非贸易结算，又称无形贸易结算，是指由不同国家间的经济、政治、文化等交流而产生的货币收付业务，包括国际金融服务、跨国旅游、国际运输等方面的结算。

国际结算的产生和发展源于国际贸易的产生和发展。票据的产生和推广使国际结算由现金结算发展到非现金结算。单据证券化，使付款方式从"凭货"发展到"凭单"，付款从交易双方直接结算发展到以银行为中介的结算。国际结算向电子化方向发展。

国际结算，是使用支付工具，通过相互抵账的办法，来结算国外债权债务关系的。这种支付工具即为票据。票据有广义及狭义之分。广义票据泛指一切商业交易使用的权利单据，代表对商品的所有权和资金的请求权。狭义的单据仅代表对资金请求权的权利单据。国际结算中的票据是指狭义的票据，包括汇票、本票、支票。在国际结算中，以汇票为主，本票和支票占次要地位。

国际结算方法主要有汇款、托收、信用证等业务。汇款，又称汇付，是指银行接受客户（付款方）的委托，通过银行间的资金划拨、清算、通汇网络，使用合适的支付凭证，付款方委托银行将款项汇交收款方，以完成收、付款方之间债权债务清偿的一种结算方式。托收，是指出口方开立汇票（或连同货运单据），委托当地往来银行，通过进口商当地银行向进口方提示单据、收取货款的结算方式。信用证，是银行根据出口商的请求，向出口商开立的承诺在一定期限内凭规定的单据支付一定金额的书面文件。信用证以其是否跟随单据，分为光票信用证和跟单信用证两类。保函，又称银行保函或银行保证书，是指银行办理代客担保业务时，应申请人要求，向受益人出具的保证文件，凭提交与承诺条件相符的书面索款通知和其他类似单据即行付款。

国际结算的业务流程分结算方式有所不同。信用证结算是目前国际结算中最完善、使用最普遍的一种结算方式，商业银行处理信用证业务要有一定规范，并要了解信用证存在的可能风险，以及如何采取方法措施。

2.主要概念和观念

（1）主要概念

国际结算 票据 汇票 本票 支票 汇款 信用证 托收 保函 出票 背书 承兑 保证 退票

（2）主要观念

结算方式的业务流程 信用证的风险及防范

基本训练

1.填空题

（1）国际非贸易结算，又称无形贸易结算，包括_____、跨国旅游、国际运输等方面的结算。

（2）单据证券化，使付款方式从"凭货"发展到"凭单"付款，从交易双方直接结算发展到以_____的结算。

随堂测3

（3）国际结算中的票据是指狭义的票据，包括汇票、本票、_____。

（4）_____是目前国际结算中最完善、使用最普遍的一种结算方式。

2.选择题

（1）国际结算的产生和发展源于（ ）的产生和发展。

A.国际金融 B.国际贸易 C.国际分工 D.国际市场

（2）本票是由出票人签发的，承诺（ ）在见票时无条件支付确定金额给付款人或持票人的票据。

A.对方 B.收票人

C.出票人 D.出票人或收票人

（3）信用证是银行根据（ ）的请求，向出口商开立的承诺在一定期限内凭规定的单据支付一定金额的书面文件。

A.进口商 B.出口商 C.进口商银行 D.出口商银行

（4）银行审单，应遵照国际标准银行惯例，以UCP600中的规定作为审单标准，以（　　）为审单原则。

A.单单一致　　　　　B.单证一致　　　　　C.合同内容　　　　　D.双方约定

3.判断题

（1）由出票人签发的，承诺自己在见票时无条件支付确定金融给付款人或持票人的票据称为本票。（　　）

（2）信用证是向出口商开立的承诺在一定期限内凭规定的单据支付一定金额的书面文件。（　　）

（3）票据受款人或受让人遵照票据正面出票人的命令，在票据背面或其粘单上进行签名称为承兑。（　　）

（4）退票也称为拒付。（　　）

4.简答题

（1）简述国际结算与经济社会相互发展的关系。

（2）简述目前使用的国际结算系统有哪些。

（3）简述本票的基本概念。

（4）简述信用证的基本概念。

（5）简述银行审单一般原则。

5.案例分析题

（1）卖方与美国的买方签订了一份合同，约定若干月内出运某设备，以形式发票上的价格为基础，但规定价格能随材料和成本的增加而提高，凭英国银行开列的、以卖方为受益人的、保兑的、不可撤销信用证进行付款结算。卖方每出运一批货物后，即可得到货款。

卖方根据信用证的规定出运了两批货物，收到了被告支付的货款。后来买方发现信用证上的货价比原形式发票上的货价高，因此他就通知买方银行，以后不管商业发票如何开列，只能按原形式发票上的价格付给卖方。当卖方向买方银行提示第三批货运单据时，被拒绝支付全部发票金额。卖方因未获付款，保留了单据。接着，卖方便以买方银行未履行信用证上规定的合同义务为由，向买方提出索赔，要求赔偿本批及未出运各批货物在货价上的损失。一方面，买方坚持认为他并未拒绝履行信用证中合同条款，因为信用证上所指的合约上规定，上涨之价格，应在以后调整；另一方面，买方银行还认为卖方应接受该行所建议支付的减低后的金额以减少损失，而只对差价部分进行索赔。

你认为法院应怎样判决，为什么？

（2）2019年1月10日，芝加哥F银行向A银行开立了一笔金额为15 783美元的即期信用证。该证装船期分别为2月25日和3月8日，受益人为B市某外贸公司，货物名称为铁钉。

2月12日，A银行收到该信用证项下第一次修改，要求将装船期分别提前至2月15日和2月24日，并修改货物描述等内容。A银行立即与受益人联系，请求答复。受益人于2月19日向A银行发出书面确认，拒绝修改，A银行即向F银行发出同样内容的电报。3月3日受益人交单，A银行经审核无误后议付单据，并按开证行要求寄单索汇。A银行编号为BP95I1327/97。3月13日，A银行收到F银行电报，称该单据迟装并超过有效期，以此拒付并准备退单。

经查，此笔单据的装船日为2月25日，交单日为3月3日，完全符合修改前信用证的要求。据此，A银行据理力争，反驳F银行提出的不符点。此后，F银行又多次来电坚持上述不符点，并两次将单据退回A银行，但A银行毫不退让，又两次将单重寄开证行。由于A银行有理有力的反驳，F银行最终于4月25日付款。

从本案例中可以得到什么启发？

6.技能训练题

（1）查阅资料，画出托收的业务流程图。

（2）查阅资料，画出信用证的业务流程图。

第4章

国际收支

通过本章的学习，你应该达到以下目标：

素质目标：掌握国际收支理论，了解有关国际收支的知识，具备解读国际收支平衡表和分析一般宏观经济问题的能力。

知识目标：了解国际收支的概念，掌握国际收支平衡表的内容及其编制方法以及国际收支的均衡与调节方面的知识。

技能目标：按照国际收支理论，掌握国际收支平衡表差额的统计方法。

能力目标：具备分析国际收支平衡表的能力。

国际收支是国际金融业务中不可缺少的组成部分。从1982年开始正式编制国际收支平衡表，到1996年实行国际收支统计与申报制度，我国在立法、执法和统计操作上有显著特点。目前，我国国际收支统计申报实行交易主体申报的原则，采取间接申报与直接申报、逐笔申报与定期申报相结合的方法。

我国实行的国际收支统计申报制度，是根据实际情况和国际货币基金组织成员的义务逐步形成的。国际收支统计申报范围为中国居民与非居民之间发生的一切经济交易以及中国居民对外金融资产、负债状况。

4.1 国际收支概述

4.1.1 国际收支的产生与发展

1）国际收支的产生

国际收支，是指一国在一定时期内居民与非居民之间经济交易的系统记录，是居民与非居民之间国际经济活动的总状况。它是世界各国国际经济交往的产物，是用来记录、分析、解释一个国家或地区在世界经济交易中的规模与结构的统计数据。

在当今世界上，几乎没有一个国家或地区可以不受经济一体化的影响而正常发展，也没有一个国家或地区的经济发展可以孤立地在世界经济体系中正常运行。在这个相互关联的世界中，一国或地区对外部的经济发展变化的反应变得越来越敏感，一国或地区与外部经济和资本的联系越来越密切，而任何一国或地区的对外经济交易活动的变化，又集中体现在一国或地区的国际收支上。

国际收支是随着一国或地区对外经济交往的发展而产生的。从历史上看，早在中世纪，世界上就存在国家之间的资金往来联系，不过形式比较简单。我国从汉朝开始就同外国有了经济、文化联系，那时对东南亚及中亚、中近东等国家和地区的贸易一部分为以货易货，一部分则以黄金或白银为媒介来进行交易。地中海沿岸各国在中世纪时期的对外贸易大都也采用这两种方法。西欧各国在封建社会末期开始使用票据办理跨国家或地区支付，但以货易货和用金银货币支付仍占主要地位。金银货币在跨国家或地区的经济交往中的作用逐步加强。随着资本主义生产方式的发展和世界市场的形成，国际贸易不断扩大，各国之间的经济、文化、政治等联系日益增多，以货易货和以金银货币支付已远远不能满足经济发展的需要。金银货币以及后来出现的信用货币充当支付手段的支付方式逐渐发展起来，从而形成跨国家或地区的债权债务关系。这种债权债务关系发展到一定时期（尤其是第二次世界大战后）必须办理国际结算，于是产生了大量的国际收支活动，产生了系统记录国际经济交易活动状况的国际收支平衡表。

2）国际收支的概念

国际收支的概念有狭义与广义之分。在国际金本位制崩溃后，一个国家或地区在一定时期的外汇收支，此为狭义的国际收支，其概念突出国际支付行为，强调一个国家或地区在一定时期内必须同其他国家或地区立即结清的各种到期支付的差额。第二次世界大战后，国际收支不仅包括一定时期一切外汇收支的国际借贷关系，而且还包括捐赠、无偿援助、易货贸易等全部经济交易，此为广义的国际收支，其概念突出国际经济交易行为，强调一个经济实体与其他经济实体之间的交易行为。

1945年12月成立的国际货币基金组织是全球性国际金融机构，目前共有180多个成员。它的宗旨是：为成员提供一个常设的国际货币机构，促进国际货币合作；促进国际贸易均衡发展，以维持和提高就业水平和实际收入，发展各国的生产力；促进汇率的稳定和维持各国或地区外汇业务有秩序地进行，避免竞争性的货币贬值；协助建立多边国际支付制度，消除外汇管制；为成员融通国际资金，纠正国际收支的不平衡；缩短和减轻国际收支不平衡的时间和程度。

按照国际货币基金组织所下的定义，国际收支是特定时期内的一种统计报表。它反映了一个经济实体与世界上其他经济实体在商品、劳务及经济收益上进行的交易行为，一个经济实体所持有的货币、黄金、特别提款权的变化以及与其他经济实体债权债务关系的变化，一个经济实体不需要偿还的单方面转移项目和各种必须平衡的相对应的科目。一个国家或地区的国际收支不但反映它的国际经济关系，也反映了它的经济结构和经济发展水平。

按照国际货币基金组织的解释，一个经济实体是就一个国家或地区而言的，实质上是指一个国家或地区的居民。居民，从严格意义说是个经济概念。**居民**是指在某个国家或地区永久或长期居住（一年以上）的本国境内的自然人以及外国人、机构、团体和法人企业；**非居民**是指短期停留、不定居在该国境内的自然人以及本国人、机构、团体和法人企业。即居民与非居民都包括法人和自然人，包括政府机构、个人、社会团体以及企业四类。例如，一个企业的国外子公司是其所在国的企业居民，其母公司是子公司所在国的非企业居民。正如美国花旗银行在伦敦的分行是英国的企业居民、美国的非居民企业一样。分行与花旗银行总行的业务往来构成美国和英国的国际收支项目的内容。国际性机构如联合国、世界银行、亚洲开发银行等都不是某一个国家或地区的居民而是任何一个国家或地区的非居民，各国领事馆的外交人员，则无论他们在所在国居住多久，一律以非居民看待。总之，居民是指一个国家或地区的经济领土内具有同一经济利益中心的个人或机构单位。也就是说，居民与非居民是按照经济领土和经济利益中心来划分的。

居民与非居民概念的划分，主要在国际收支申报和外汇管制两个方面体现出来。正确地统计国际收支状况，就是系统记录不同国家或地区之间的全部经济交易活动，而不是居民之间的国内经济交易活动。

国际经济交易活动是经济价值或货币价值从一个经济实体向另一个经济实体转移，并在居民与非居民之间的国际舞台上完成的过程。它从内容上看，分为五种形式：金融资产与商品劳务之间的交换；商品与商品之间的物物交换，包括商品与劳务之间的交换；金融资产之间的交换；无偿的商品劳务转移；无偿的金融资产转移。因此，国际经济交易的五种形式实质上反映了国际收支的主要内容。

4.1.2 国际收支平衡表

1）国际收支平衡表概述

国际收支平衡表是一国或地区系统地记录一定时期（一年、半年或一季度）全部对外经济交易项目及金额的一种统计报表，它综合反映了一国或地区居民与非居民在一定时期内货币资金往来的全部情况。具体地说，国际收支平衡表是一国或地区根据国际经济交易的内容和范围设置项目和账户，并按照复式簿记的原理对一定时期内的国际经济交易进行系统的记录，对各笔经济交易进行分类、汇总而编制出的分析性报表。

编制国际收支平衡表，离不开国际收支统计的原则。一般认为，国际收支统计的原则是交易的原则。国际收支虽然从字面上理解是一种收支行为，但它与外汇收支概念不同，并非以"收支"为记载主体，而是以交易为记载主体。所以，国际收支统计包括所有的国际经济交易，既包括有外汇收支的对外交易，也包括没有外汇收支的对外交易。例如，货物的捐赠、外商投资企业作为直接投资的进口设备等，虽未发生实际的外汇收支，但仍要作为国际收支进行统计。

编制国际收支平衡表的主要目的，是要使一个经济实体的中央银行全面了解自身的对外经济交易活动和地位，以制定正确的国内外经济政策和货币政策；是要使国际货币基金组织和世界银行等国际性金融机构全面了解各国或地区的对外经济交易活动和国际资本、国际贸易特征，以便协调各国的经济政策和货币政策，促进国际货币合作，维持汇率的稳定。因此，各国或地区都很重视国际收支平衡表的编制工作。国际货币基金组织为了比较分析各国或地区国际收支的动态，制定了《国际收支和国际投资头寸手册》，汇集了编制国际收支平衡表的原理、规则以及相关内容。

国际收支平衡表是按照复式簿记原理来编制的。每一笔对外经济交易活动都会产生金额相等的借方和贷方。贷方记录本国商品劳务的出口收入，本国对外资产的减少和本国对外负债的增加；而借方记录本国商品劳务的进口支出，本国对外资产的增加和本国对外负债的减少。在国际贸易中，出口收入与进口支出可以明显地反映在借贷双方。

在国际资本流动中，外国资本流入本国，可以表现为外国在本国资产的增加，如外国在本国的直接投资数额增加；外国在本国负债的减少，如本国获得外国商业银行等金融机构的贷款；本国在国外资产的减少，如本国从国外银行提取存款用于国内投资等。资本流入，即本国的外汇收入增加，记入国际收支平衡表中资本账户的贷方。在国际资本流动中，本国资本流到国外，可以表现为外国在本国资产的减少，如外国从本国银行中大量提取存款；外国对本国债务的增加，如本国向外国提供贷款；本国对外国债务的减少，如外国偿还所发行的债务资金；本国在外国资产的增加，如本国银行到海外投资等。资本流出，即本国外汇的减少，应记入本国国际收支平衡表中资本账户的借方。由于每一笔经济交易的金额同时记录在借贷双方，最终国际收支平衡表上全部项目的借方总额与贷方总额在理论上总是相等的，净差额为零。

虽然国际收支平衡表中借贷双方的总额是相等的，但其表中每个具体项目的贷方和借方，收入与支出是不相等的。每项收支会出现一定差额，这就是贸易差额、劳务差额、资本差额等局部差额。当本国外汇收入大于支出而出现盈余时，即为**顺差**，通常在顺差前加"+"号；反之，当本国外汇收入小于支出而出现亏损时，即为**逆差**，通常在逆差前加"-"号。各局部差额的合计，就是国际收支的总差额。如果是借方差额，在未动用国际储备资产平衡时，就是国际收支的逆差；如果是贷方差额，就是国际收支的顺差。国际收支一般通过相应的国际储备资产变动或对外债权债务的变化而达到平衡。

国际收支平衡表作为一种"流量表"，记录一个时期的各项国际经济交易活动。在这些国际经济交易中，签订贸易合同、货物装运、双边结算、交货付款等一般都是在不同日期进行的，资本账户从其签订借贷合约到资金转拨、资金到位等，可能会跨越所记录的时期。

对此，国际货币基金组织为了统一各国的国际收支记录，规定记录国际经济交易活动的基本原则为权责发生制，即记录日期以所有权变更的日期为准，实际上是以债权债务转移的发生日期为准；计价方法以交易的市场价格为准，统一计价的原则。一笔经济交易如在国际收支平衡表编制时期内完全结清，则理所当然地应即期记录。但一笔国际经济交易中若涉及商业信用，如预付货款或延期付款，编制记录则有不同要求。在前一种情况下，支付货款时尚未取得货物所有权，但债权已存在。按照"所有权变更"的记录原则，这类经济交易发生时即须进行记录。就前者而言，在预付货款时，应在借方记录货物债权，贷方记录支付的货款，收到货物时再冲转货物债权。就后者而言，在延期付款交易提货时，再冲转货物负债。又如，在编制国际收支平衡表时期内，已到应支付利息的时间，实际上并未支付，则也应在到期日记录，未付的利息作为新的负债记录。

按照国际货币基金组织的规定，国际收支平衡表中记录的经济交易应包括：编制平衡表时期内已全部结清的项目；已经到期的必须结清的项目；已发生（指所有权已变更或债务已发生）但须跨时期结清的项目。

另外，编制国际收支平衡表均以各经济实体海关的统计为准，而海关统计则采用离岸价格记录进出口贸易项目。根据一般惯例，一项进出口贸易，出口国以离岸价格来计算，而进口国则以岸价格来计算。为了准确地在国际收支平衡表中记录进出口贸易的金额，国际货币基金组织规定统一按照离岸价格记录的原则，将进出口贸易的运费和保险费用列入劳务收入。同时还规定，在各个经济实体的国际收支中，无论是经常账户中的贸易、劳务、转移项目，还是资本和金融账户中的内容，均以美元为记录单位，便于对各国或地区的国际收支状况进行比较。

2）国际收支平衡表的内容

国际货币基金组织所规定的国际收支平衡表的内容非常广泛，各国或地区编制的国际收支平衡表也略有不同。根据国际货币基金组织发布的《国际收支和国际投资头寸手册》（第六版），国际收支平衡表包括经常账户、资本和金融账户、净误差与遗漏。经常账户可细分为货物和服务账户、初次收入账户、二次收入账户。金融账户可细分为直接投资、证券投资、金融衍生工具、其他投资和储备资产。具体项目的含义及分类如下：

1.**经常账户**：包括货物和服务账户、初次收入账户和二次收入账户。

1.A 货物和服务账户：包括货物和服务两部分。

1.A.a 货物：指经济所有权在我国居民与非居民之间发生转移的货物交易。贷方记录货物出口，借方记录货物进口。货物账户数据主要来源于海关进出口统计，但与海关统计存在以下主要区别：一是国际收支中的货物只记录所有权发生了转移的货物（如一般贸易、进料加工贸易等贸易方式的货物），所有权未发生转移的货物（如来料加工或出料加工贸易）不纳入货物统计，而纳入服务统计；二是计价方面，国际收支统计要求进出口货值均按离岸价格记录，海关出口货值为离岸价格，但进口货值为到岸价格，因此国际收支统计应从海关进口货值中扣除国际运保费支出，并将运保费支出纳入服务统计；三是货物账户补充了部分进出口退运等数据；四是货物账户补充了海关未统计的转手买卖下的货物净出口数据。

1.A.b 服务：包括加工服务，维护和维修服务，运输，旅行，建设，保险和养老金服务，金融服务，知识产权使用费，电信、计算机和信息服务，其他商业服务，个人、文化和娱乐服务以及别处未提及的政府服务。贷方记录提供的服务，借方记录接受的服务。

1.A.b.1 加工服务：又称"对他人拥有的实物投入的制造服务"，指货物的所有权没有在所有者和加工方之间发生转移，加工方仅提供加工、装配、包装等服务，并从货物所有者处收取加工服务费用。贷方记录我国居民为非居民拥有的实物提供的加工服务。借方记录我国居民接受的非居民的加工服务。

1.A.b.2维护和维修服务：指居民或非居民向对方所拥有的货物和设备（如船舶、飞机及其他运输工具）提供的维修和保养服务。贷方记录我国居民向非居民提供的维护和维修服务。借方记录我国居民接受的非居民维护和维修服务。

1.A.b.3运输：指将人和物体从一地点运送至另一地点的过程以及相关辅助和附属服务以及邮政和邮递服务。贷方记录居民向非居民提供的国际运输、邮政快递等服务。借方记录居民接受的非居民国际运输、邮政快递等服务。

1.A.b.4旅行：指旅行者在其作为非居民的经济体旅行期间购买的货物和服务。贷方记录我国居民向我国境内停留不足一年的非居民以及停留期限不限的非居民留学人员和就医人员提供的货物和服务。借方记录我国居民境外旅行、留学或就医期间购买的非居民货物和服务。

1.A.b.5建设：指建筑形式的固定资产的建立、翻修、维修或扩建，工程性质的土地改良，道路、桥梁和水坝等工程建筑，相关的安装、组装、油漆、管道施工、拆迁和工程管理等，以及场地准备、测量和爆破等专项服务。贷方记录我国居民在经济领土之外提供的建设服务。借方记录我国居民在我国经济领土内接受的非居民建设服务。

1.A.b.6保险和养老金服务：指各种保险服务以及同保险交易有关的代理商的佣金。贷方记录我国居民向非居民提供的人寿保险和年金、非人寿保险、再保险、标准化担保服务以及相关辅助服务。借方记录我国居民接受非居民提供的人寿保险和年金、非人寿保险、再保险、标准化担保服务以及相关辅助服务。

1.A.b.7金融服务：指金融中介和辅助服务，但不包括保险和养老金服务项目所涉及的服务。贷方记录我国居民向非居民提供的金融中介和辅助服务。借方记录我国居民接受非居民提供的金融中介和辅助服务。

1.A.b.8知识产权使用费：指居民和非居民之间经许可使用无形的、非生产非金融资产和专有权以及经特许安排使用已问世的原作或原型而支付的费用。贷方记录我国居民向非居民提供的知识产权相关服务。借方记录我国居民使用的非居民知识产权服务。

1.A.b.9电信、计算机和信息服务：指居民和非居民之间的通信服务以及与计算机数据和新闻有关的服务交易，但不包括以电话、计算机和互联网为媒介交付的商业服务。贷方记录本国居民向非居民提供的电信服务、计算机服务和信息服务。借方记录本国居民接受非居民提供的电信服务、计算机服务和信息服务。

1.A.b.10其他商业服务：指居民和非居民之间其他类型的服务，包括研发服务，专业和管理咨询服务，技术、贸易等相关服务。贷方记录我国居民向非居民提供的其他商业服务。借方记录我国居民接受的非居民其他商业服务。

1.A.b.11个人、文化和娱乐服务：指居民和非居民之间与个人、文化和娱乐有关的服务，包括视听和相关服务（电影、收音机、电视节目和音乐录制品），其他个人、文化娱乐服务（健康、教育等）。贷方记录我国居民向非居民提供的相关服务。借方记录我国居民接受的非居民相关服务。

1.A.b.12别处未提及的政府服务：指在其他货物和服务类别中未包括的政府和国际组织提供和购买的各项货物和服务。贷方记录我国居民向非居民提供的别处未提及的货物和服务。借方记录我国居民向非居民购买的别处未提及的货物和服务。

1.B 初次收入账户：指由于提供劳务、金融资产和出租自然资源而获得的回报，包括雇员报酬、投资收益和其他初次收入三部分。

1.B.a 雇员报酬：指根据企业与雇员的雇佣关系，因雇员在生产过程中的劳务投入而获得的酬金回报。贷方记录我国居民个人从非居民雇主处获得的薪资、津贴、福利及社保缴款等。借方记录我国居民雇主向非居民雇员支付的薪资、津贴、福利及社保缴款等。

1.B.b 投资收益：指因金融资产投资而获得的利润、股息（红利）、再投资收益和利息，但金融资产投资的资本利得或损失不是投资收益，而在金融账户统计范畴。贷方记录我国居民因拥有对非居民的金融资产权益或债权而获得的利润、股息（红利）、再投资收益和利息。借方记录我国因对非居民投资者有金融负债而向非居民支付的利润、股息（红利）、再投资收益和利息。

1.B.c 其他初次收入：指将自然资源让渡给另一主体使用而获得的租金收入以及跨境产品和生产的征税和补贴。贷方记录我国居民从非居民获得的相关收入。借方记录我国居民向非居民进行的相关支付。

1.C 二次收入账户：指居民与非居民之间的经常转移，包括现金和实物。贷方记录我国居民从非居民处获得的经常转移，借方记录我国向非居民提供的经常转移。

2. 资本和金融账户：包括资本账户和金融账户。

2.1 资本账户：指居民与非居民之间的资本转移，以及居民与非居民之间非生产非金融资产的取得和处置。贷方记录我国居民获得非居民提供的资本转移以及处置非生产非金融资产获得的收入，借方记录我国居民向非居民提供的资本转移以及取得非生产非金融资产支出的金额。

2.2 金融账户：指发生在居民与非居民之间、涉及金融资产与负债的各类交易。根据会计记账原则，当期对外金融资产净增加记录为负值，净减少记录为正值；当期对外负债净增加记录为正值，净减少记录为负值。金融账户细分为非储备性质的金融账户和国际储备资产。

2.2.1 非储备性质的金融账户：包括直接投资、证券投资、金融衍生工具和其他投资。

2.2.1.1 直接投资：以投资者寻求在本国以外运行企业获取有效表决权为目的的投资，包括直接投资资产和直接投资负债两部分。相关投资工具可划分为股权和关联企业债务。股权包括股权和投资基金份额以及再投资收益。关联企业债务包括关联企业间可流通和不可流通的债权和债务。

2.2.1.1.1 直接投资资产：指我国作为直接投资者对外直接投资企业的净资产，作为直接投资企业对直接投资者的净资产以及对境外联属企业的净资产。

2.2.1.1.2 直接投资负债：指我国作为直接投资企业对外国直接投资者的净负债，作为直接投资企业对直接投资者的净负债以及对境外联属企业的净负债。

2.2.1.2 证券投资：包括证券投资资产和证券投资负债，相关投资工具可划分为股权和债券。股权包括股权和投资基金份额，记录在证券投资项下的股权和投资基金份额均应可流通（可交易）。股权通常以股份、股票、参股、存托凭证或类似单据为凭证。投资基金份额指投资者持有的共同基金等集合投资产品的份额。债券指可流通的债务工具，是证明其持有人（债权人）有权在未来某个（些）时点向其发行人（债务人）收回本金或收取利息的凭证，包括可转让存单、商业票据、公司债券、有资产担保的证券、货币市场工具以及通常在金融市场上交易的类似工具。

2.2.1.2.1证券投资资产：记录我国居民投资非居民发行或管理的股权、投资基金份额的当期净交易额。

2.2.1.2.2证券投资负债：记录非居民投资于我国居民发行或管理的股权、投资基金份额的当期净交易额。

2.2.1.3金融衍生工具：又称金融衍生工具和雇员认股权，用于记录我国居民与非居民金融衍生工具和雇员认股权交易情况。

2.2.1.3.1金融衍生工具资产：又称金融衍生工具和雇员认股权资产，用于记录我国居民作为金融衍生工具和雇员认股权资产方，与非居民的交易。

2.2.1.3.2金融衍生工具负债：又称金融衍生工具和雇员认股权负债，用于记录我国居民作为金融衍生工具和雇员认股权负债方，与非居民的交易。

2.2.1.4其他投资：除直接投资、证券投资、金融衍生工具和储备资产外，居民与非居民之间的其他金融交易，包括其他股权、货币和存款、贷款、保险和养老金、贸易信贷、特别提款权负债和其他。

2.2.1.4.1其他股权：指不以证券投资形式（上市和非上市股份）存在的、未包括在直接投资项下的股权，通常包括：在准公司或非公司制企业中的、表决权小于10%的股权（如分支机构、信托、有限责任和其他合伙企业、房地产和其他自然资源中的所有权名义单位）、在国际组织中的股份等。资产项记录我国居民投资于非居民的其他股权。负债项记录非居民投资于我国居民的其他股权。

2.2.1.4.2货币和存款：货币包括由中央银行或政府发行或授权的，有固定面值的纸币或硬币。存款是指对中央银行、中央银行以外的存款性公司以及某些情况下其他机构单位的、由存单表示的所有债权。资产项记录我国居民持有外币及存在非居民处的存款资产变动。负债项记录非居民持有的人民币及存在我国居民处的存款变动。

2.2.1.4.3贷款：指通过债权人直接借给债务人资金而形成的金融资产，其合约不可转让。贷款包括普通贷款、贸易融资、透支、金融租赁、证券回购和黄金掉期等。资产项记录我国居民对非居民的贷款债权变动。负债项记录我国居民对非居民的贷款债务变动。

2.2.1.4.4保险和养老金：又称保险、养老金和标准化担保计划，主要包括非人寿保险技术准备金、人寿保险和年金权益、养老金权益以及启动标准化担保的准备金。资产项记录我国居民作为保单持有人或受益人所享有的资产或权益。负债项记录我国作为保险公司、养老金或标准化担保发行者所承担的负债。

2.2.1.4.5贸易信贷：又称贸易信贷和预付款，是因款项支付与货物所有权转移或服务提供非同步进行而与直接对手方形成的金融债权债务。如相关债权债务不是发生在货物或服务的直接交易双方，即不是基于商业信用，而是通过第三方或银行信用形式发生，则不纳入本项统计，而纳入贷款或其他项目统计。资产项记录我国居民与非居民之间因贸易等发生的应收款或预付款。负债项记录我国居民与非居民之间因贸易等发生的应付款或预收款。

2.2.1.4.6特别提款权负债：指作为国际货币基金组织成员分配的特别提款权，是成员的负债。

2.2.14.7其他：除直接投资、证券投资、金融衍生工具、储备资产、其他股权、货币和存款、贷款、保险和养老金、贸易信贷、特别提款权负债外的对非居民的其他金融债权或债务。资产项记录债权，负债项记录债务。

2.2.2国际储备资产：指我国中央银行拥有的对外资产，包括外汇储备、货币黄金、特别提款权、在国际货币基金组织的储备头寸和其他储备资产。

2.2.2.1外汇储备：指我国中央银行持有的可用作国际清偿的流动性资产和债权。

2.2.2.2货币黄金：指我国中央银行作为国际储备持有的黄金。

2.2.2.3特别提款权：是国际货币基金组织根据成员认缴的份额分配的，可用于偿还国际货币基金组织债务、弥补成员之间国际收支赤字的一种账面资产。

2.2.2.4在国际货币基金组织的储备头寸：指在国际货币基金组织普通账户中成员可自由提取使用的资产。

2.2.2.5其他储备资产：指不包括在以上储备资产中的、我国中央银行持有的、可用作国际清偿的流动性资产和债权。

3.净误差与遗漏：国际收支平衡表采用复式记账法，由于统计资料来源和时点不同等原因，会形成经常账户与资本和金融账户不平衡，形成统计残差项，称为净误差与遗漏。

3）编制国际收支平衡表的现实意义

一国或地区的国际收支平衡表是其一定时期内对外经济交易往来的综合记录，它可以反映出该国或地区的经济实力、对外经济关系的特征、国际资本的流出入以及国际贸易的状况等，也可以反映该国或地区在国际经济交易中的地位和在国际金融活动中的影响。国际收支平衡表对于分析和预测世界经济发展趋势，制定本国或地区的对外经济政策和货币政策，调节国际收支的不平衡都有着现实意义。

（1）国际收支平衡表全面反映了一国或地区外汇资金的来源和外汇资金的运用。通过编制国际收支平衡表，可以分析本国或地区对外经济交易的活动概况，外汇资金运用是否得当，经常账户、资本账户顺差或逆差的情况及其原因。通过分析他国或地区编制的国际收支平衡表，可以了解其外汇资金的来源及运用，预测相关汇率的变动趋势，做好国际贸易结算货币的选择，避免国际金融中外汇市场的非经营性风险。例如，某国某时的国际收支是巨额逆差，该国的货币在外汇市场上就可能对外贬值，在出口贸易中就应避免以该国货币结算，防止该国货币贬值造成的经营风险；而进口贸易中则可以争取以该国货币结算，这样有可能减少对外支付外汇的数额。

（2）国际收支平衡表客观地反映了一国或地区的国际储备资产的净额。通过编制本国的国际收支平衡表,可以掌握其国际储备资产增减变动的情况,以此为依据制定本国或地区的国际储备的合理水平,从而强化"稳定货币币值、保持国际支付能力、维持本国货币汇率"的功能。通过分析他国或地区编制的国际收支平衡表,根据其国际储备资产变动的情况,能够确定其对外经济政策和金融政策的走向以及汇率变动的趋势。一般说来,国际收支严重逆差的国家,对外债务沉重,随时可能发生支付危机。在与该国进行经济交易时,就应采取审慎政策,出口贸易应采取即期收汇结算的方式,商业贷款要根据其偿还能力进行综合研究。

(3)国际收支平衡表提供了有关各国或地区的国际经济交易较为完整的综合信息。通过分析与比较各国或地区的国际收支平衡表,可以了解其对外经济交易活动的基本情况。例如,通过分析某国经常账户中的商品进出口数额的多少,就可以初步了解其一定时期生产力的发展水平及其产业结构特征;通过分析某国资本账户中的经济、军事援助数额的多少,就可以反映其一定时期经济渗透和政治扩张的程度。又如,通过分析某国无形贸易项目中旅游支出的增减,就可以了解其一定时期国民收入和居民生活水平的变化;通过分析某国每年的劳务贸易项目收入,就可以了解其一定时期金融、保险、通讯、旅游、运输业等第三产业发展的特色。再如,通过分析某地区资本账户中短期资本的流动,就可以了解该区域不同货币金融政策和利率、汇率政策变化所带来的影响。

(4)国际收支平衡表全面地反映了世界经济活动的基本情况和经济一体化的时代特征。通过分析与比较各国或地区的国际收支平衡表,就可以在了解他国不同经济实力的同时,了解本国或地区在世界经济一体化中的地位和作用。经济一体化是指各国或地区的经济关系日益紧密与相互融合。各国或地区在日新月异的科学技术的发展推动下,普遍实行对外开放政策。贸易自由化、投资自由化与金融、资本一体化加速发展,国际贸易数额剧增,国际资本流通量加大,国际银行业兼并重组浪潮,证券市场国际化等已影响到各国或地区。因此,制定本国或地区的经济发展总战略,一是要把握大局,二是要了解自己。这都离不开比较与分析国际收支平衡表。

4.2 国际收支的调节

4.2.1 国际收支不平衡的类型

1)造成国际收支不平衡的因素

在国际经济交易中,由于各国或地区的经济发展水平、市场竞争能力、国民收入层次不同以及国际资本的流动,产生了国际收支的动态过程。实际上,一国或地区的国际收支是难以做到绝对平衡的,平衡是相对的,而不平衡则是绝对的。仅从国际收支平衡表上看,国际收支总是平衡的,如果某些经常账户、资本和金融账户出现逆差,那就需要动用黄金、外汇储备。这只能说是账面平衡与真实平衡的不同,数额平衡与内容平衡的差别,主动平衡与被动平衡的调节。

一般认为,一国或地区的国际收支略有顺差或逆差,就实现了国际收支的平衡;但如果其国际收支的顺差或逆差在一定时期内是经常性的且数额巨大，则被视为国际收支的不平衡。造成国际收支不平衡的因素有很多，概括起来包括以下几个方面：

（1）经济发展周期的影响。由于国家或地区之间经济发展阶段的不同、经济增长率的差异，其经济发展轨迹往往会周而复始地出现繁荣、衰退、调整、复苏四个阶段。经济全球化的趋势、一些发达国家的经济发展周期，往往会影响到其他国家、地区或区域性的经济发展。在周期性经济因素的影响下，国际收支顺差或逆差不平衡的现象交替发生。例如，一国或地区受经济周期的影响，因经济衰退而出口贸易减少、资本外流，会出现国际收支的逆差；因经济繁荣而出口贸易增加、资本内流，又会出现国际收支的顺差。

（2）经济实力的影响。一国或地区的经济发展直接反映到其经济实力的变化，进而反映到其在国际市场上的竞争能力，反映到其对国际收支的影响。经济实力的几个主要指标包括一国或地区的科学技术以及劳动生产率水平等。一国科学技术在影响国际收支中起关键作用。例如，当一国或地区在一定时期科学技术发展迅速，不断提高劳动生产率和资源配置效率，整个国民经济发展速度加快时，该国或地区的生产、投资、商品的成本就会降低，在国际市场上的竞争力就强，于是就会出现有利于国际收支顺差的局面，并进入经济发展的良性循环，结果是加大国际收支的顺差。相反，如果一国或地区经济实力下降，科技水平及劳动生产率等降低，该国或地区的出口商品在国际市场上竞争力必然受到影响，于是有可能出现不利于国际收支顺差的情况。

（3）国民收入的影响。一国或地区除了经济周期的不同阶段会引起其国民收入的增加和减少外，经济增长率的高低也会导致国民收入的变化。一国或地区的经济增长率高则国民收入增加，其国内外需求扩大，商品消费、劳务输入、旅游和捐赠等经常账户支出也可能随之增加，从而影响国际收支的状况。反之，一国或地区的经济增长率低则国民收入减少，其国内外需求缩小，市场不旺，物价下跌，将会有利于出口贸易，会逐步增加国外出口，减少经常账户中的逆差，使国际收支趋于相对平衡。

（4）货币币值变化的影响。一国或地区货币在国内实际购买力的变化，会使该国或地区的货币币值在国际金融市场上下浮动，会引起国际收支新的不平衡。由于国内通货膨胀的原因，物价普遍上升，影响到该国或地区的商品在国际市场的价格，进而影响到该国或地区在国际金融市场的汇率。一般而言，该国或地区减弱了出口贸易在国际市场的竞争能力，出口下降，进口上升，有可能出现国际收支逆差的局面。相反，如果由于该国或地区通货紧缩或通货膨胀率下降，国内物价水平比国外低，则有利于其出口贸易增加，进口商品减少，有可能出现国际收支顺差。这种国际收支的不平衡，实际上是由于一国或地区货币所代表购买力的实际价值发生了变化，而与外国货币兑换的汇率没有相应地改变，从而使原来外汇市场供求平衡的状况消失。如果同期本币汇率随着通货膨胀率的变化一起调整，那么货币币值变化对国际收支的影响就会小得多。

货币币值变化，也包括一国或地区国际储备货币的币值变化对国际收支的影响。一些外汇储备资产的变化，对持有这些外汇作为国际储备或债权债务的国家，影响是相当大的。如果美元贬值，持有这一外汇储备和资产的国家就会受到损失，如果这个国家的外汇收入主要是美元，而主要债务和国际支付都是美元以外的其他货币，则很可能引起国际收支的逆差。

（5）世界经济结构调整的影响。世界各国或地区由于经济地理环境、自然资源、劳动力素质、科技水平等经济条件不同，各自出口并输出有自己特色和竞争力的有形贸易以及无形贸易，进而形成各自的经济结构，各国经济结构的特色又构成世界性的经济结构。一般认为，如果国际贸易和国际分工不发生剧烈的变化，国际资本流动和单方面转移相对稳定，一国或地区的进出口贸易总额应趋于平衡。但国内外商品、劳务、资本的国际需求与国际供给的相对关系发生变化时，这种平衡关系就会受到干扰，使世界经济结构内部随之发生变化。如果一国或地区的经济结构不能很好地适应这种变化而做出相应的调整，其国际收支状况就可能发生不平衡。国际市场的商品竞争实质是国家或地区之间调整产业结构的竞争。一国或地区如不能及时调整其产业结构，力求将最新的商品打入国际市场，那么它原来的商品即使再至善至美，也迟早会被他国的更新换代的商品所取代，从而使出口贸易日益减少，出现国际收支的逆差。一国或地区的出口贸易只集中在个别商品上，一旦国际市场的需求结构发生变化，也会给该国或地区的国际收支带来影响。因此，世界经济结构的变化，甚至一个国家或地区的经济结构的变化，都会对国际收支产生重大的影响。

如果一国或地区的国际收支出现不平衡，无论是收大于支的顺差，还是支大于收的逆差，都有必要进行调节。长期的巨额国际收支逆差，会耗尽一国或地区有限的黄金、外汇等国际储备资产，会影响到其对外清偿能力和经济的稳定发展。反之，长期的巨额国际收支顺差，会使一国或地区的国际储备资产过度增长，进而影响到国内的货币供应和本币汇率，不利于控制通货膨胀。在一般情况下，国际收支的逆差调节相比于顺差调节显得更为迫切。

2）国际收支不平衡的类型

国际收支的顺差或逆差根据产生的原因不同，分为如下几种类型：

（1）周期性不平衡。它是指由于国际市场需求的周期变化或经济发展阶段、自然资源、环境变化等原因引起的不平衡。周期性不平衡有两种情况：①经济高涨，生产、消费行为活跃，对外经济交易频繁，进出口整体水平高。这种情况，有两种可能，即如果进口贸易或对外投资显著增长，则导致国际收支的逆差；如果出口贸易或吸收外资显著增长，则导致国际收支的顺差。②经济衰退，生产、消费行为萎缩，对外经济交易减少，进出口整体水平降低。这种情况，也有两种可能，如果出口贸易减少或吸收外资幅度减弱，则将出现国际收支的逆差；如果进口贸易减少或对外投资幅度减弱，则将出现国际收支的顺差。可以说，一国或地区的经济发展的周期性，并不能决定其国际收支是顺差还是逆差，它对国际收支状况的影响因各国或地区的实际而异。

（2）收入性不平衡。它是指由于经济增长条件的变化引起了一国或地区国民收入的变动，从而导致国际收支的不平衡。收入性不平衡有两种情况：①经济增长加快，国民收入增长加快，国内投资及劳务需求增长加快，国内消费增加，进口贸易大量增加，国际收支有可能出现逆差。②经济增长放慢，国内需求降低，价格与市场疲软，出口价格降低、进口价格提高、出口贸易增加、进口贸易减少，国际收支有可能出现顺差，也可能国际收支平衡。

以上情况暂不考虑资本流动项目，仅说明一国或地区经济发展运行的某种可能性，实际情况则比较复杂，也可能出现其他情况。例如，一国或地区经济实力逐步增强后，国民收入增长加快，生产率水平稳定提高，从而导致其出口商品成本和价格降低，出口贸易扩大，出现国际收支的顺差。

（3）货币性不平衡。它是指如果一国或地区的货币成本与物价上升，导致其通货膨胀率高于他国时，假设汇率相对稳定，那么其商品价格就会高于他国，引起以本币计价的进口商品价格的下降和以外币计价的出口商品价格的上升。这会抑制本国或地区的出口贸易，使进口贸易增加，最终出现贸易收支的逆差。反之，则出现贸易收支的顺差。

（4）环境性不平衡。它是指一国或地区投资环境的变化和资本流动对国际收支的影响，它涉及利率、汇率、资本产出率等重要的经济指标，侧重于资本账户的流入或流出对国际收支的影响。环境性不平衡有三种可能：①本币实际利率上升，吸引外资流入，本国或地区资本账户逆差；反之，则导致其资本账户顺差。②本币汇率坚挺，吸引外资流入，本国或地区资本账户逆差；反之，则导致其资本账户顺差。③一国或地区政治、经济保持稳定，投资环境安全，资本产出率高，吸引外资流入，本国或地区资本账户逆差；反之，则导致其资本账户顺差。

（5）结构性不平衡。它是指由于国内生产结构不能适应国际市场的变化，而产生的国际收支不平衡的现象。当世界经济结构进行重大调整，而一国或地区的产业结构不能迅速做出相应的调整时，原来形成的国际收支平衡关系就会被打破，导致国际收支结构性的失衡。这里所讲的国内经济结构是由一国或地区的自然资源、人力资源、科技水平、产业结构和它所处的国际分工和地位决定的。例如，现代科技使人造纤维在一定程度上取代了棉布，人造橡胶取代了天然橡胶，塑料取代了木材，这些变化使经济结构过分单一、侧重于出口上述原料的国家或地区的国际收支状况受到了巨大影响，并发生转折性的变化。

4.2.2　国际收支不平衡的分析

一国或地区的国际收支问题，归根到底是它的平衡问题。一国或地区的国际收支平衡表，总体必然是平衡的。但其中某些具体项目可能出现逆差，这就需要靠其他项目的顺差来弥补。例如，经常账户的逆差可以靠资本和金融账户的顺差来弥补，反之亦然。如果全部对外经济交易项目最后还是出现了逆差，就只能动用政府的黄金、外汇储备来弥补。由于一国或地区的黄金、外汇储备资产有限，不能随意动用，所以世界各国或地区都十分关注国际收支的平衡问题，都力图使国际收支的自主性交易实现平衡，尽量少动用国际储备资产，进行事后调节。

从理论上讲，国际收支的不平衡包括顺差和逆差两个方面，以基本差额和官方结算差额为代表，差额存在即为失衡，而不能理解为只有逆差才是失衡。不过，在现实经济中，顺差对一国或地区经济的不良影响往往小于逆差，并且，顺差意味着一国或地区的国际储备资产增加，所以它通常被看作经济发展健康运行的表现，是有益于己的不平衡。

要正确分析国际收支平衡与不平衡的关系，必须认识在国际收支中两种完全不同性质的经济交易。一种是自主性交易，或称事前交易；另一种是调节性交易，或称事后交易。**自主性交易**是一国或地区的居民与非居民之间出自某种经济目的自主性进行的交易，经常账户中和长期资本账户中的经济交易就属于此种。它是已经发生了的并已列入差额表中的有关项目。**调节性交易**是指在自主性的经济交易出现缺口或基本差额时，进行的弥补性经济交易，短期资本账户和官方储备项目就属于这种经济交易。自主性交易具有自发性，因而必然产生缺口或差额，不是收大于支，就是支大于收，收支不平衡，只有用调节性交易来弥补，才能维持国际收支的平衡。因此，自主性交易是否平衡，成为判断一国或地区的国际收支是否平衡的标准。

要正确分析国际收支平衡与不平衡的关系，必须了解账面平衡与真实平衡、主动平衡与被动平衡的具体内容。只有自主性交易的自身平衡才意味着国际收支的真实平衡和主动平衡，动用国际储备后才达到的平衡只是被动平衡和账面平衡。换言之，自主性交易的不平衡是实质上的不平衡，调节性交易后实现的平衡是事后平衡和账面平衡，这种平衡并不能完全解决一国或地区国际收支中存在的问题。

另外，一国或地区的国际收支在数额上的平衡只能说是表面平衡，它未必对一国或地区经济发展有利，具体情况要具体分析。如果一国或地区的进出口贸易和资本流动虽然是平衡的，但这种平衡的取得是以牺牲其均衡与可持续的经济发展为代价，那么这种国际收支的数额平衡是表面的，难以维持，不平衡将随之而来。

要正确分析国际收支平衡与不平衡的关系，必须了解国际收支基本差额形成的原因和形式。基本差额由经常账户差额、资本和金融账户差额两部分组成。如果一国或地区的国际收支基本差额为顺差，这种情况的形成可能有三种形式。

（1）经常账户、资本和金融账户均为顺差。如20世纪80年代中期韩国的国际收支，这是一种比较好的情况。但需要注意的是，在这种情况下，由于长期资本的流入大于流出，而当前的资本流入会随着时间的推移，逐渐以利润、股息、利息、资本等形式收回，部分地转化为日后导致资本流出的因素。所以，当前的资本和金融账户顺差中往往隐藏着日后资本和金融账户转为逆差的潜在可能。

（2）经常账户顺差，资本和金融账户逆差，顺差额大于逆差额。如20世纪80年代日本的国际收支。一般认为，这是国际经济交易中最好的情况。该国不但维持贸易收支项目顺差，而且有大量资本过剩和输出。此为日本在一定时期内经济扩张性很强的表现，经济实力大大增强。同时，当前的资本和金融账户流出会随着利息、股息、利润等的收回，成为日后经济长期稳定发展的有利因素。

（3）经常账户逆差，资本和金融账户顺差，顺差额大于逆差额。这种情况在发展中国家较为常见。如20世纪80年代后期的巴西、墨西哥等国。在这种国际收支顺差中，潜伏着日后的经济危机。这种经济危机是否会成为现实，关键在于大量引进国际资本的投资效益如何。如果引进的外资能迅速带来投资回报，所带来的利润足以支付日后的利息以及成本，经济运行最终引入良性循环，那么，这种国际收支结构的顺差从长远看就是好的。反之，如果引进的外资不能把经济运行推到良性循环的轨迹，却加重了该国或地区的国际债务负担，那么，它对一国或地区的经济发展显然是不利的。

如果一国或地区的国际收支基本差额为逆差，这种情况的形成可能有三种形式。

（1）经常账户、资本和金融账户均为逆差。如20世纪70年代美国的国际收支状况。这一时期，美国经常账户逆差且资本大量外流，其商品在国际市场的竞争力降低，贸易收支、劳务收支不如以前，投资资本不能在美国得到充分利用，美元频繁贬值，汇率大幅波动。这一状况说明美国经济地位受到冲击，最直接的影响是导致"布雷顿森林货币体系"的最后终结。当时美国政府开始推行新经济政策来增强其经济实力，推动其经济发展。

（2）经常账户逆差，资本和金融账户顺差，逆差额大于顺差额。这是20世纪80年代美国的国际收支状况。这一时期，美国的经济增长由于其新的投资资本后劲不足，离不开对国外投资资本的依赖，而国内产业结构调整还没有全部到位，新的经济增长点还没有形成，国内外市场的竞争力不强，出口贸易、劳务收支等出现逆差，侧面反映了美国经济实力相对减弱。当然，此时期国外资本的大量流入，在客观上有利于美国的经济发展，有利于扩大投资规模和增加就业，有利于国内产业结构的调整，为20世纪90年代美国长时期的经济增长奠定了基础。

（3）经常账户顺差，资本和金融账户逆差，逆差额大于顺差额。这是1984年日本国际收支的状况。虽然，当时日本国际收支的基本差额在总体上是逆差，但它反映了其存在着大量的过剩资本，表现了一种强有力的扩张性经济。日本经济实力强劲，咄咄逼人。直至90年代初期，随之而来的日本经济泡沫，导致市场和经济疲软，较大地影响了其国际收支的状况。

了解国际收支基本差额形成的以上六种形式，是为了分析一国或地区之间的国际收支状况的相互变化。对于一国或地区的特定时期，国际收支基本差额的形成必然有它的特殊性，即使在基本差额的形成形式相同的一国或地区相互之间也是如此。为此，一般认为，在一国或地区之间的国际经济交易中，经常账户的顺差比逆差对本国或地区经济更有利；资本和金融账户的顺差或逆差各有利弊，不可一概而论，须做具体分析；一国或地区的顺差是导致本币坚挺、汇率上升的重要因素；一国或地区的货币贬值，有利于出口贸易，改善国际收支逆差的状况。

4.2.3 国际收支的调节机制

一般认为，如果一国或地区保持了开放经济中市场传导机制的完整性，那么，即使其没有相应的政策调节，国际收支自动的调节机制也能在一定程度上使不平衡趋于平衡。

1）金本位制度下的调节机制

在19世纪末期和20世纪初期，一些国家和地区实行金本位制，一国或地区的国际收支可以通过物价涨跌、黄金货币流动来自动恢复其平衡，而黄金货币流动又取决于国家或地区之间汇率上下波动界限，即"黄金输出入点"。此点会影响黄金输出输入的成本大小。一国或地区的国际收支如果发生逆差，其结果是外汇需求大于供给，本国货币的汇率下跌，跌幅至黄金输出点以下，则黄金货币流出，国内货币流通减少，物价下跌，利率上升，进而增强本国商品在国际市场上的竞争能力，刺激商品出口和黄金货币流入。这样一来将逐步消除逆差，使国际收支趋于平衡。如果一国或地区发生国际收支顺差，情况正好相反。由于黄金输出入点的存在和物价的变动这两个因素，使国家和地区之间的经济交易中有一种自动调节机制在产生作用，国际收支处于这样一种由不平衡到平衡的循环往复的状态中。

例如，19世纪末期美国和英国货币发行与供给以黄金为准备，在其一般条件不变的情况下，一国货币供应量增加将导致物价总水平的上升，货币供应量减少将导致物价总水平的下降，物价波动将影响国际贸易，最后将出现国际收支中的自动调节效应，贸易收支由相对不平衡走到相对平衡。假设，美国规定一盎司黄金等于35美元，英国规定一盎司黄金等于14英镑。英镑与美元的法定平价为1英镑等于2.50美元。如果按照当时的条件，将黄金从美国运往英国需要1%的运输费，那么，美国黄金的输出点或美元汇率的上限就是2.50+（2.50×0.01）=2.525美元，因为当美元汇率超过了这个上限，美国进口商就不会再直接以美元兑换英镑支付货款，而宁可输出黄金支付货款。同样，美国的黄金输入点或美元汇率也不能低于2.50-（2.50×0.01）=2.475美元。如果低于此点，英国进口商不会直接以英镑兑换美元，而是将英镑换成黄金，运输至美国后再以黄金兑换美元。

2）货币制度下的调节机制

进入20世纪30年代后，金本位制退出了历史舞台，世界上多数国家和地区都实行从"黄金—美元"货币体系到没有黄金作为准备的信用货币制度。在信用货币正常流通的情况下，国际收支调节机制仍然存在，但需要通过四个因素来发挥作用。

（1）汇率。在20世纪50~70年代，世界上多数国家和地区实行"黄金—美元"的布雷顿森林货币体系，各国以纸币为本位币与美元挂钩，美元与黄金挂钩，汇率相对固定，汇率的变化受政府的干预和波动幅度的限制。各国和地区之间的汇率相对稳定，汇率在国际收支中的自动调节机制功能也相应较弱，几乎难以发挥汇率的正常调节作用。这是与布雷顿森林货币体系的基本特征相一致的。

布雷顿森林货币体系终结后，各国和地区实行浮动汇率制。国家或地区之间的国际收支自动调节可以通过汇率变化得以实现。汇率的波动一般是根据国际外汇市场的供求规律，而不是受一国或地区中央银行行政干预的情况下自动发生的。有两种可能：如果一国或地区的外汇供给和需求都具有弹性，那么它的国际收支逆差可以通过货币贬值事后地进行调节，而国际收支顺差也可以通过货币升值事后地进行平衡。当一国或地区国际收支的经常账户发生大量逆差，因而外汇需求大于供给，本币汇率便往下浮动，本币汇率下跌有利于刺激出口贸易，抑制进口贸易，使贸易收支的逆差状况有所改变，从而改善国际收支的不平衡。当一国或地区的国际收支出现巨额顺差时，本币需求小于供给，外汇收入增加，本币汇率便往上浮动。本币汇率上浮不利于出口贸易，将使国际收支状况发生新的变化。

假设，英、美两国之间对外贸易关系密切。美国的国际收支存在着40亿英镑的贸易项目逆差。在当时，外汇汇率为1英镑=2.00美元，对英镑的需求大于对英镑的供给，差额为40亿英镑。由于上述原因，导致英镑相对升值，美元相对贬值。当美元对英镑贬值达20%，即1英镑=2.40美元时，英镑的供给与需求的曲线才能一致，即美国的出口贸易增加了20亿英镑，进口贸易减少了20亿英镑，英美两国的国际收支趋于平衡。

在浮动汇率制度下，国际收支自动调节机制是汇率的变化，而不是黄金的流动或外汇储备等国际储备资产的变动。然而，汇率的变化对国际收支的影响仍有局限性：一是汇率变动首先将引起物价的波动，然后才影响到国际收支变化，这中间有一个时滞。因此，汇率变动对国际收支的影响开始表现为逆方向的，只有经过一段时间，才能出现有利于国际收支平衡的正方向变化；二是汇率变动的作用还要受到汇兑心理波动的影响，因此它往往不能及时有效地发挥作用。如果本币汇率下跌，进出口商预期汇率还将进一步下跌，于是就会发生资金外逃，使在经常账户逆差下的资本账户又出现逆差，从而使调节国际收支逆差的作用大为减弱，甚至短期内完全不起作用。

（2）国民收入。一国或地区的居民在一定时期内创造出来的全部产品或价值中，扣除已消耗掉的生产资料或价值，就是国民收入。国民收入的增长是国民经济发展的一项主要指标。当一国或地区因出口规模减小而发生贸易逆差时，该国国内的投资规模和消费水平就要受到抑制，国民经济发展的速度也受其影响，国民收入也会因上述原因而减少。国民收入的减少，自然要影响到国际收支的平衡，影响到贸易出口和劳务进口。原来试图通过进口生产资料来扩大再生产的企业或公司，只能减少进口而维持原有的生产水平；原来想购买国外消费品的居民也会因收入的减少而减少日常生活开支。

一般认为，国民收入减少自然要影响到进口贸易，进口贸易减少将使贸易项目逆差程度缩小，进而使国际收支趋于平衡。当一国或地区因出口规模增加而发生贸易项目顺差时，则其国民收入的水平得以提高。因而本国或地区的货币流通量将增加，并同时促使经常账户中的商品、劳务等进口贸易随之增加，继而利率下跌，本国或地区资金外流，国际资本也流入到高利率的国家或地区，使原来的国际收支中的顺差逐渐减少，直至重新恢复平衡。

（3）利率。一般认为，如果一国或地区的国际收支出现逆差，随之而来的是国内信贷规模的收缩。因为，进口贸易大于出口贸易，需要大量的资金支付进口货款，本国或地区所持有的外国货币和资产将减少，政府和中央银行不得不紧缩银根，提高利率。在开放的市场经济体系中，利率的高低，直接影响到一国或地区投资规模的大小，影响到一国或地区消费和供给的增减，影响到一国或地区市场物价水平的涨跌，直至影响到进出口外汇收支的变化，使国际收支又开始新的调整，趋于平衡。利率的变动，也可以起到促进国际资本流动的作用。例如，一国的利率高于其他国家，则其他国家的资本有可能为获得较高的收益，流入这个国家，而本国资本则减少外流，从而使国际收支中的资本账户出现顺差，以调节经常账户的逆差，使国际收支趋于平衡。相反，本国利率低于其他国家，则可以调节国际收支的顺差。利率的变动会引起国际资本的流动，主要是长期资本流动。但是，长期资本的国际流动不像短期资本流动对利率变化那样敏感。即使是短期资本流动，还要受其他因素制约，如汇率制度、市场机制和资本流动风险等。也就是说，利率变动对国际收支的调节作用是多种因素组合而成的。

（4）物价。一般认为，当一国或地区的国际收支出现逆差时，将引起国内信贷规模的紧缩，利率变化、投资规模和消费水平等都要受其影响。如果其他条件不变，国内总需求下降会迫使国内物价总水平降低。物价水平降低可以使本国商品在国际市场上的价格有一定的竞争力，使商品出口处于有利的地位；出口贸易增加，贸易外汇收入也随之增加，使国际收支有可能趋于平衡。相反，当一国或地区的国际收支出现顺差，由于国内信用规模扩张，投资与消费加大，促使国内物价随之上涨。这将会不利于出口，有利于进口，使国际收支中的顺差趋于消失，开始新的平衡。当然，物价变化对国际收支的调节是有条件的，即价格的变动对进出口数量有影响、国内总需求对价格的弹性大，两者组合才能起到对国际收支调节的作用。

国民收入、利率、物价这三个方面的内在功能，既受国际收支中经常账户、资本账户的变动影响，又反过来调节国际收支中的不平衡。它们之间相互联系、相互作用并相互影响。在市场经济条件下，它反映了对国际收支调节的间接功能，也反映了国际收支自动调节趋于平衡的内在机制。然而，不能忽视的是，上述对国际收支调节的一般功能，使国际收支趋于平衡的动态过程只有具备了以下三个条件，国民收入、利率、物价等调节机制的功效才能完成。

首先，一国或地区对进口商品的需求要保持较大的弹性，即输入弹性要大。如果一国进口商品输入弹性很小，严重依赖国外的原料和资源，即使该国国民收入低，外汇汇率上升，有利于限制进口贸易和促进出口贸易，也难以促使其国际收支趋于平衡。其次，物价变动要有较大的弹性，物价随市场变化而变化。如果一国或地区的物价只能升、不能降，或者商品价格始终维持在较高的水平上，即价格呈"刚性"，国际收支的调节机制也将受到很大的限制。最后，利率的反应要敏感，利率市场化程度高。如果一国的利率不能随市场供求变化而相应变化，即使国内市场资金减少，利率仍不上升，这就无法吸引国际资本的流入，也就不能减缓资本和金融账户中的逆差，使国际收支趋于平衡。因此，汇率、国民收入、物价和利率等对国际收支的影响以及事后地调节国际收支，必须与一国或地区的政府所采取的干预性政策和措施紧密联系。这样，影响和调节一国或地区的国际收支才能事半功倍。

4.2.4　国际收支调节的措施

一国或地区的国际收支发生不平衡时，各国或地区政府往往要根据当地的实际和需要，采取不同的直接或间接干预的经济政策和措施，影响和调节国际收支，使国际收支趋于平衡。一般认为，一国或地区选择影响和调节国际收支的政策以及措施主要有三个方面：

（1）运用经济政策影响和调节国际收支。这主要是一国或地区通过运用财政政策、货币金融政策来实现的。一国或地区的财政政策，主要是通过财政开支的增减、国民收入的分配和税率的调整逐步实现的。如果一国或地区的国际收支存在大量逆差，政府可以通过采取削减国家财政预算、减少政府投资和公共消费等紧缩性财政政策，从而达到缩减行政开支，抑制社会消费，影响国内物价水平，进而抑制进口商品，减少外汇支出，使其国际收支的逆差逐步缩小的目的。如果一国或地区的国际收支存在大量顺差，外汇储备资产大大增加，政府可以采取扩张性财政政策，增加国家和地方财政预算，增加财政支出和政府投资，降低税率和提高国民收入，以刺激需求和企业投资。这样，国内投资规模和消费水平就会提高，对进口商品的需求也随之增加，将逐步改善国际收支的巨额顺差，使国际收支走向平衡。

一国或地区货币金融政策影响和调节国际收支，主要是通过利率和汇率来实现的。利用汇率的作用影响和调节国际收支，即采取法定货币升值或法定货币贬值的措施，这是调节国际收支顺差或逆差的重要手段。调整利率，可以起到两方面的作用：一是利率的高低与国内投资规模大小有直接关系，同时影响到国内消费水平和物价水平，直至间接影响经常账户和整个国际收支的状况；二是利率的变化可以起到促进国际资本流动的作用。

如果一国或地区采取财政政策和货币金融政策相互配合的措施，影响和调节国际收支的功效就会更加显著。例如，在货币金融政策方面提高利率，提高银行法定准备金率和贴现率，进行公开市场业务；在财政政策方面则紧缩国家和地方财政预算支出，提高税率和减少公共消费，减少政府投资等，此时，该国或地区的国际收支平衡可以及时产生效果。但是，这种综合调整措施是以损害一国或地区的经济增长与国内居民生活为代价的，因此就涉及国际收支中内部平衡与外部平衡的问题。内部平衡意味着一国或地区的市场活跃、物价稳定，实现充分就业，并能促进经济增长；外部平衡则意味着一国或地区的国际收支不会出现巨大波动，汇率稳定且外汇市场有序，进出口贸易和国际资本流动没有异常变化等。所以，一国或地区的财政政策和货币金融政策配合运用，就是要达到内部平衡与外部平衡的双重经济目标，要做到这点并不容易。一般认为，货币金融政策会对国际经济交易产生较大的影响，因为它倾向于扩大国内外的利率差异，从而引起大量的国际资本流动，直接影响国际收支；而财政政策通常是对国内经济活动产生较大的影响，对国内投资、产业政策、贸易与消费等产生间接影响，进而影响国际收支。可以说，采取财政政策和货币金融政策相互配合的措施，已越来越引起各国或地区政府的重视。

（2）实行直接管制调节国际收支。这主要是通过一国或地区政府以行政、法令等手段，直接干预外汇市场和对外贸易来实现的。所谓干预外汇市场，是指一国或地区政府为了稳定汇率进而平衡国际收支，对本国或地区的外汇交易、外汇汇率以及外汇的来源和运用，进行控制和干预的活动。当一国的汇率波动较大，外币对本币币值的冲击影响严重；当一国的国际收支存在巨额逆差，外汇收入不足，外汇来源紧张等，一国或地区的政府可以制定严格的或部分的外汇管制条例，例如，制定官方汇率、严禁外汇自由交易、设立差别汇率、实行贸易出口收汇管理和境外投资外汇管理、控制外债规模管理等。这样一来，一国或地区的政府通过对外汇汇率、外汇交易等实行管制，可以控制和调节外汇的运用，防止外汇资本外流，改善本国或地区的国际收支。

干预对外贸易的自由输出入，是指一国或地区政府通过颁布有关对外贸易的条例和法律，来保护本国或地区的商品和市场，从而限制进口商品、鼓励出口贸易，进而达到国际收支中经常账户的平衡。干预对外贸易输出入的核心内容是对商品输出入进行管制。在一些国家，商品输入的管制主要包括进口许可证、进口配额制等。前者是指一国进口商必须向有关政府机构提出申请，经批准取得进口许可证后方能进口某种商品；后者是指一国政府有关机构审核在一定时期内的进口商品的指标。此外，还可采取提高关税的办法，设置名目繁多的进口关税、印花税、反倾销税、差价税等限制某些进口商品。商品输出管制主要包括审核出口许可证或制定奖励商品出口的政策等。一般来说，为了达到国际收支中贸易项目的平衡，一国或地区对出口贸易采取三种奖励办法：政府配发出口商品津贴，出口商享受免税和退税优惠，给予进口商提供出口信贷，以此增强该国的国际市场的竞争力，增加其出口贸易，改善本国或地区的国际收支不平衡。

干预外汇市场和对对外贸易的直接管制，对一国或地区国际收支的影响和调节会产生垂直的明显效果。它不像一国或地区运用财政政策和货币金融政策，必须通过汇率、价格、利率等因素的变化，对国内外经济交易产生影响后才发挥作用。因此，如果一国或地区的国际收支不平衡是局部性的，则采取直接管制的措施，干预更为有效，不必牵动一国或地区的整个经济运行过程。而一国或地区运用经济政策则不然，不管是推行扩张性的、还是紧缩性的财政或货币金融政策，都会使其国民经济和国内外经济交易发生较大的影响和变化。

（3）扩大国际经济合作和相互协调发展是调节国际收支不平衡的最基本国策。就国家或地区相互之间的关系而言，一方的国际收支顺差，另一方国际收支则是逆差，反之亦然。世界经济一体化的相互影响，已经构成了彼此相互依赖的运行体系。一国或地区根据本国的实际采取调节的措施和政策，而这些措施以及政策又不可避免地在一定程度上对其他国家或地区产生不利的影响，因此有可能受到他国或地区的报复性对策。这样一来，整个世界经济运行秩序就会出现非理性和混乱的局面。因此，世界经济一体化的趋势要求世界各国或地区进行国际经济合作，相互沟通，协调发展，尽可能地缩小相互之间国际收支中的不平衡。为此，一些国家或地区采取以下三个方面的措施以适应时代的要求，力求与世界经济一体化的发展相一致。

①促进国际贸易自由化。一般认为，有条件地使商品和劳务在国际市场间自由的流动，是调节国际收支平衡的基本要求。第二次世界大战后，国际贸易在各国或地区经济之间占据了越来越重要的位置。进入20世纪90年代后，世界经济一体化的进程使国际贸易出现两大趋势：一方面，新的国际贸易体系有世界上更多的国家和地区参与，包括日益剧增的国际贸易额；新的国际贸易协议已将世界贸易内容扩大到服务业、农产品、纺织品等新领域；新的国际贸易组织规划修改和完善了市场准入、反倾销、知识产权等方面的内容；新的国际贸易体制正式成立了世界贸易组织以取代关贸总协定。所有这一切，都将使国际贸易更加规范化、自由化和全球化，从而势必加速世界经济一体化的进程。另一方面，区域性的经济合作组织迅速发展，参加的国家和地区达140多个，遍布

全球。区域性的共同市场、自由贸易区等经济合作组织的成立，促进了相互之间的商品、劳务、资本等生产要素国际之间的自由流动。越来越多的国家进入世界市场并成为国际贸易体系中的重要成员，国际贸易一旦成为真正意义上的世界性贸易，这将有利于许多国家或地区改善国际收支的不平衡状况，在世界经济一体化的进程中协调发展。

②推动生产经营跨国化。生产经营跨国化和生产一体化是国际金融深化的直接结果。由于生产经营的跨国化，各国或地区之间的合作关系已经不再是最终产品的交换关系，而是越来越多地转变为跨国公司内部之间的分工关系。各国或地区之间通过跨国公司，使生产资料和生产力在国际市场上重新优化组合，最佳地配置资源。一些主要的生产要素包括劳动力、技术、资本、资源和能源等，在许多国家和地区之间自由地流动。它的形成有利于提高各国的生产力水平，有利于建立新的国际经济结构和秩序，有利于在发展中国家和发达国家找到相互发展的共同点，有利于国家或地区相互之间的国际收支平衡。同时，也应看到，没有国际金融资本的一体化，包括国际融资、国际金融市场、跨国银行业务、稳定的汇率制度和国际货币体系等，跨国界的生产和经营一体化是不可想象的，大规模的国际经济交易也是不可能的。

③参与国际资本一体化。资本的国际化与国际贸易的发展和生产经营跨国化是密切相关的。进入90年代，资本在全球范围内大规模地自由流动，国际直接投资迅速增长，在全球范围的资源配置中发挥着主导作用。国际之间的间接投资规模越来越大，跨国证券融资的制度障碍也越来越小。跨国银行业务迅速扩张，网络银行也开始"抢滩登陆"。银行业管理与服务不但要多样化、个性化、立体化，适应国际化竞争的需要，而且形成了统一的国际规则，即《巴塞尔协议》的资本充足率标准成为全球金融体系的风险管理的共识。金融市场全球化，一批新兴的国际金融市场崛起，全球性、地区性金融中心和大批离岸金融市场构成了世界性的金融网络。国际金融和融资工具不断创新，为资本的国际流动消除了货币障碍。尤为重要的是，金融服务贸易总协定已经达成，一个消除金融服务领域体系障碍的新体制，已被国际金融业提上了议事日程。

由于国际投资、国际融资等在世界经济中起着越来越重要的作用，各国或地区都十分重视与国际金融机构的合作。当一国或地区存在国际收支的巨大差额时，无论通过何种方式和途径进行调节，总要一个过程，需要一段时间，就算动用该国的国际储备资产也是有条件限制的。当一国的外汇储备不足，而另一国的国际储备资产存在着顺差，国际性金融机构、跨国银行等就可以充当中介机构，促成国际资本的流动，平衡国际收支的差额。在这一方面，国际货币基金组织的职能尤为突出。它在协调世界经济和国际经济交易中起到特殊作用，使国家和地区之间相互调节国际收支的不平衡。

总之，一国或地区采取什么政策和措施来调节国际收支的差额，主要取决于其经济发展条件和水平，取决于其政府和中央银行的宏观经济调控效能，取决于其国际贸易和国际金融在国际市场上的地位、作用等客观因素。只有对上述方面有了正确认识和客观分析，并采取相应的政策和措施，一国或地区的国际收支才可能出现有利于其经济发展的局面。

根据美国官方的统计，2001年中国对美国贸易顺差为1 031亿美元，日本对美国贸易顺差为701亿美元，其次为加拿大，为498亿美元，墨西哥为372亿美元，中国成为对美贸易顺差第一大国。这就是国际收支贸易项目的不平衡。

观念应用4-1

分析提示

4.3 我国的国际收支

4.3.1 我国国际收支编制概况

我国作为发展中国家，根据国际货币基金组织的一般原则，实行国际收支统计申报和编制国际收支平衡表，对加强外汇管理和促进对外贸易、扩大利用外资和保持合理的国际储备以及维护国际收支的平衡都具有现实意义。

1979年以前，由于我国实行高度集中的计划经济体制，我国对外经济交易的范围比较狭小，主要限于对外贸易和对外经济援助，经常账户中外汇收支额很少，并且坚持量入为出的原则，国际收支基本平衡，国际收支在我国国民经济中没有地位，其对经济影响不是很大。实行改革开放以后，我国对外经济交往范围和收支规模迅速扩大，国际收支状况对国民经济影响已非同以往，仅靠外汇收支统计不能适应经济发展的需要，于是，编制我国的国际收支平衡表也就提上了议事日程。

1981年8月，国家统计局会同原国家进出口管理委员会、原国家外汇管理总局等，联合制定了一个国际收支统计报表制度。它的内容主要是国际收支平衡表和关于部分对外经济交往情况的统计表，如关于我国与外国的直接投资、间接投资、无偿援助和捐赠等的情况报表；关于我国利用材料加工、补偿贸易等方式借用国外资金的报表；关于我国进出口贸易中远期付款和收款情况的报表等。根据上述统计报表制度，我国编制国际收支的工作逐步走上正轨，并在以后每年定期公布。

我国现行国际收支的编制是以上述的统计制度为基础的，并不断完善。1984年，由国家统计局会同国家外汇管理局修订了国际收支统计制度，共有15张表，它们是：

国际收支平衡表。此为季、年报表，由国家外汇管理局报送国家统计局。统计范围有，凡与国外发生贸易、非贸易、无偿转让和资本账户往来的部门、地区和单位。

全国进出口货物总值表。此为季、年报表，由海关总署报送国家统计局和国家外汇管理局。统计范围有，凡经过我国国境的、经营对外贸易进出口业务的部门、地区和单位。

国有银行国外资金收支表和进出口商品远期付款表。此为季、年报表，由各国有银行总行报送国家统计局和国家外汇管理局。统计范围有，经营外汇收入与支出的各国有银行总行、各管辖分行、营业部。

全国对外运输费用收支表。此为季、年报表，由交通部、铁道部、经贸部、民航管理局报送国家统计局和国家外汇管理局。统计范围有，办理国际客货运、提供海空港服务、供应和救助打捞及拖航的部门和单位。

全国对外保险收支表。此为季、年报表，由中国人民保险公司及其所辖分公司报送国家统计局和国家外汇管理局。

无偿援助（现汇和技术、劳务）表。此为季、年报表，由经贸部、财政部报送国家统计局和国家外汇管理局。统计范围有，接受外国和我国香港、澳门地区援助（现汇和技术、劳务）的部门、地区和单位。

我国在我国香港、澳门地区直接投资表。此为季、年报表，由财政部报送国家统计局和国家外汇管理局。统计范围有，中国在外国和我国香港、澳门地区直接投资的企业单位。

我国在海外的证券投资情况表。此为季、年报表，由经贸部、财政部、各国有银行总行报送国家统计局和国家外汇管理局。

我国对外援助性贷款执行情况表和借用国外资金情况表。此为季、年报表，由经贸部报送国家统计局和国家外汇管理局。统计范围有，对外提供贷款的部门和单位；借用国外政府贷款、国际组织贷款、外国银行现汇贷款、买方信贷的部门和单位。

旅游外汇净收入表。此为季、年报表，由国家旅游局、交通部、铁道部、民航管理局、国内贸易部报送国家统计局和国家外汇管理局。统计范围有，涉及旅游、民航、铁道、交通、商业的部门和单位。

商品贷款及其他应付款余额表。此为季、年报表，由经贸部报送国家统计局和国家外汇管理局。统计范围有，国内开展加工装配、补偿贸易业务，接受客商作价提供设备，有应付设备的单位和有租赁业务的单位。

外国和我国香港、澳门地区在内地的直接投资表。此为季、年报表，由经贸部报送国家统计局和国家外汇管理局。统计范围有，外商在内地直接投资的企业单位等。

我国的国际收支统计申报虽然从1985年开始实行后还进行了几次修改，并不断完善规范。但总的说来，它还是较全面地反映了我国国际收支中经常账户、资本和金融账户及我国国际储备的变化情况，它使编制我国的国际收支平衡表有了第一手和最权威的资料。

自2015年起，我国国际收支统计数据根据国际货币基金组织《国际收支和国际投资头寸手册》（第六版）编制。自2009年《国际收支和国际投资头寸手册》（第六版）发布后，国家外汇管理局就开始了统计制度和数据源调整的准备工作，包括：2013年，国务院第642号令公布了《关于修改〈国际收支统计申报办法〉的决定》；全面修订完善国际收支统计配套制度，完善统计框架；修订了《涉外收支交易分类与代码》，新的《涉外收支交易分类与代码（2014版）》于2014年5月1日正式启用，并相应升级了国际收支交易报告系统；发布《对外金融资产负债及交易统计制度》，该制度自2014年9月正式施行，采集金融机构对外金融资产负债的流量和存量数据；修订贸易信贷调查制度；尝试开展运输收入调查；完善旅行支出的估算方法等。目前，中国的国际收支统计体系涵盖非金融部门的国际交易报告（ITRS）、金融部门的直接申报、企业抽样调查等统计。另外，中国国际收支统计的数据源还包括中国其他政府部门的统计以及国际组织的数据。目前，我国国际收支平衡表发布渠道为国家外汇管理局官方网站（http：//www.safe.gov.cn）。同时，在国家外汇管理局《中国外汇管理年报》（1997年第一次以中、英文公布）、《中国国际收支统计年报》（1999年第一次以中、英文公布）和《中国国际收支报告》（2005年第一次以中、英文公布）上也可获得国际收支平衡表。

小知识4-1　　　　　　　　　　　**有关国际收支统计申报用语**

（1）境内银行，是指在中国境内依法设立的，为申报主体办理涉外收付款相关业务的银行。

（2）解付银行，是指收到款项后将收入款项贷记收款人账户的银行。

（3）结汇中转行，是指收到款项并将收入款项结汇后直接划转到收款人其他银行账户的银行。

（4）不结汇中转行，是指收到款项后不贷记收款人账户，以原币形式划转到收款人在其他银行账户的银行。

（5）境内非居民，是指通过境内银行在境内办理涉外收付款业务的非中国居民。

（6）境外居民，是指在境外办理收付款业务的中国居民。

（7）纸质申报，是指申报主体通过填报纸质申报单进行申报的申报方式。

（8）网上申报，是指申报主体通过网络在"数字外管"平台互联网版上进行申报的申报方式。

（9）电子凭证申报，是指申报主体通过其境内经办银行提供的网上银行、手机银行等电子渠道的涉外收付款界面进行申报的申报方式。

（10）申报号码，是指由银行按国家外汇管理局要求编制的号码，共22位。第1至第12位为金融机构标识码；第13至第18位为该笔涉外收入款的贷记客户日期、结汇中转日期或该笔涉外付款的支付日期（按年月日 YYMMDD 格式）；第19至第22位为该银行的当日业务流水码。银行当日业务流水码不得重号。

（11）金融机构代码，是指唯一标识境内从事金融业务的经济组织（金融机构）的四位数字代码，该金融机构所有分支机构的金融机构代码与总行（总公司）保持一致。金融机构代码由国家外汇管理局统一编制并分配。

（12）金融机构标识码，是指唯一标识金融机构总行（总公司）及其分支机构的代码，每个总行（总公司）或分支机构均各自拥有一个唯一的12位金融机构标识码。

（13）银行自身计算机处理系统，包括与国际收支统计申报信息有关的银行的各种业务处理系统、会计核算系统、账务处理系统及人民币业务系统等。

（14）数据采集规范，是指由国家外汇管理局统一制定，供银行开发接口程序时使用的一种数据标准。

4.3.2 实行国际收支统计申报制度

国际收支申报是为国际收支统计工作服务的，是编制国际收支平衡表的基础。随着我国经济体制从计划经济向社会主义市场经济体制转变，经济交易主体多元化，对外经济交易不断扩大，原先建立在行业统计基础上的国际收支统计制度已不能全面反映整个对外经济交易的状况。同时，原先这种超级汇总的方法有许多弊病，主要表现为错误遗漏多、统计频率低、汇总时间长。国际收支统计申报实行交易主体申报的原则，采取间接申报与直接申报、逐笔申报与定期申报相结合的办法。

我国实行的国际收支统计申报制度，是根据实际情况和国际货币基金组织成员的义务逐步形成的。我国国际收支统计申报范围为中国居民与非居民之间发生的一切经济交易以及中国居民对外金融资产、负债状况。

我国国际收支统计申报制度的基本框架主要有《国际收支统计申报办法》和《通过银行进行国际收支统计申报业务实施细则》。

（1）境内居民和境内非居民通过境内银行发生涉外收付款时，应通过经办银行进行国际收支统计申报。

（2）境内银行应督促和指导境内居民和境内非居民进行申报，履行审核及发送国际收支统计申报相关信息等职责，确保申报数据的及时性、准确性和完整性。

涉外收付款是指境内居民和境内非居民通过境内银行从境外收到的款项和对外支付的款项，以及境内居民通过境内银行与境内非居民之间发生的收付款。其中，境内居民个人通过境内银行与境内非居民个人之间发生的人民币收付款暂不申报。

除涉及资本项目管理、货物贸易进出口核查、代发工资类和涉外收付款人在同一法人银行内四类涉外收付款外，境内居民机构和境内非居民个人之间发生的人民币收付款暂不申报。

涉外收付款具体包括：

以信用证、托收、保函、汇款（电汇、信汇、票汇）等结算方式办理的涉外收付款；

通过境内银行向境外发出支付指令的涉外收付款及从境外向境内银行发出支付指令的涉外收付款；

涉外收付款包括外汇和人民币。涉外收付款不包括由于汇路原因引起的跨境收支以及外币现钞存取。

根据《国际收支统计申报办法》，机构居民身份认定的主要依据是在中国境内依法成立；个人居民身份认定的主要依据是在中国境内居住一年以上（含一年），实践中按照永久居留证、身份证、护照等有效证件来认定。

境内居民通过境内银行从境外收到的款项和对境外支付的款项以及与境内非居民之间发生的收付款，由境内居民进行国际收支统计申报。

境内非居民通过境内银行从境外收到的款项和对境外支付的款项，应由经办银行按《通过银行进行国际收支统计申报业务实施细则》的流程和要求代其进行国际收支统计申报，且无须填写涉外收付纸质凭证。上述发生涉外收付款业务的境内居民和境内非居民统称申报主体。

涉外收付款的数据信息按照采集方式分为基础信息和申报信息。基础信息是指必须从银行自身计算机处理系统采集的涉外收付款信息，主要包括收/付（汇）款人名称、主体标识码/个人身份证件号码、收/付（汇）款币种及金额等。申报信息是指申报主体通过银行提供的纸质凭证或电子凭证或在"数字外管"平台互联网版填写的信息，主要包括收/付款人常驻国家（地区）、国际收支交易编码及交易附言等。基础信息和申报信息的填报应按照金融机构外汇业务数据采集规范等有关规定执行。

表4-1就是根据《国际收支和国际投资头寸手册》（第六版）编制的我国2020年上半年国际收支平衡表，其中，资本和金融账户中包含储备资产。

表4-1　　　　　　　　2020年上半年中国国际收支平衡表（概览表）

项目	行次	亿元	亿美元	亿SDR
1.经常账户	1	5 453	765	555
贷方	2	91 243	12 962	9 536
借方	3	−85 790	−12 198	−8 982
1.A 货物和服务	4	7 665	1 078	785
贷方	5	83 040	11 799	8 682
借方	6	−75 375	−10 721	−7 897
1.A.a 服务	7	13 039	1 844	1 350
贷方	8	75 290	10 697	7 871
借方	9	−62 252	−8 853	−6 521
1.A.b 服务	10	−5 374	−766	−565
贷方	11	7 750	1 102	812
借方	12	−13 123	−1 868	−1 377
1.B 初次收入	13	−2 388	−339	−249
贷方	14	6 985	990	726
借方	15	−9 373	−1 329	−975
1.C 二次收入	16	176	25	19
贷方	17	1 219	173	128

续表

项目	行次	亿元	亿美元	亿SDR
借方	18	−1 042	−148	−109
2.资本和金融账户	19	−1 668	−234	−169
2.1资本账户	20	−7	−1	−1
贷方	21	4	1	0
借方	22	−11	−2	−1
2.2金融账户	23	−1 661	−233	−169
资产	24	−13 304	−1 886	−1 384
负债	25	11 643	1 653	1 215
2.2.1非储备性质的金融账户	26	−2 054	−292	−215
2.2.1.1直接投资	27	1 471	210	155
资产	28	−3 323	−472	−347
负债	29	4 794	682	502
2.2.1.2证券投资	30	−707	−108	−85
资产	31	−5 266	−751	−555
负债	32	4 559	643	470
2.2.1.3金融衍生工具	33	−642	−91	−67
资产	34	−497	−71	−52
负债	35	−145	−21	−15
2.2.1.4其他投资	36	−2 177	−303	−218
资产	37	−4 612	−652	−476
负债	38	2 436	348	258
2.2.2储备资产	39	393	59	46
3.净误差与遗漏	40	−3785	−531	−385

资料来源　国家外汇管理局网站。

补充阅读资料4-1

　　国家外汇管理局发布的《2020年上半年中国国际收支报告》（以下简称《报告》）称，我国疫情得到有效控制，稳外贸、稳外资等政策措施积极推进，经济发展稳定恢复，有效促进了我国国际收支基本平衡。

《报告》显示，2020年上半年，我国中长期境外资本保持净流入态势，外国来华直接投资继续呈现净流入态势，人民币资产更受境外投资者青睐。

上半年经常账户小幅顺差

2020年上半年，我国国际收支总体呈现经常账户小幅顺差、非储备性质的金融账户小幅逆差的平衡格局；外汇储备规模保持基本稳定，储备余额维持在3万亿美元以上。

具体看，上半年，我国经常账户顺差765亿美元，同比增加26%，与GDP之比为1.2%，继续处于合理区间，在疫情防控常态化背景下表现出较强的稳定性和韧性；非储备性质的金融账户逆差292亿美元，显著低于流出压力较大的2015年至2016年时期，总体仍处于基本平衡状态。截至6月末，我国外汇储备余额为31 123亿美元，较2019年末增加44亿美元。

"当前，我国经常账户基本平衡的格局业已形成，不会轻易发生改变。"《报告》认为，我国经常账户保持基本平衡具有长期基础。首先，相对较高的储蓄率和逐步趋稳的投资率是我国经常账户保持基本平衡的结构性支撑因素。其次，制造业转型升级有助于货物贸易发展提质增效作用。再次，我国具有较完整的现代工业体系，在全球产业供应链中的地位总体稳固。

外资对中国市场信心未变

"我国经济复苏早，对外开放持续推进，人民币资产收益相对较好，外资中长期投资中国市场和增持人民币资产的信心和趋势没有改变。"《报告》介绍，上半年境外投资者继续投资中国市场和配置人民币资产，直接投资和债券、证券顺差规模分别为210亿美元和184亿美元，近年来总体稳定。其中，债券、证券六成为境外央行持有，属于中长期稳健型投资，近年来稳定增长。

一方面，上半年外国来华直接投资682亿美元。其中，制造业吸收来华直接投资占整个非金融行业的22%，是吸引来华直接投资最多的行业。

另一方面，我国疫情防控和经济复苏形势向好，是二季度全球首个实现经济增速正增长的主要经济体，人民币资产更受境外投资者青睐，上半年境外投资者合计净增持我国债券和股票729亿美元。截至6月末，境外投资者持有境内债券和股票规模为7 375亿美元，较2015年末增长220%。

值得注意的是，境外投资者持仓主体结构基本稳定。2016年以来，股票持仓主体中，以境外非银行金融部门为主且占比逐步上升；债权持仓主体中，以境外政府和央行为主的结构保持稳定，"压舱石"作用显著。

企业跨境融资更便利

"2020年6月末，我国全口径外债余额21 324亿美元，较2019年末增长751亿美元，增幅为3.7%。外债平稳增长是我国经济发展的客观需要，体现了中国经济持续对外开放、外债便利化政策的效果以及国际投资者对我国市场的认可。"《报告》指出，当前，外债规模合理，结构持续优化，主要安全性指标均在国际公认的安全线内，外债风险总体可控。

从我国外债增长特点看，债券和货币存款余额增加是其主要表现形式。对此，《报告》解释称，在全球负利率环境下，我国经济持续稳定恢复，债券市场持续开放，人民币债券受到外国投资者青睐。此外，随着中美利差持续增加，非居民在境内银行存款规模增加。

上半年，为支持实体经济发展、推动企业复工复产，中国人民银行和国家外汇管理局持续推进跨境融资便利化改革：一是提高境内机构跨境融资宏观审慎调节参数，为企业到境外融资提供更大空间；二是扩大外债便利化额度试点范围，切实支持高新技术企业利用境外资金；三是开展一次性外债登记试点，节约企业成本。这些措施使企业跨境融资更便利。二季度以来，外债便利化改革政策效果逐步显现，企业部门外债稳中有升。

经济基本面支撑国际收支平衡

展望下半年，《报告》强调，国内经济基本面将继续发挥促进国际收支平衡的根本性作用。一是我国疫情基本得到有效控制，经济稳定恢复，向好态势持续发展。二是我国坚持全面深化改革、扩大开放。三是人民币汇率弹性增强并且保持基本稳定。《报告》预计，经常账户差额将会保持在合理均衡的区间，跨境资本流动有望维持总体平稳。

关于下一步重点工作，《报告》指出，一方面，要深化外汇领域改革开放，提升跨境贸易投资自由化、便利化水平，统筹支持常态化疫情防控和经济社会发展工作。例如，继续扩大贸易外汇收支便利化试点，推动服务贸易付汇税务备案电子化，探索私募股权投资基金跨境投资管理改革，继续稳步扩大金融市场双向开放和互联互通。

另一方面，要牢固树立底线思维，打好外汇领域防范化解重大金融风险攻坚战，维护外汇市场稳定和国家经济金融安全。例如，强化跨境资金流动双向监测，加强跨境资本流动宏观审慎管理，市场化调控外汇市场顺周期行为；完善外汇市场监管，保护外汇消费者和投资者合法权益。

🔲 思政专栏

国家外汇管理局2020年9月25日发布了《2020年上半年中国国际收支报告》。《报告》显示，2020年上半年，我国国际收支保持基本平衡，跨境资本流动总体稳定，外汇储备规模保持基本稳定。

2020年上半年，新冠肺炎疫情在全球大范围传播，世界经济陷入严重衰退，国际金融市场动荡加剧。我国统筹推进疫情防控和经济社会发展，二季度以来国内经济持续稳定恢复，主要经济指标显著改善。外汇市场运行总体平稳，人民币汇率弹性增强，有效发挥调节国际收支的自动稳定器作用。

点评：尽管全球疫情和经济形势依然复杂严峻，但我国经济稳步恢复，改革开放继续深化，加快形成国内国际双循环新发展格局，仍是保持国际收支基本平衡的坚实基础。

本章小结

1.内容概要

国际收支，是指一国在一定时期内居民与非居民之间经济交易的系统记录，是居民与非居民之间国际经济活动的总状况。狭义的国际收支，其概念突出国际支付行为，强调一个国家在一定时期内必须同其他国家立即结清的各种到期支付的差额；广义的国际收支，其概念突出国际经济交易行为，强调一个经济实体与世界其他经济实体之间的交易行为。

居民是指在某个国家或地区永久或长期居住（一年以上）的本国境内的自然人以及外国人、机构、团体和法人企业；非居民是指短期停留、不定居在该国境内的自然人以及本国人、机构、团体和法人企业。即所有居民与非居民都包括法人和自然人，包括政府机构、个人、社会团体以及企业四类。国际经济交易活动是经济价值或货币价值形态从一个经济实体向另一个经济实体转移，并在居民与非居民之间的国际舞台上完成的过程。它从内容上看，分为五种形式：金融资产与商品劳务之间的交换；商品与商品之间的物物交换，包括商品与劳务之间的交换；金融资产之间的交换；无偿的商品劳务转移；无偿的金融资产转移。

国际收支平衡表是一国或地区系统地记录一定时期（一年、半年或一季度）全部对外经济交易项目及金额的一种统计报表，它综合反映了一国或地区居民与非居民在一定时期内货币资金往来的全部情况。国际收支平衡表的内容非常广泛，各国或地区编制的国际收支平衡表也略有不同，但主要内容包括三个项目：经常账户、资本和金融账户、净误差与遗漏。

一国或地区的国际收支平衡表是其一定时期内对外经济交易往来的综合记录，它可以反映出该国或地区的经济实力、对外经济关系的特征、国际资本的流出入以及国际贸易的状况等，也可以反映该国或地区在国际经济交易中的地位和在国际金融活动中的影响。国际收支平衡表对于分析和预测世界经济发展趋势，制定本国或地区的对外经济政策和货币政策，调节国际收支的不平衡都有着现实意义。

一国或地区的国际收支略有顺差或逆差，就实现了国际收支的平衡；但如果其国际收支的顺差或逆差在一定时期内是经常性的且数额巨大，则被视为国际收支的不平衡。

一国或地区的国际收支发生不平衡时，各国或地区政府往往要采取不同的直接或间接干预的经济政策和措施，影响和调节国际收支，使国际收支趋于平衡。一般认为，一国或地区选择影响和调节国际收支的政策以及措施主要有三个方面：运用经济政策影响和调节国际收支；实行直接管制调节国际收支；扩大国际经济合作和相互协调发展。

我国实行的国际收支统计申报制度，是根据实际情况和国际货币基金组织成员的义务逐步形成的。从1996年1月1日起开始在我国实施国际收支间接申报制度，1997年初又推出了国际收支四项直接申报制度，即直接投资统计申报制度、汇兑业务统计申报制度、证券投资统计申报制度和金融机构对境外资产负债及损益申报制度。目前，我国国际收支统计申报实行交易主体申报的原则，采取间接申报与直接申报、逐笔申报与定期申报相结合的办法。国际收支统计申报范围为中国居民与非居民之间发生的一切经济交易以及中国居民对外金融资产、负债状况。

我国国际收支统计申报制度的基本框架主要有《国际收支统计申报办法》和《通过银行进行国际收支统计申报业务实施细则》。

2.主要概念和观念

（1）主要概念

国际收支　居民　非居民　顺差　逆差　经常账户　资本和金融账户　自主性交易　调节性交易

（2）主要观念

国际收支不平衡的形式、影响因素与类型　国际收支调节以及三个条件　国际收支在经济活动中的应用

基本训练

1.填空题

随堂测4

（1）居民是指在某个国家或地区永久或长期居住_____的本国境内的自然人以及外国人、机构、团体和法人企业。

（2）国际经济交易活动是在居民与_____之间的国际舞台上完成的。

（3）国际收支平衡表是可以反映出该国或地区的经济实力、对外经济关系的特征、国际资本的流出入以及_____的状况等。

（4）如果某国或地区国际收支的顺差或逆差在一定时期内是_____，则该国或地区被视为国际收支的不平衡。

2.选择题

（1）国际收支调节机制需要（　　）来发挥作用。

A.国民收入　　　　　B.利率　　　　　　C.汇率　　　　　　D.物价

（2）国际收支的有效调节须有三个条件分别是（　　　）。

A.对进口需求有弹性　　　　　　　　　B.物价有弹性

C.固定汇率政策　　　　　　　　　　　D.利率市场化

（3）国际收支中经常账户中的内容包括（　　　）。

A.贸易收支　　　　　B.转移收支　　　　C.劳务收支　　　　D.投资收支

（4）国际收支不平衡的类型有（　　　）。

A.周期性不平衡　　　　　　　　　　　B.收入性不平衡

C.环境性不平衡　　　　　　　　　　　D.货币性不平衡

3.判断题

（1）所有居民与非居民不包括法人和自然人。　　　　　　　　　　　（　　　）

（2）国际收支平衡表主要内容包括三个项目：经常账户、资本账户、平衡项目。（　　　）

（3）一国或地区的国际收支略有顺差或逆差，就实现了国际收支的平衡。（　　　）

（4）一国国际收支不平衡是不需要调节的。　　　　　　　　　　　　（　　　）

（5）当前我国实行的是1997年开始的国际收支统计间接申报制度。 （ ）

4.简答题

（1）简要说明国际收支平衡表的主要项目。

（2）国际收支调节机制需要几种因素来发挥作用？

（4）国际收支的有效调节需有哪几个条件？

（5）国际收支不平衡的主要类型有哪些？

5.技能训练题

登录国家外汇管理局网站（www.safe.gov.cn），查找历年我国国际收支情况数据。

第5章

国际储备

学习目标

通过本章学习，你应该达到以下目标：

素质目标：具有国际储备理论修养，能够胜任国际储备管理。

知识目标：了解国际储备的概念、构成和作用，知道如何管理国际储备。

技能目标：掌握国际储备管理方面的技能。

能力目标：具备运用国际储备理论，从事国际储备管理的能力。

国际储备是一个国家的重要金融资产，它的有无和多少、结构和管理，对保持国际支付能力、调节国际收支平衡、维护货币汇率稳定、实现国内经济目标等都有十分重要的意义。

5.1 国际储备的概念和作用

5.1.1 国际储备的概念

国际储备（international reserve）指的是一国货币当局为弥补其国际收支逆差和维护其货币汇率稳定所持有的被各国普遍接受的一切资产的总称。

国际储备的具体内容，在不同的历史时期有所不同。在国际金本位制时期，黄金是一国国际储备的主要内容。第二次世界大战后，根据布雷顿森林会议达成的《国际货币基金组织协定》规定，黄金是国际储备的基础，美元按照黄金官价自由兑换黄金，并赋予其国际储备货币的特殊地位，即美元等同于黄金。20世纪70年代初期，布雷顿森林体系崩溃以后，美元继续作为国际储备货币。由于浮动汇率制取代固定汇率制，美元汇率交替地出现长期上浮或下浮的波动状态。世界各国为减轻持有单一货币外汇资产的风险，逐步代之以分散持有其他相对稳定货币作为外汇储备，从而进入了一个国际储备多元化的时期。

目前，根据国际货币基金组织的表述，一国的国际储备包括以下四个方面：①黄金储备，是指会员国政府持有的储备黄金；②外汇储备，是指会员国政府持有的或所能控制的国外可兑换货币的存款和其他流动金融资产；③会员国在国际货币基金组织的外汇储备头寸；④国际货币基金组织分配给会员国尚未支用的特别提款权。

国际储备有广义、狭义两种理解：广义的国际储备包括自有储备（owned reserve）和借入储备（borrowed reserve），而狭义的国际储备仅指自有储备。所谓自有储备，是指主要来源于经常项目顺差，本国货币当局可以无条件自由支配使用的储备资产；而借入储备则是指主要来源于国际信贷，如通过 IMF 的各种贷款、"借款总安排"、"备用信贷"以及本国商业银行所持有的外汇和借债能力等等。

与国际储备紧密相连的一个概念是国际清偿力（international liguidity）。一般地说，国际清偿能力是指一国平衡国际收支逆差时无须采取调节措施的能力。根据 IMF 的定义，上述自有储备和借入储备之和就等于国际清偿能力，即广义的国际储备。由于发展中国家从国际金融市场进行应急性筹集资金的能力受到极大限制，所以有些学者认为发达国家所拥有的国际清偿能力要比发展中国家强劲，发展中国家的国际清偿能力实际上就等同于其自有储备。国际清偿能力除反映一国金融实力外，还可在一定程度上综合反映一国的国际经济地位和金融资信。

小思考 5-1

小思考 5-1

布雷顿森林体系崩溃后，国际储备出现多元化趋势。请问，这种多元化趋势主要表现在哪些方面？

分析提示

5.1.2　国际储备的条件

国际储备是一个国家重要的金融资产。这些资产必须同时具备下面三个条件，方可称其为国际储备：

1）一国货币当局必须能够无条件地、随时方便地获得这种资产

即它必须是掌握在该国货币当局手中的资产。非官方的金融机构、企业、私人持有的资产，尽管也是流动资产，但不能算作是国际储备资产，也就是说国际储备必须是官方储备。

2）这种资产必须具有流动性

即作为国际储备的这种资产必须能在世界各国之间自由调拨兑换而不会受到任何限制，否则这种资产就不能算作是国际储备资产。

3）这种资产必须能被世界各国普遍接受

即这种资产可以在世界各国间相互转换和兑换。国际储备是在一国国际收支发生逆差时用以弥补逆差以及清偿债务的国际清偿手段和支付手段。因此，作为国际储备的资产必须是能够在世界各国间相互转换和兑换，可以被世界各国普遍接受的资产。

5.1.3　国际储备的作用

国际储备具有以下四方面的作用：

1）弥补国际收支逆差，实现国内经济目标

当一国国际收支出现逆差时，政府可采用减少进口、提高利率、提高关税、加强外汇管制等措施来求得收支平衡，但这样做会影响国内经济的正常运行，从而会影响国内经济目标的实现。如果政府运用国际储备来弥补国际收支逆差，则会完全避免其他调节措施对经济运行产生的诸多不利影响。

2）干预外汇市场，维护本国货币的汇率稳定

汇率不稳定，对经济发展的负面影响是显而易见的。为使本国货币汇率能够稳定在与本国宏观经济政策相适应的水平上，有效地防止国际外汇市场汇率波动对本国货币汇率带来的冲击和干扰，一国货币当局就不得不对市场汇率波动及时进行干预。而干预的办法就是政府中央银行向市场抛售国际储备中的外汇部分，用来收购本币，从而维护汇率稳定。这种干预在固定汇率制时，表现在将本国货币的汇率波动控制在固定汇率所规定的幅度内，在浮动汇率制时是为本国政府实现宏观经济目标服务。

3）增强国际金融实力，提高本币国际信誉

一国国际储备的稳定及消长程度，常常就是一国金融实力和经济地位变化的标志。一国国际储备充裕，不仅是稳定货币汇率的物质基础，而且能增强该国的国际金融实力，提高该国的国际地位，这样又能从宏观上和心理上提高本国货币在国际的信誉，增强世界各国对本国货币的信心。例如，在以国际金汇兑为本位的固定汇率制下，美元之所以成为最重要的国际储备货币，主要是由于第二次世界大战后，美国拥有世界黄金储备价值总额的3/4，从而使金融实力在经济上取得压倒性的优势。到了1972年10月，美国的黄金储备下降，短期外债增加，迫使美国两次宣布美元贬值，国际上对美元的信心下降，严重地削弱了美国的国际地位。

4）国际储备是一国政府向外借款的保证

在国际上，一国持有的国际储备状况是国际金融机构贷款时评估其风险的重要指标之一，它作为一国政府向外借款的保证，可以加强一国的资信，提高一国的信用度，有利于国外资金的流入，促进本国经济的发展。这样，当一国国际储备充足时，该国国际资信就好，其对外举借、吸引外资流入就较容易、较优惠一些；反之，当一国国际贸易恶化而国际储备又不足时，该国国际资信就差，其向外借款就会受到极不利的影响。

小思考 5-2

小思考 5-2

冯·代沃尔提出的评估一国贷款风险的"宏观经济金融比率"，把国家的国际储备列为首要项目。请问它是怎样评估一国贷款风险大小的？

分析提示

5.2 国际储备的构成

国际储备由四部分构成，即黄金储备、外汇储备、在IMF的储备头寸以及由IMF分配的特别提款权。

5.2.1　黄金储备

作为国际储备的黄金是指一国政府所持有的货币性黄金，即作为金融资产的黄金，不包括非货币用途的黄金，因此并不是一国政府所持有的全部黄金都是国际储备。

黄金作为国际储备由来已久。早在金本位制和布雷顿森林体系下，黄金就作为最主要的国际储备货币发挥着计价单位、交换媒介、价值贮藏这三种功能。但是，自第二次世界大战以后黄金的储备地位不断下降，20 世纪 70 年代黄金已成为次要的国际储备，20 世纪 80 年代黄金储备（gold reserve）在国际储备总额中的比重已降至 10% 以下，目前已不足 5%。黄金储备地位的每况愈下，主要原因有四个：

（1）布雷顿森林体系崩溃后，切断了黄金与货币的直接联系，黄金由直接弥补国际收支逆差变为间接弥补，即先将黄金兑换成外汇，再用外汇来弥补。

（2）1976 年 4 月 IMF 正式宣布实行"黄金非货币化"，使黄金与货币完全脱离关系，同时废除了黄金官价和用黄金向基金组织支付份额，取消会员国之间或会员国与国际货币基金组织之间以黄金清偿各种债权债务的义务，决定以后逐步按市价处理国际货币基金组织所持有的黄金。这就更加削弱了黄金的储备地位和作用。

（3）近年来黄金价格随市场供求动荡不定，而且持有黄金储备，既不能生息，还需支付保管费，这使得各国不愿持有较多的黄金储备，从而使黄金失宠。

（4）由于开采生产黄金的成本较高，使得其数量非常有限，这又难以满足国际储备日益增长的需要，使黄金在总储备中的比重不断下降。

虽然黄金储备的地位每况愈下，但肯定地说，现在黄金仍是各国国际储备中的重要构成部分，特别是在目前国际储备多元化的条件下，黄金储备的多和少仍不失为评价一国对外支付能力和一国国际信用度的重要指标之一。这是因为，黄金作为国际储备与其他构成内容相比有如下优点：

（1）黄金是最可靠的结算手段，它较少受政治、经济、金融局势动荡的影响。

（2）黄金储备完全属于国家主权范围，可以自动控制，不受任何超国家权力的干预。

（3）其他储备资产受债务国家金融机构的信用和偿付能力的影响，债权国家往往处于被动地位，远不如黄金可靠。目前，各国货币当局在动用黄金储备发挥其作用时，具体做法是先在黄金市场上卖出黄金，换成可兑换的货币，再用可兑换的货币弥补国际收支逆差，维护汇率稳定。

表 5-1 为截至 2019 年 8 月几个主要国家和地区官方黄金储备情况表。

5.2.2　外汇储备

目前在世界各国的国际储备中，外汇储备（foreign exchange reserve）是最重要的构成内容、最主要的形式和最活跃的部分。外汇储备又称国际储备货币（reserve currency），是指全世界各国都普遍接受的、可自由兑换的货币，如美元、英镑、日元、欧元等等。国际储备货币必须具备以下几个条件：①它在国际货币体系中占有重要的地位；②能自由兑换其他储备资产；③中央银行和商人对其购买力的稳定性具有信心。

表 5-1 几个主要机构、国家和地区官方黄金储备情况表

排名	机构、国家和地区	黄金储备（吨）	在外汇储备中的占比（%）
1	美国	8 133.5	75.8%
2	德国	3 366.8	71.7%
3	IMF	2 814.0	—
4	意大利	2 451.8	67.4%
5	法国	2 436.1	62.2%
6	俄罗斯	2 207.0	19.3%
7	中国	1 926.5	2.7%
8	瑞士	1 040.0	5.8%
9	日本	765.2	2.6%
10	印度	618.2	6.6%
11	荷兰	612.5	67.8%
12	欧洲中央银行	504.8	—
13	中国台湾	423.6	4.0%

　　从 1800 年到 1900 年，英镑是主要的国际储备货币。在这个阶段，英国在世界经济中居领导地位，伦敦是世界金融中心。从 1900 年至 1945 年，英镑和美元是主要国际储备货币。第二次世界大战以后，美国完全取代了英国在世界经济中的领导地位，美元也取代英镑成为最主要的国际储备货币。但英镑仍然被视为国际储备货币，只是它的作用大大地下降了。从 20 世纪 60 年代起，随着美国在世界经济中实力的下降，美元作为国际储备货币的作用也相对下降了，德国马克和日元的国际储备货币作用上升。1999 年欧元正式启动，随着欧洲经济的发展，欧元也在国际储备货币中占有一席之地。但美元至今仍然是最主要的国际储备货币。2020 年 7 月，IMF 发布的数据显示，2020 年一季度，美元在全球外汇储备中的占比达到 61.9%，各国央行在新冠病毒流行后囤积了大量美元；欧元在全球外汇储备中的占比稳定在 20% 左右；人民币在全球外汇储备中的占比没有太大变化，为 1.9%；日元在全球外汇储备中的占比稳定在 5.6%。

　　表 5-2 为 2018 年一季度世界各国和地区外汇储备排名表。

　　一国货币担当储备货币有利有弊。有利的是：作为国际储备货币，可以使其汇率升高，在一定条件下，有利于进口。同时，可以以极低的成本弥补其国际收支逆差。但另一方面，作为国际储备货币会使国际社会对这种货币的需要量增大，可能导致货币币值上浮，从而削弱该国出口商品的竞争能力。

　　与黄金储备的地位每况愈下恰恰相反，在国际储备总额中外汇储备所占的比重越来越大。1990 年已达 66.5%，到 20 世纪 90 年代中期则高达 91%。所以，有人就将国际储备等同于外汇储备。

表5-2 2018年一季度世界各国家和地区外汇储备排名表（前10名）

排名	国家/地区	储备（亿美元）
1	中国	31 620
2	日本	12 500
3	瑞士	7 857
4	沙特阿拉伯	4 866
5	中国香港	4 375
6	印度	3 972
7	韩国	3 853
8	巴西	3 583
9	俄罗斯	3 565
10	新加坡	2 798

资料来源 根据IMF官方数据整理。

小知识5-1 储备其他国家货币的原因

储备其他国家货币，当然是为了国际贸易，当我们需要一个东西，但自己又没有的时候，可以向其他国家购买。买东西就需要钱呀，可自己国家的钱其他国家并不都认可，遇到不认可的怎么办？东西不买了？显然不行。最好的办法就是得有大家都认可的货币。

要么就储备所有与自己有贸易往来国家的钱，需要什么钱直接用就好。要么就储备几种认可度高的货币，至少大多数国家都认可。显然后一种方式更好，所以大多数国家都会储备美元、黄金和SDR等，欧元、日元等也会有储备。

要不然没办法买其他国家的东西。并不是所有东西自己国家都能生产。外汇储备一个很重要的用途就是国际贸易。

中国外汇储备3万亿美元以上还与这么多年的招商引资有很大关系。以美元为主的国际资金进入中国，又不能直接在国内流通，政府就需要拿等值的人民币兑换，这样央行手里就积累了大量外汇。做外贸生意的企业挣了美元，也需要和央行兑换人民币，这同样也增加了外汇储备。

外汇储备对除美国以外的所有国家都很有必要，没有外汇国际贸易就无法开展，就像没有钱你就不能从别人手里买东西，道理是一样的。你说我有人民币，但其他国家不认呀。

5.2.3 在IMF的储备头寸

IMF的会员国按照规定从国际货币基金组织提取一定数额款项的权利称为普通提款

权（general drawing rights），也称为在 IMF 的储备头寸（Reserve Position in IMF）。

IMF 的一项宗旨便是"为会员国融通资金，协助会员国克服国际收支困难"。其最基本的贷款即为普通提款权。这项贷款累计数最高额度为会员国所缴份额的 125%。贷款分储备部分贷款和信用部分贷款两部分。储备部分贷款占会员国所缴份额的 25%，这部分贷款有十足的保证，会员国可以自由动用，不需特殊批准，即贷款是无条件的和不付利息的。剩余的 100% 部分便是信用部分贷款，它又分为四个信用部分，每个信用部分相当于份额的 25%，档次越高，贷款条件越严。

由于普通提款权是 IMF 最基本的一种贷款，用于解决会员国一般性国际收支逆差的短期资金需要，因此，普通提款权可以作为会员国的国际储备的构成内容。

5.2.4　特别提款权

特别提款权（Special Drawing Rights，SDRs）指的是 IMF 根据各会员国的基本份额分配给各会员国的，可用来归还 IMF 贷款和会员国政府之间偿付国际收支逆差的一种账面资产。它代表会员国在普通提款权以外的一种特别使用资金的权利。IMF 分配给的而尚未用完的特别提款权，就构成一国国际储备的一部分。

IMF 协定第 15 条明确规定："当发生需要时，国际货币基金组织有权将特别提款权分配给参与特别提款权账户的会员国，以补充其储备资产的不足。"从中可看出特别提款权的重要作用便是解决国际储备不足问题的。

1）特别提款权的创设和发行

20 世纪 60 年代，美元危机不断爆发，从而动摇了国际货币制度运转的基础。为了缓和美元危机，保持货币制度的运转，国际货币基金组织，美国和西欧等国采取了一系列挽救措施，寻求创造新的国际清偿能力的途径。于是美国通过 IMF 提出了创立"特别提款权方案"，以扩大 IMF 的贷款能力，减缓美元危机。

1969 年 9 月，在 IMF 第 24 届年会上通过了《特别提款权方案》，并决定从 1970 年起，由 IMF 对当时 140 多个会员国按 IMF 所摊付的资金份额分配 SDRs，以供会员国使用。SDRs 作为一种新的国际清偿能力的问世，降低了美元作为清偿工具的重要性，在一定程度上缓解了由于各国对美元的依赖而造成的对美元的压力，也有助于美元币值与国际货币体系的稳定。

到目前为止，IMF 只进行了三次集中发行：第一次是 1970—1972 年发行 95 亿 SDRs，其中 1970 年发行 35 亿 SDRs，1971 年和 1972 年均为 30 亿 SDRs；第二次是 1979—1982 年发行 120 亿 SDRs，3 年中每年各发行 40 亿 SDRs。这两次 IMF 共计发行 215 亿 SDRs。第三次是 2009 年 8 月，IMF 理事会批准普遍分配相当于 2 500 亿美元的 SDRs，通过补充 IMF 成员的外汇储备向全球经济体系提供流动性。

特别提款权的创设必须同时解决两个问题，一是从总量上消除国际清偿力的不足，二是在会员国之间进行平等合理的分配。然而实际上特别提款权的分配是极不对称的。发展中国家由于国际收支长期巨额逆差，调节国际收支的手段不足，从国际金融市场筹措资金的途径有限，因此其国际清偿力短缺的严重性远甚于发达国家。特别提款权的分配首先应该照顾发展中国家的需要，然而发达国家都只顾自己的利益，坚持按份额分配的主张，使大量特别提款权集中在发达国家手中，在1970—1972年第一次分配特别提款权期间，仅美国一国所得到的特别提款权就与所有发展中国家的合计数相等。虽然此后各会员国份额有所调整，但直至2002年其基本格局仍然没有变更。2009年8月的第三次分配，普遍分配相当于1 000亿美元的SDRs提供给新兴市场和发展中国家，其中低收入国家将获得180多亿美元的SDRs。

2）特别提款权的特点

SDRs与其他储备资产并不相同，有其自身的特点：

（1）SDRs只是一种记账单位，它不像黄金那样有其内在价值，也不像储备货币那样以一国的经济实力做后盾，它是被集中创造的、只能由各国中央银行持有的一种"有名无实"的用于国际结算的信用资产。

（2）SDRs也不同于普通提款权，它是IMF按份额分配给会员国的，会员国无条件享有其分配额，且无须偿还，所以对会员国来说是一种额外的储备来源。

（3）SDRs的用途严格限于国际支付。其用途是会员国可以动用SDRs向国际货币基金组织指定的会员国换取外汇，以支付国际收支逆差。但SDRs不能作为国际流通手段和支付手段，只能在IMF会员国政府之间发挥其计价结算作用。

3）特别提款权的定值

1969年创设SDRs时，SDRs与黄金挂钩，1单位SDRs等于0.888671克纯金，与当时美元等值，即1单位SDRs等于1美元。1971年12月和1973年2月，美元两度贬值。各国宣布实行浮动汇率，并要求SDRs与美元脱钩，而实行"一篮子"货币定值，以保持SDRs的稳定性。

1974年7月，IMF正式宣布SDRs与黄金脱钩，改用"一篮子"16种货币重新定值，并且根据每天外汇行市的变化，公布SDRs对16种货币的牌价。SDRs重新定值的具体办法如下：选用从1968—1972年出口额占世界出口总额1%以上的16个国家的货币，按照各国出口额和货币使用范围的大小，分别确定加权的比例。这16种货币分别为：美元、德国马克、日元、法国法郎、英镑、意大利里拉、荷兰盾、加拿大元、比利时法郎、沙特里亚尔、瑞士法郎、伊朗里亚尔、澳大利亚元、西班牙比塞塔、挪威克朗和奥地利先令。

为了进一步稳定和便于计算SDRs的价值，从1981年1月1日起，SDRs的定值货币由原来的16种简化为美元、德国马克、日元、英镑、法国法郎等5种货币。它们的发行国在世界出口贸易额中占据最重要地位。这5种货币在一单位SDRs中所占权数分别为：美元42%，德国马克19%，日元、英镑和法国法郎各为13%。从1991年1月1日起，这5种货币的权数又做了调整：美元40%，德国马克21%，日元17%，英镑和法国法郎各为11%。2015年11月30日，国际货币基金组织（IMF）主席拉加德宣布将人民币纳入IMF特别提款权（SDRs）货币篮子，决议于2016年10月1日生效。SDRs货币篮子的最新权重为美元41.73%，欧元30.93%，人民币10.92%，日元8.33%，英镑8.09%。

4）特别提款权的作用

（1）SDRs作为国际储备的一部分，其主要作用是协助IMF会员国调整国际收支

当一国出现赤字或债务到期急需使用外汇时，可由基金组织指定一些国际收支有盈余、又有大量外汇的国家接受SDRs，提供给对方等值的外汇。SDRs的创立增加了国际清偿手段的总额，在一定程度上满足了世界上对清偿手段日益增长的需要。

（2）SDRs作为一种记账单位，为会员国和有关国际机构的结算带来方便

1969年SDRs创设后，IMF的账户全部使用SDRs作为记账单位，另外还有15个国际组织使用SDRs记账，或者以它作为记账单位的基础。1987年IMF的10个会员国的外汇汇率与SDRs挂钩，在许多重大的国际会议上，SDRs也作为衡量价值的标准。IMF还授权世界银行和国际清算银行等十多个国际金融机构处理IMF会员国之间和规定持有SDRs的机构之间的SDRs业务。

表5-3为2019年一季度全球国际储备构成表。

表5-3　　　　　　　　　**2019年一季度全球国际储备构成表**

项目	2019.01		2019.02		2019.03	
	亿美元	亿SDRs	亿美元	亿SDRs	亿美元	亿SDRs
外汇储备	30 879.24	22 045.61	30 901.80	22 104.67	30 987.61	22 321.33
基金组织储备头寸	84.45	60.58	84.68	60.58	84.09	60.58
特别提款权	107.86	77.01	107.94	77.21	107.22	77.23
黄金	793.19 （5 994万盎司）	566.29 （5 994万盎司）	794.98 （6 026万盎司）	568.66 （6 026万盎司）	785.25 （6 062万盎司）	565.64 （6 062万盎司）
其他储备资产	-1.63	-1.16	-1.54	-1.10	-2.99	-2.16
合计	31 863.11	22 748.33	31 887.86	22 810.02	31 961.18	23 022.62

从表5-3可以看出，外汇储备现已成为国际储备最重要的组成部分。20世纪70年代以来，无论从其增长额来看，还是从其占国际储备总额的比例来看，外汇储备在国际储备中均居主导地位。用一句话来概括就是：国际储备日趋"外汇储备化"。

观念应用5-1

观念应用5-1

我们知道，到目前为止，IMF共发行了三次SDRs，这有悖"要使SDRs成为国际货币制度中的主要储备资产"的初衷。试分析个中原因。

分析提示

5.3　国际储备的需求和来源

5.3.1　国际储备的需求

从前述国际储备的重要作用得知：一个国家如果没有必要数量的国际储备是万万不行的。因此世界上任何一个国家都对国际储备有需求，都希望拥有或持有一定数量的国际储备。那么是不是持有的国际储备越多越好呢？回答是否定的。因为持有国际储备也要付出代价，这种代价表现为如果该国货币当局不持有储备，则此储备就可以被用于商品劳务进口，从而为国内经济发展增添新的实际资源，以增加国内就业和国民收入。所以，一国应有一个适度的国际储备水平，既能满足对外支付的需要，又不过多持有国际储备。而要确定一个适度的国际储备水平，就应先具体分析影响一国国际储备需求的因素。

国际储备需求是指一国货币当局愿意使用一定数量的实际资源以换取的国际储备数量。影响国际储备需求的主要因素有：

1）持有国际储备的机会成本

假如持有国际储备能获取收益而又无须支付代价的话，那么，一国货币当局对储备的需求则是无限的。然而，前面我们已经指出，持有储备是要付出代价的，这个代价便是持有储备的机会成本，即持有国际储备所相应放弃的实际资源可能给该国带来的收益。一国货币当局持有的国际储备越多，它所放弃的当前能够加以利用的实际资源的数量就越大，即机会成本就越高。如果一国货币当局减少国际储备持有量，节约下来的外汇可以转化为进口商品和服务等实际资源，为该国当前经济发展服务。

2）外部冲击的规模和频度

各国都需要持有国际储备，主要原因之一是弥补国际收支逆差，而一国国际收支逆差在很大程度上要受到外部冲击的影响，如世界经济的周期波动，世界市场上的商品价格、利率和汇率的变动，世界经济结构的变动和世界政治局势的变化等。如果此类外部冲击经常发生且规模较大，则该国需要持有较多的国际储备。

3）政府当局在经济政策选择上的偏好

持有国际储备是一种政府行为，对它的需求必然取决于政府在经济政策选择上的偏好。在政策选择过程中，对国际储备影响较大的是：①汇率政策。如果政府选择钉住汇率制，或者在管理浮动汇率制下强调汇率的稳定，它就需要持有较多的国际储备以增强干预外汇市场的能力。②政府所强调的重点经济目标。如果强调当前经济增长，可以减少对国际储备的需求，将外汇储备转化为进口实际资源；如果强调经济持续增长，则需要持有较多的国际储备，以避免国际收支逆差进口减少而影响经济增长。③政府对国际贸易直接管制的基本态度。如果政府采取了严厉的直接管制措施，就可以较少地利用国际储备来平衡国际收支，从而相应减少对国际储备的需求。④弥补国际收支逆差的措施选择。在一国发生国际收支逆差时，如果政府当局不愿立即进行政策调节，而愿意通过融资手段予以解决，那么对国际储备的需求量就较高。反之，如果政府当局在国际收支发生逆差时愿意立即采取政策措施进行调节，那么对国际储备的需求量就较低。

4）一国国内经济发展状况

一国的国际收支差额在相当大程度上取决于该国国内经济发展状况。其中，对国际储备需求影响较大的因素是：①该国经济增长速度和边际进口倾向。如果其经济增长较快且边际进口数量较高，则为了支持大量进口，该国需要持有较多的国际储备。②该国的经济发展水平和经济结构。如果该国经济发展水平较低，资源缺乏，产业结构不健全，则进口商品需求弹性和出口商品供给弹性都较小。当进口商品价格上升时，它很难大幅度减少进口量；当出口商品价格上升时，它也很难大幅增加出口量。这样，它就需要持有较多的国际储备来应付外来冲击。③该国各种市场的价格水平，包括商品和服务的价格、工资、利率、股价和债券价格等。如果其商品价格较低，在商品市场上具有较强的国际竞争力，就可以减少出现贸易逆差的局面，资本市场对外资有较大的吸引力，该国就可以相应减少对国际储备的需求。

5）一国国际收支调节的成本、规模和机制

在一定的经济条件下，一国国际收支调节的成本、规模和机制等因素都会影响其对国际储备的需求量。①该国调节其国际收支不平衡的成本越高，其国际储备需求量则越小，反之，调节成本越低，国际储备需求量则越大。②该国国际收支逆差的规模越大，逆差出现得越频繁，该国国际储备的需求量就越大，反之，则越小。③如果该国国际收支调节机制运行正常，它就能自动纠正国际收支失衡的状况，也就不需要太多的国际储备；反之，则需要较多的国际储备。

6）一国的对外交往规模

在一国的国际交往中，对国际储备需求影响较大的是商品进口规模和对外偿债的规模。一国进口规模越大，或是还本付息的外债负担越大，就越需要持有较多的国际储备。

7）一国借用国外资金的能力

一国除了动用国际储备弥补国际收支逆差外，还可通过借用国外资金来减少对国际储备的需求。这种借款能力包括私人商业银行在国际金融市场上筹措应急资金的能力。一国借用国外资金的能力在很大程度上取决于该国的经济发展水平、该国的经济制度、金融市场发育程度和该国的国际信誉。一般说来，发达国家的借款能力强于发展中国家，从而可以相应减少对国际储备的需求。

8）一国货币在国际货币体系中的地位

储备货币发行国经常可以用本国货币偿付国际债务，从而相应减少对国际储备的需求。

9）一国政策的国际协调

一国政府与他国经常进行政策协调，可以减少国际收支失衡程度，直接减少动用国际储备的需要。当该国出现国际收支逆差后，通过政策的国际协调，可以增加国际收支调节政策的效力，加快调节速度，从而相应减少对国际储备的需求。

综上所述，影响一国国际储备需求量的因素是多种多样和方方面面的。这些因素在不同时期、不同情况下的影响程度和大小是各不相同、不近一致的。有些因素从理论上研究讨论是可以的，但从实践操作上来看难度是较大的。另外，影响因素除上述九个外，还存在着其他的影响因素，如储备资产的质量及其盈利性等，需要我们不断地探索和研究。

观念应用5-2

观念应用5-2

发展中国家由于其经济实力、贸易条件和国际收支状况远不如发达国家，因此，发展中国家的国际储备需求问题就格外令世人关注。总的说来，他们需求愿望强烈但来源又有困难。试分析其原因。

分析提示

5.3.2　国际储备的来源

国际储备的来源，就是指国际储备的供给。

从世界范围的角度看，国际储备的来源取决于以下几个因素：①国际储备货币国家的国际收支逆差的规模和持续时间，规模越大、持续时间越长，说明其向世界提供的储备货币就越多；②IMF分配给会员国的特别提款权的数额大小；③国际金融市场所能提供的资金数额的大小。

从一个国家的角度来分析，一国货币当局为了在国际收支出现逆差时能够有效地进行调节，都希望获取更多的国际储备。获取国际储备的途径有两个：一是内部来源，二是外部来源。具体包括：

1）国际收支顺差

一国国际收支顺差会使该国国际储备增加，逆差则会导致国际储备减少。在国际收支的组成部分中，经常项目收支顺差是一国国际储备的最可靠途径和最主要来源，因为它反映的是一国商品和服务在国际市场上有较强的竞争能力。相比之下，资本项目收支顺差虽然也是一国国际储备的一个重要来源，但它并不是增加一国国际储备的最稳定与最可靠的来源，因为不论长期资本项目顺差，还是短期资本项目顺差，都具有不稳定性和暂时性。长期资本项目顺差如没有新资本流入，反而会因利润和红利的汇出而减少，如发生外国资本抽回投资，还可能使顺差消失。至于短期资本项目顺差就更不稳定了，因为短期资本具有投机和转移不定的特性。

2）货币当局干预外汇市场收进外汇

一国货币当局通过干预外汇市场就能增减其国际储备。为了稳定汇率，缓解本币对外币升值的压力或防止本国商品国际竞争力下降，货币当局可以在外汇市场上用本币购买外国货币，使其外汇储备增加。

3）中央银行在国内购买黄金

中央银行使用本国货币购买黄金，可增加该国黄金储备；如果它再将黄金在国外黄金市场上出售，则可补充其外汇储备。不论是黄金储备增加，还是外汇储备增加，都将导致该国国际储备总量的增加。但是，如果中央银行在国际黄金市场上用外汇购买黄金，则只能改变其国际储备的构成，而不能增加国际储备量。

4）政府或中央银行向国外借款

一国政府或中央银行直接从国际金融机构借入各种贷款，这种借款可增加该国的外汇储备。另外，储备货币的发行国之间还可通过互换货币协定（swap arrangerment）来相互提供外汇储备。

5）IMF分配给会员国的特别提款权

IMF根据各会员国的基金份额分配给各会员国的SDRs，是各会员国的一种额外资金来源，它是国际储备资产的形式之一，因而构成会员国国际储备来源的一个渠道。

还应注意两点：①SDRs是IMF按份额分配给会员国的，因此会员国只能被动接受而不能主动去增加，所以一国增加国际储备的途径，主要还是来源于黄金、外汇、借款等方面。②发达国家在IMF占有较大比重的份额，因此分配给发展中国家的SDRs自然就非常有限。

一国国际储备除上述五个来源途径以外，储备资产的收益和溢价也是不可忽视的来源。储备资产收益包括外汇储备的存款利息和作为储备资产的外国债券收益；储备资产溢价包括由于外汇汇率的变动造成的一国外汇储备折成SDRs或美元的溢价，也包括由于金价的上涨，造成黄金储备总量不变的情况下黄金储备价值的增加。

5.3.3 关于适度的国际储备量

1）确定适度量存有困难

前面我们已经指出，一国没有国际储备是万万不行的，但一国国际储备并不是越多越好。那么，一国到底持有多少储备量才算合适和恰当呢？这就是保持适度的国际储备量的问题。这个问题不仅是个重要的理论问题，而且更是一个现实意义很强的实际问题。

在确定最适度的国际储备量时，既要考虑到一国国际储备可能的供应能力，又要合理地管理和确定国际储备的需求量，即要综合、全面、细致地考虑和把握上述影响国际储备需求和来源的各种因素。由于这些因素的复杂和繁多，所以要真正确定一个国际储备的适度量是非常困难的。例如，虽然当一国储备需求在一定时期内保持稳定，但储备来源的变化会干扰这种稳定，而且储备需求的变化又会影响这种稳定。这种复杂性使国际储备难以保持一个适度的水平。西方诸多经济学家对此曾做过长期的研究和论证工作，但至今尚无具有实际意义的结果和定论。

2）最适度量是个区间值

要了解这个区间值的真正含义，先让我们介绍一下四种国际储备量：①最低国际储备量。当一国发生国际收支逆差，货币当局又不愿意通过储备来缓冲，而完全采取调节政策和向国外借款来弥补逆差的话，则该国国际储备持有量可降为零。②最高国际储备量。其是指当一国发生国际收支逆差而汇率剧烈波动时，货币当局通过放弃调节和借入政策，完全依靠国际储备来弥补逆差和维持汇率稳定所需要的储备量。③保险国际储备量。其是指既能满足弥补国际收支逆差，又能保证国内经济增长所需的实际资源投入的储备量。④经常国际储备量。其是指为保证正常经济增长所必需的进口且不致因储备不足而受影响的储备量。

在实际经济生活中，最低和最高的储备量纯粹是理论上的假设。实际上一国的国际储备量常常是以最适度储备需求水平为中心，在其上下一定范围内波动。所以，人们通常以保险储备量作为上限，而以经常储备量作为下限，这个上下限就构成了一国国际储备的区间值。只要一国的储备持有额能保证在这个区间值范围内，就可以认为该储备量具有适度性。

3）特里芬的适度标准

美国经济学家特里芬（R.Triffin）认为：由于国际储备的最基本最主要用途在于弥补国际收支赤字，因此它应该首先同一国国际贸易水平保持一定的比例关系。1960年，他出版了《黄金和美元危机》（Gold and Dollar Grisis）一书，在该书中他提出：一国的国际储备应与它的进口额维持一定的比例关系，这个比例一般以40%为适度，低于30%就需要采取调节措施，而20%则为最低限。如按全年储备对进口额的比例计算，约为25%，即一国的储备量应以满足3个月的进口需要为宜，这一理论被称为"3个月进口说"。

特里芬的这个比例分析法提出后，由于其过于简单和存在不少缺陷而受到不少经济学家的批评，但它仍然可以为储备需求水平的适度性提供一个比较粗略的参考指标。世界银行的《1985年世界发展报告》中在分析发展中国家国际储备管理时也写道："足以抵付3个月进口额的储备水平有时被认为是发展中国家的理想定额。"

5.4　国际储备管理

国际储备管理在许多国家早已有之，随着布雷顿森林体系的崩溃和浮动汇率制的实行，国际储备日趋多元化，外汇储备日益占据主要地位，西方国家货币汇率波动频繁，幅度也比较大。在这种情况下，如何保持适度水平的储备资产，如何恰当地安排储备币种结构，避免汇率风险带来的损失就显得十分重要。因此，国际储备管理问题对各国货币当局或中央银行就变得更加突出和重要了。

5.4.1　国际储备管理的原则

国际储备（资产）管理，是指一国货币金融当局在健全和完善的储备管理体制下，通过确定最适度国际储备量和对各类储备资产进行合理安排，从而保证国际储备的各项职能顺利实现。

国际储备（资产）管理必须坚持以下几条原则：

1）保持适度的国际储备量

如前所述，一国持有的国际储备并非越多越好，也不是越少越好。国际储备资产管理的首要任务，就是要根据本国的实际情况，运用国际储备管理的原理，不断实践摸索，积累经验，从而确定本国适度的国际储备量，为国际贸易和国内经济发展服务。

2）保持储备资产的安全性

即储备资产存放可靠，能保持原有价值的属性。这就要求在选择储备资产的存放国家及银行、币种、信用工具时，预先做好大量的信用风险和汇率风险评估工作，确保储备资产的安全性。

3）保持储备资产的稳定性

即储备资产能稳定地供给使用。因此必须根据本国对外贸易的结构以及国际贸易和其他金融活动支付储备货币的要求做出选择。同时，选择储备货币的结构，还应参照在外汇市场上为支持本国货币汇率稳定实行干预时所需要的储备货币结构和规模的大小。

4）保持储备资产的流动性

即储备资产的自由兑现、灵活调拨、被普遍接受的国际支付手段的属性。这要求各国在安排外汇资产时，应根据对本年度外汇支付的时间、金额、币种的结算，将外汇储备作短、中、长不同期限的投资，以做到既能使储备资产增值，又能不影响储备资产的调拨使用。

5）保持储备资产的保值性

即保证储备资产的价值稳定。各国在选择储备资产的币种时应做好货币发行国经济、政策、金融等情况的调查，以对该货币的汇率做出中长期预测，并根据短期内国际金融市场的利率和汇率以及其他重大政策、经济偶发事件的影响来及时调整各种储备货币的结构。

6）保持储备资产的盈利性

即储备资产给持有者带来利息、债息和股息等收益的属性。20世纪80年代以来国际金融市场新的金融工具越来越多，各种金融工具的收益率不尽相同，在选择投资工具时不仅要考虑到利率，还要考虑到汇率风险。因此，在决定储备资产投向时，要结合研究每一个金融工具的收益和风险，以保证储备资产的收益最大。

在上述原则中，应特别注意到，储备资产的安全性、流动性和盈利性之间存在着替代关系，即此长彼消的关系。一般说来，流动性越强，则盈利性越低；安全性越强，则盈利性较差。例如，外汇活期存款的流动性强于外币有价证券，但其盈利性不如后者。黄金储备从长期看有较强的保值功能，但是，持有黄金不能获得利息收入。安全性较强的其他资产风险较小，但其盈利性也会相应下降。

鉴于储备资产的安全性、流动性和盈利性之间存在着此长彼消的关系，因此要求政府在储备资产管理中，需要同时考虑储备资产的上述三种属性。流动性涉及储备资产能否在不蒙受损失的条件下随时投入使用，安全性涉及储备资产的价值贮藏手段职能，盈利性关系到储备资产在未动用期间所产生的收益。在不同的经济环境下，三种属性的相对重要性会有所不同。例如，在国际收支逆差严重时，该国需要大量动用储备资产，保持储备资产的流动性，具有较为重要的意义。在通货膨胀恶性发展时期，保证储备资产的安全性有较为重要的意义。在国际收支大体平衡或出现顺差的时候，相对重视储备资产的盈利性可以使该国获取更大的资产增值利益。

以上原则仅是理论上的探讨，在实践中还应根据理论的指导进行具体分析，灵活运用。既要注意到一定时期内各种因素的主次关系，又要统筹兼顾，通盘考虑。

观念应用5-3

我们知道，各种储备资产的流动性有所不同。请你结合当前国际储备构成的实际内容，谈谈它们各自流动性属性的情况。

分析提示

5.4.2　国际储备管理的体制

受国际储备资产的特点及其特殊职能的约束，世界上大多数国家对国际储备资产的管理一般均由中央银行来承担。因为中央银行要通过集中国际储备来弥补国际收支的逆差和支持货币汇率，这就要求中央银行必须建立和健全储备资产的管理体制，以保证国际储备资产各项职能的顺利实现。

一套健全的国际储备（资产）管理体制应包括完备的储备资产管理法规和中央银行高效的调控系统。储备资产的管理法规应明确规定建立国际储备的意义，国际储备的范围、用途、管理机构、动用权力、补充来源等。中央银行的高效调控系统是指中央银行有能力通过合理摆布国际储备资产，以充分发挥各项储备资产的职能和最大限度地降低储备资产的风险。

5.4.3　国际储备的总量管理

一国政府在国际储备总量管理中主要考虑两个问题：如何确定适度的国际储备量，以及采取何种措施使国际储备达到适度水平。

1）适度国际储备量的确定

从定量分析的角度来看，确定适度国际储备量的参照指标包括国际储备对进口的比率（或国际储备能够支付进口的月数）、国际储备对外债余额的比率、国际储备对国际收支差额的比率、国际储备对国民生产总值的比率、国际储备的成本与收益的比较、影响国际收支状况的偶发事件频率等。此外，IMF还利用下列几个指标来确定储备的适度规模：①一国过去储备的变动趋势；②一国过去储备对进口的比率；③一国过去储备对国际收支总差额的比率。

从世界范围来看，最为流行的适度储备标准是"3个月进口说"，即国际储备应能保证支付3个月的进口，或者说储备对进口的比率（年度数字）不低于25%。在上一节中，我们已对特里芬的这个适度标准理论做了阐述，故在此不再详述。

需要指出的是，在适度总量的水平上，发达国家与发展中国家有着明显的差异，即发达国家倾向选择较低的国际储备水平，而发展中国家则倾向选择较高的国际储备水平。出现这种差异的主要原因是发达国家具有较强的借款能力。这种差异也决定了发达国家和发展中国家在国际储备总量管理中采取的措施有所不同：即发达国家主要依靠借入储备来保证国际清偿能力；而发展中国家则主要依靠自有储备来弥补国际收支逆差。

各国在对储备资产的总量进行控制和管理时，应把对黄金储备和外汇储备的数量管理放在首位并作为重点。因为储备头寸和特别提款权是由IMF分配的储备资产，对其数量一国货币当局只能被动接受而无法主动增减。

2）维持适度国际储备量的措施

一般而言，当一国国际储备量超过适度标准时，该国货币当局解决和处理使其数量降下来、维持在适度水平上相对容易些、简单些，如减少出口或增加进口等；而当一国国际储备量不足时，要增加储备量使其达到适度水平则比较困难和复杂些。再者，前面我们对影响各国国际储备需求和来源的因素已作了较多的分析和论述，各国只要照此加强管理，扎实工作，不断探索，是完全能够维持适度国际储备量的。所以，这里我们只重点研究一下一国国际储备不足的客观标准和调节措施。

（1）国际储备不足的客观标准。IMF通常采用以下五个客观标准，来反映和评价一国国际储备不足和对国际储备需要量增加的情况：①持续高利率政策；②加强对国际经济交易的限制；③把增加储备作为首要经济目标；④持续的汇率不稳定；⑤新增储备主要来自信用安排。

这些客观标准的隐含假设条件是各国政府已经确定适度国际储备的规模，因此，当它们采取高利率政策或奖出限入紧缩银根的政策来改善国际收支时，便意味着该国存在储备不足问题。在储备不足情况下，该国政府缺乏干预外汇市场的能力，从而汇率不稳。于是，该国被迫通过国外借款来弥补储备不足。

（2）国际储备不足的调节措施。前面已经说到，发达国家解决储备不足的主要措施是向国外借款。发展中国家在其国际储备出现不足时，则通常采取以下4种国际收支调节措施：①通过出口退税、出口担保、外汇留成和复汇率制等手段鼓励出口。②以各种贸易和非贸易壁垒限制进口。③以外汇管制和延期支付等办法限制资本外流。④货币对外贬值。维持汇率稳定本来是国际储备的基本职能之一，但是在持续国际收支逆差和储备不足的情况下，实行货币对外贬值政策，既有利于改善国际收支，又可以在新的基础上更有效地实现稳定汇率的目标。

5.4.4 国际储备的结构管理

一国对国际储备资产的管理，除了在量上保持最适度的储备水平外，还要在质上拥有一个适当的国际储备结构。适当的国际储备结构，是指国际储备资产最佳的分布格局和保持合理的比例关系。国际储备结构管理的任务就在于：根据扬长避短的原则，不断地调整各种形式的储备资产的数量组合和期限组合，使其保持适当的比例关系并发挥最大的功能，最终实现安全、保值、增值的目标。

国际储备结构管理主要涉及三方面的内容：如何确定黄金储备、外汇储备、在IMF的储备头寸和特别提款权等四种基本储备资产的结构；如何确定外汇储备的币种结构；如何确定同种货币资产的流动性结构。

1）储备资产基本形式的结构管理

在国际储备的四种基本形式中，在IMF的储备头寸和特别提款权的持有量主要取决于国际货币基金组织的政策，各国政府在这种结构管理中主要是调整黄金储备和外汇储备的比例。

黄金储备具有安全性，可避免通货膨胀带来的储备贬值的风险，而且可以避免外汇储备资产被冻结的政治风险。但是，黄金储备的变现成本较高，且持有它不能获取利息收入，其流动性和盈利性均不如外汇储备。

因此，目前各国黄金储备量呈现不断减少的趋势。2020 年 10 月 7 日，世界黄金协会发布数据显示，8 月份，全球各国央行净卖出黄金储备 12.3 吨。这是近一年半以来，全球央行首次净卖出黄金储备。此外，中国央行公布的数据显示，9 月末官方储备资产中，黄金储备为 1 182 亿美元，环比下降 44 亿美元，不过，中国央行黄金储备价值的下滑仅仅只是因为金价的下跌，以盎司来计算的话，9 月末我国黄金储备为 6 264 万盎司，为连续第 13 个月保持不变。尽管官方黄金需求在 2019 年和 2018 年相当强劲，2020 年有所放缓，但以历史标准衡量，黄金需求并不一定疲弱。

与黄金储备减少的趋势相反，外汇储备则是增长的趋势。据统计，自 1997 年以后，世界各国的外汇储备均占该国国际储备总量的 80% 以上，有的国家还更高。究其原因主要是，外汇储备作为国际支付手段，其流动性、盈利性要明显高于其他形式的储备资产。

调整黄金储备与外汇储备的基本手段是在国际黄金市场上买卖黄金。这样，就能改变两者的数量结构和比例关系。由于布雷顿森林体系瓦解之后国际黄金市场上金价频繁波动，选择入市时机是这种结构调整中的重要课题。政府有关部门需要做好金价的预测工作，尽量争取在金价较高时出售黄金，或者在金价较低时买入黄金。

综上所述，我们得出结论，即黄金储备和外汇储备的量的比例关系为 2 : 8 比较适当和合理。这个比例将随着客观情况的发展而不断变化。

2）储备货币的币种结构管理

为了抵御风险，各国通常根据风险分散原理来安排储备货币的币种结构，即实行储备货币多样化。因为在多种储备货币的结构中，一种储备货币的损失可由另一种储备货币的升值来弥补，从而相应降低了整个国际储备所面临的风险。那么，怎样选择储备货币呢？储备货币的选择是随着布雷顿森林体系的崩溃和浮动汇率制取代固定汇率制之后出现的。因为在浮动汇率制下，由于没有汇率波动上下界限的规定，某种储备货币汇率急剧升跌，会使以该种储备货币表示的外汇资产的实际价值增加或减少，从而使这些储备货币持有者增加收益或受到损失。因此，选择哪一种外币作为本国的储备货币尤为重要。货币的选择，总的来说要根据对外贸易情况和支付需要。具体来说要坚持以下 3 条原则：

（1）一国储备货币的构成，一部分应当集中在进口来源国的货币上。保留国际储备的主要目的，就是为国际收支逆差融资。进口大于出口是国际收支逆差产生的根本原因。一国汇率风险，主要在进口大于出口的那种币种上。对进口支付的币种的汇率越高，该国支付进口的负担越大。为了减少进口付汇风险，该国应有一部分是进口将要支付的货币。这样，当进口支付的货币升值时，该国保留的储备也随着升值，该国能从容地支付进口。即使保留的储备货币贬值，该国也不会受很大损失，因为该国支付的进口价值也下降了。

（2）一国储备货币的构成，一部分应当集中在出口目标国的货币上。保留国际储备不仅是为进口融资，而且还要用于偿还外债，对外债还本付息。如果债务的货币构成本身，就是按照把风险减到最低程度的原则选择的，那么债务货币应当选择在该国有贸易顺差的那种币种上。比如说，韩国的主要进口国是日本，主要的出口国是美国，那么韩国以美元的形式借债，外汇风险就要小一些。因为韩国向美国出口，可以收美元。美元汇率上升，外债负担加重，韩国的出口收入也增加，会抵消外债负担的加重；美元汇率下跌，出口收入减少，外债负担也减少，两者可能互相抵消，把风险减少到最低程度。

（3）储备货币应集中在硬货币上。保留储备的另一个重要目的是进行投资，赚取利润；也可以在外汇市场上进行投机，赚取利润。现在西方各大国的中央银行，都公开地在外汇市场上进行投机活动。保留储备的收益率分为两个部分：一部分是名义利息率，另一部分是资产的预期升值率。在这两部分中，资产的预期升值率比名义利息率更重要。这就是说，储备资产的升值所产生的收益，比名义利息率产生的收益更大。所以各国中央银行尽可能多的以硬货币保留储备。

以上三点常常是互相冲突的。中央银行有时会顾此失彼，不能周全。如果一国把用国际储备投机视为最重要的目标，它可能把储备资产过分集中在硬货币上，利用外汇风险赚取更大利润；如果一国把用国际储备进行保值视为重要目标，它可能把储备资产集中在支付进口所需的货币上和集中在支付债务所需的货币上。表5-4为2008—2017年全球外汇储备的货币构成。

表5-4　　　　　　　　2008—2017年全球外汇储备的货币构成（%）

货币名称 ＼ 年份	2008	2009	2010	2011	2012	2013	2014	2015	2016	2017
美元	63.77	62.05	62.14	62.59	61.47	61.24	65.14	65.72	65.34	62.70
欧元	26.21	27.66	25.71	24.40	24.05	24.20	21.20	19.14	19.13	20.15
英镑	4.22	4.25	3.94	3.83	4.04	3.98	3.70	4.71	4.43	4.54
日元	3.47	2.90	3.66	3.61	4.09	3.82	3.54	3.75	3.95	4.89
瑞士法郎	0.14	0.12	0.13	0.08	0.21	0.27	0.24	0.27	0.16	0.18
其他	2.19	3.02	4.42	5.49	6.14	6.49	6.18	6.41	6.99	7.54
合计	100	100	100	100	100	100	100	100	100	100

资料来源　作者根据相关资料整理。

3）储备资产的流动性结构管理

由于国际储备的主要作用是弥补国际收支逆差，因而各国货币当局都比较重视流动性。按照流动性的高低，西方经济学家和英格兰银行等货币当局把储备资产划分为三级：

（1）一级储备资产或流动储备资产。其是指流动性非常强的资产，即活期存款和短期票据（如90天国库券），平均期限为3个月。

（2）二级储备资产。其是指收益率高于一级储备，而流动性低于一级储备但仍然具有较强流动性的储备，如中期国库券，平均期限为2~5年。

（3）三级储备资产。其是指收益率最高但流动性也最弱的储备资产。如长期公债和其他信誉良好的债券，平均期限为4~10年。

至于流动性的这三个档次在储备资产中如何具体安排，则视各国的具体情况而定。大体来说，一国应当拥有足够的一级储备来满足储备的交易性需要。这部分储备随时可以动用，充当日常干预外汇市场的手段。一旦满足这种交易性需要，货币当局就可以将剩余的储备资产主要在各种二级储备与三级储备之间进行组合投资，以期在保持一定的流动性条件下获取尽可能高的预期收益率。

由于会员国能随时从IMF提取和使用普通提款权，故其类似一级储备。由于特别提款权只能用于会员国政府对IMF的支付与会员国政府之间的支付，会员国若需将它用于其他方面的支付，须向IMF提出申请，并由IMF指定参与特别提款权账户的国家，提供申请国所需货币。显然，这个过程需要一定时日才能完成。因此，特别提款权可视为二级储备。至于黄金储备，因各国货币当局一般只在黄金市价对其有利时，才肯卖为储备货币，可视为三级储备。

当然，各种层次的储备资产之间并不存在明确的界限。例如，即将到期的中期和长期债券的流动性并不亚于短期国库券。因此，只要货币当局对持有中期和长期债券做出合理的安排，保证在每一个时期都有一部分即将到期的中期和长期债券，那么，即使中期和长期债券所占的比重较高，该国仍能保证整个国际储备资产的流动性符合政策要求。

小思考 5-3

按用途，可把国际储备分为哪两部分？

小思考 5-3

分析提示

观念应用 5-4

根据上述储备资产流动性的理论，试分析说明外汇储备的流动特性。

观念应用 5-4

分析提示

5.5 我国国际储备的管理问题

5.5.1 1979年以前的国际储备管理

1949—1979年，是我国典型的计划经济时期。与此相适应，由于推行闭关锁国和既无内债、又无外债的政策，对外经济贸易发展缓慢且稳定。这一时期实行固定汇率制和严格的外汇管制，在外汇收支上实行"以收定支"的办法，追求基本平衡和略有节余的目标。实行黄金管制政策，国家持有一定数量的黄金，具有一定的金融实力和国际支付能力。再加上长期的逐年顺差结余，事实上这个时期我国已拥有相当的国际储备，但对国际储备的管理却不够特别重视。

这个时期，在我国的国际储备构成中，黄金比较固定，没有在 IMF 的储备头寸和特别提款权，所以，管理的重点是外汇管理。这时，国家的外汇储备是由隶属于中国人民银行的中国银行实行统一经营和集中管理，并负责办理对外支付、国际结算和国际融资等业务。

综上所述，这个时期我国国际储备管理的特点是：

（1）在构成上，只有黄金和外汇储备两个基本形式。

（2）实行严格的黄金管制和外汇管制政策。黄金生产企业生产的黄金全部卖给国家，国际收支结存的外汇全部成为国家的外汇储备。

（3）外汇储备增长缓慢且稳定。

（4）管理制度不规范。

5.5.2　1980年以后的国际储备管理

1980 年以后，我国恢复了在 IMF 和世界银行的合法席位，依照规定缴纳了应缴纳的份额，享有在 IMF 的储备头寸和特别提款权，从而被纳入了世界储备体系，实现了同世界各国保持一致的国际储备构成。我国国际储备资产结构情况见表 5-5。

表 5-5　　　　　　　我国国际储备资产结构（1980—1987 年）

金额单位：百万特别提款权

储备资产结构	1980年	1981年	1982年	1983年	1984年	1985年	1986年	1987年
1.黄金储备量（百万盎司）	12.8	12.7	12.7	12.7	12.7	12.7	12.7	12.7
35SDRs/盎司	448	444.5	444.5	444.5	444.5	444.5	444.5	444.5
2.外汇	1 774	4 109	10 094	13 827	17 042	10 846	8 596	10 740
3.在 IMF 的储备头寸	150	—	—	168	261	303	303	303
4.特别提款权	72	236	194	320	414	440	465	451
国际储备总额	2 444	4 789.5	10 732.5	14 759.5	18 161.5	12 033.5	9 808.5	11 938.5

资料来源　IMF：《国际金融统计》，1988 年年报．

1982 年，随着我国中央银行体制的确立，允许各专业银行业务相互交叉。1985 年，各专业银行开始相继经营外汇业务。这样，中央银行就成为我国统一管理外汇储备的专门机构。1979 年 3 月成立了国家外汇管理局，其隶属于中央银行，主要行使管理外汇、储备和外债的职能。但这时国家外汇储备实际上仍由中国银行掌握和管理，其他专业银行在进行外汇业务时所垫付的人民币资金不直接向中央银行索取，而是通过中国银行进行再结汇，这造成了外汇管理的混乱和各专业银行之间的不平等竞争。

综上所述，我国这段时期的国际储备管理呈现出以下五个特点：

（1）实现了同世界各国保持一致的国际储备构成。构成中，虽然增加了 IMF 的储备头寸和特别提款权两种形式，但其数量不大，所占比例较小。

（2）实行稳定的黄金储备政策。从1981年起一直稳定在1 270万盎司。

（3）外汇储备仍是国际储备中的最主要形式，所占比重均在90%以上。

（4）外汇储备波动较大。如1984年是17 042百万SDRs，而1982年和1985年则分别是10 094百万SDRs和10 846百万SDRs，到了1986年则仅有8 596百万SDRs，这反映出国际收支的不稳定性。

（5）储备管理得到加强和重视，但比较混乱，缺乏统一性和科学性。

5.5.3 1990年以后的国际储备管理

这个时期，我国国际储备管理的特点表现在以下四个方面：

（1）加强了管理的统一性和科学性。为了理顺外汇储备管理中的混乱和不协调关系，国家外汇管理局于1990年6月开始在上海试行"外汇转移制"，规定除中国银行以外的各专业银行直接向外汇管理局结汇，将国家外汇通过移存的渠道集中到中央银行手中。

（2）国际储备开始发挥干预资产的作用。1993年12月28日，《中国人民银行关于进一步改革外汇管理体制的公告》宣布：从1994年1月1日开始，我国实行以市场供求为基础的、单一的、有管理的浮动汇率制度；中国人民银行将通过向外汇市场吞吐外汇，来保持人民币汇率的基本稳定。这表明，我国的国际储备已具有充作干预资产的作用。

（3）外汇储备总量迅猛增长。从表5-6中的数字中看得出来，1990年外汇储备为110.93亿美元，到1995年已增至735.97亿美元，到1996年就已突破1 000亿美元大关，达到1 050.29亿美元，这个数字仅排在日本之后，位居世界第2位，超过了美国和德国。到2000年又达到1 655.74亿美元。此后，我国外汇储备快速增长，至2019年年底已达31 079亿美元，排在世界第一位。

表5-6 中国历年黄金和外汇储备情况表

时间	黄金储备（万盎司）	外汇储备（亿美元）
1990年	1 267	110.93
1995年	1 267	735.97
1996年	1 267	1 050.29
2000年	1 267	1 655.74
2005年	1 929	8 188.72
2010年	3 389	31 811.48
2015年	5 666	30 105.17
2016年	5 924	31 399.49
2017年	5 924	30 727.12
2018年	5 956	31 079.24
2019年	6 264	31 079.00

资料来源 国家外汇管理局网站.

（4）外汇储备货币实行以美元为主、多元化的结构。特别是亚洲金融危机之后，为了防范金融风险，我国采取了一系列政策措施和对策，其中在币种结构管理上，就实行以美元为主、多元化的结构，注意储备世界货币和我国的主要进口国、出口国的货币。同时，随着这些货币汇率在国际外汇市场上的变化情况，在确保安全性和流动性的前提下，不断调整货币，以求保值。

5.5.4　近几年来国际储备管理的改革

近几年来，随着我国市场经济体制的建立和完善以及金融体制改革的不断深化，我国的国际储备管理也进行了一些改革。归纳起来这些改革的主要内容和成果是：

（1）强化了中央银行对国际储备的管理职能。

（2）进一步明确划分了国家外汇库存的管理权和经营权，中国银行的营运外汇结存归属中国银行所有，而不再作为外汇储备。

（3）具体划分了国家外汇结存中实际外汇储备和经常性外汇收支之间的界限。

（4）逐步提高中央银行营运外汇结存的盈利性。

（5）逐步扩大各种经济杠杆的调节范围和程度，加强了法律手段的运用，减少了行政手段的使用。

（6）注重管理人员的职业和技术培训，为不断提高我国国际储备经营管理的水平奠定了坚实的人才基础。

总之，我国的国际储备管理，是我国国民经济管理的一个重要组成部分。这个管理必须适应市场经济要求，必须和国际接轨，做到既要坚持和遵循国际储备管理的一般原理和理论，又要结合我国国情和实际，与时俱进，灵活运用，不断总结经验和教训，不断进行探索和创新。只有这样，才能提高我国国际储备的管理水平，才能充分发挥国际储备的功能，推动我国经济的飞速发展。

补充阅读资料 5-1　　　　　　　　　　**人民币国际化正稳步推进**

近期，我国再将人民币国际化提上发展议程。5月27日，最新发布的《中国银行间市场交易报告 2019》指出，截至 2019 年年末，银行间债券市场余额达到 87 万亿元人民币，占我国债券市场存量的 90%；同时，外汇市场全年成交金额 36 万亿美元，目前我国银行间市场正形成全方位、多层次的对外开放格局，我国经济再次交上一份漂亮的"成绩单"。

值得注意的是，报告指出，在离岸市场上人民币交易区域正不断扩展：2019 年人民币在外汇市场日均交易额和全球支付中的份额分别位列全球第八位和第五位。同时，我国官方在 5 月 18 日一份报告中提出，将有序实现人民币资本项目可兑换，稳步推进人民币国际化。

相比之下，美元在国际货币体系中的主导地位却受到动摇。在美国经济进入危机这半年以来，多国采取了各种应对措施。据悉，从今年 3 月份开始，俄罗斯就开始不断增加人民币结算比例；伊朗宣布用人民币取代美元成为该国主要外汇货币之一……

除了减少对美元的使用外，部分国家也开始了美债的抛售，根据美国财政部最新报告，今年3月份，海外投资者抛售美债的总规模共计达到了2 257亿美元（约合人民币16 142.74亿元）。

在此背景之下，人民币国际化正迎来巨大的机会。据中国日报网5月19日报道，在海外投资者抛售美债的同一时间，购买熊猫债的总额高达73亿元人民币，累计金额3 894.7亿元人民币。除此之外，在6月上旬，亚投行还很可能将在中国银行间市场发行50亿元人民币熊猫债。

同时，境外投资者和企业对人民币的需求也在快速增加，中国外汇交易中心的数据显示，截至4月末，532家境外机构投资者通过债券通模式入市，环比新增12家。今年以来，全球三大铁矿巨头实现了人民币跨境结算，可以看出，以中国经济的巨大发展潜力作为基础，面对全球经济格局的变化，人民币迎来了国际化机遇。

资料来源　佚名. 最新，中国经济再交漂亮"成绩单"！人民币国际化正稳步推进［EB/OL］.［2020-05-27］. https://baijiahao.baidu.com/s? id=1667814040744056911&wfr=spider&for=pc.

思政专栏

《2020年上半年人民币国际化报告》显示，2019年，人民币跨境使用逆势快速增长，全年银行代客人民币跨境收付金额合计19.67万亿元，同比增长24.1%，在去年高速增长的基础上继续保持快速增长，收付金额创历史新高。人民币跨境收支总体平衡，净流入3 606亿元。

人民币在国际货币基金组织会员国持有储备资产的币种构成中排名第五，市场份额为1.95%，较2016年人民币刚加入SDRs篮子时提升了0.88个百分点；人民币在全球外汇交易中占4.3%，较2016年提高了0.3个百分点；据最新统计数据，人民币在主要国际支付货币中排第五位，市场份额为1.76%。

展望未来，《报告》指出，人民币支付货币功能将不断增强，自贸区、粤港澳大湾区将成为使用人民币跨境支付新的增长点；人民币投融资货币功能将持续深化，参与境内金融市场交易有望继续快速增长；人民币储备货币功能将进一步显现，各国央行和货币当局持有人民币储备资产的意愿有望进一步上升；人民币计价货币功能将有更多发展，以人民币计价的金融产品种类和规模进一步扩大；双边货币合作将稳步推进。

点评：从《报告》显示的数据上看，人民币国际化取得了长足的进步，然而人民币在全球国际货币储备中占比却非常低，仅有2.02%。也就是说，美元、欧元、英镑和日元，依然是国际货币体系的主宰，美元占比超过60%，其霸主地位依然无人撼动。很显然，与美元等其他四个国际货币相比，人民币国际化之路依然任重道远。

本章小结

1.内容概要

国际储备指的是一国货币当局为弥补其国际收支逆差和维护其货币汇率稳定所持有的被各国普遍接受的一切资产的总称，包括自有储备和借入储备。其三个必备条件是：①一国货币当局须能够无条件地、随时方便地获得这种资产；②具有流动性；③能被世界各国普遍接受。其作用是：一是弥补国际收支逆差；二是干预外汇市场，维护本国货币汇率稳定；三是增强国际金融实力，提高本币国际信誉；四是政府向外借款的保证。

国际储备由四部分组成：即黄金储备、外汇储备、IMF的储备头寸和IMF分配的特别提款权。这里黄金仅指一国政府所持有的货币性黄金，即作为金融资产的黄金；外汇储备是指各国普遍接受的，可自由兑换的货币；储备头寸是指IMF会员国按规定可提取一定数额款项的权利；特别提款权是IMF按会员国份额分配给会员国可用来归还IMF贷款和偿付国际收支逆差的一种账面资产，它于1969年9月创设并从1970年起发行。

国际储备需求是指一国货币当局愿意使用一定数量的实际资源以换取的国际储备数量。影响这个数量的因素主要有：①持有的机会成本，即持有所付出的代价；②外部冲击的规模和频度；③政府当局在经济政策选择上的偏好；④一国国内经济发展状况；⑤一国国际收支调节的成本、规模和机制；⑥一国的对外交往规模；⑦对外借款能力；⑧本币在国际货币体系中的地位；⑨各国政策的国际协调。

国际储备的来源，即指国际储备的供给。从一个国家角度分析，有内部来源和外部来源之分。具体包括：①国际收支顺差；②干预外汇市场收进外汇；③中央银行在国内购买黄金；④政府或中央银行向国外借款；⑤IMF分配给会员国的特别提款权。此外，还有储备资产收益和溢价。

一国货币当局持有的国际储备过多或过少都不好，应当适度持有。最适度的是个区间值：保险储备量是上限，经常储备量是下限。保险储备量是指既能满足弥补逆差，又能保证国内经济增长所需的实际资源投入的储备量；经常储备量是指为保证正常经济增长所必需的进口且不致因储备不足而受影响的储备量。此外，还有美国经济学家特里芬提出的"3个月进口说"。

国际储备管理，是指确定最适度的国际储备量和对各类储备资产进行合理安排，从而保证国际储备各项职能顺利实现。国际储备管理应坚持的原则是：保持适度储备量，保持储备资产的安全性、稳定性、流动性、盈利性。国际储备分为总量管理和结构管理两方面：总量管理是要确定并保持一个适度的储备规模水平；结构管理是要对不同形式和不同币种所占比重进行合理科学的安排。外汇储备和币种管理是各国管理的重点。此外还有流动性结构的管理。

我国的国际储备管理在不同时期有不同的情况。1979年以前，与计划经济相适应，形式上具有黄金和外汇储备两种形式，实行固定汇率制、严格外贸外汇管制、国际收支追求基本平衡并略有结余等政策，因此，我国拥有一定的国际储备量。1980年以后，外汇储备增长迅猛，管理更加严格、规范和科学。

2.主要概念和观念

（1）主要概念

国际储备　特别提款权

（2）主要观念

国际储备流动性原理　国际储备管理理论

基本训练

随堂测5

1.选择题

（1）第二次世界大战前，国际储备的构成分为（　　）。

A.黄金 　　　　　　　　　　　　　　　B.SDRs

C.普通提款权和黄金 　　　　　　　　　D.黄金和不可兑换为黄金的外汇

（2）一种货币能充当储备货币，必须具备三个特征，下列选项中不属于这三项特征的为（　　）。

A.必须为可兑换货币 　　　　　　　　　B.必须为各国普遍接受

C.该国的经济实力必须强 　　　　　　　D.价值相对稳定

（3）特别提款权首次"发行"是在（　　）。

A.1970年　　　　　　B.1972年　　　　　　C.1973年　　　　　　D.1945年

（4）我国在IMF合法席位的恢复是在（　　）。

A.1983年　　　　　　B.1979年　　　　　　C.1980年　　　　　　D.1949年

2.判断题

（1）在20世纪30年代，世界上主要的储备货币为美元和英镑。　　　　（　　）

（2）国际储备的最基本作用为弥补国际收支逆差。　　　　　　　　　（　　）

（3）国际储备越多，越有利于本国经济发展。　　　　　　　　　　　（　　）

（4）目前各国黄金储备量呈不断增长的趋势，外汇储备则呈不断减少的趋势。

（　　）

3.简答题

（1）国际储备的概念和条件是什么？

（2）国际储备有哪些主要内容？

（3）影响国际储备需求的因素有哪些？

（4）影响国际储备来源的因素有哪些？

4.案例分析题

随着2019年的结束，各国一些宏观经济数据也连续出炉，这包括央行们的外汇储备！据俄罗斯央行最新公布的数据显示，截至2019年，俄罗斯国际储备飙涨到5 575亿美元，创2008年以来最高水平！

据俄罗斯央行最新公布的数据显示，截至上周五（10日），俄罗斯的黄金和外汇储备已达到5 575亿美元。

数据还显示，自2019年年底以来，莫斯科就增加了77亿美元的国际储备，增加幅度高达1.4%。

值得一提的是，就目前来看，俄罗斯的国际储备比监管机构——俄罗斯央行设定的目标水平还高出10%，也是创下自2008年10月以来的最高水平，当时的外汇储备近 5 470 亿美元。

不过，在经历 2008 年次贷危机、2014 年乌克兰冲突、西方开始对莫斯科实施制裁之后，俄罗斯动用了大量外汇储备支持卢布。

而自那时以来，俄罗斯一直在重建其外汇储备，储备总额也从 3 500 亿美元的低水平恢复到目前的水平。

那么为何俄罗斯一直不断增加国际储备呢？

其实近年来，俄罗斯央行就一直在稳步增加和重塑其国际储备，特别是近年来，俄罗斯一直多次受到包括美国、欧盟的制裁，这也迫使俄罗斯开始寻求破局之路，其中就包括在国际储备中摆脱单一的美元货币资产，转而支持其他货币，包括人民币和欧元。

与此同时，俄罗斯普京政府还在大量投资黄金，具体数据来看，截至今年 1 月初，俄罗斯央行的黄金储备就超过 1 100 亿美元。

作为一个对比，2019 年，中国、日本的外汇储备情况又如何呢？

今日图表注意到，据中国外管局最新公布的数据显示，截至去年的 12 月底，中国央行的外汇储备高达 31 079 亿美元，较 11 月上升 123 亿美元，升幅 0.4%，而 31 079 亿美元，这和 2019 年年初相比增长了 352 亿美元，升幅 1.1%。

另外，据日本最新公布的数据显示，2019 年，日本央行的外汇储备高达 13 238 亿美元。

对此，你怎么看？你认为，接下来，俄罗斯、中国和日本的外汇储备情况又会如何呢？

资料来源　今日图表.2019 年，日本外储 13 238 亿美元，俄罗斯 5 575 亿美元！中国呢？［EB/OL］.［2020-01-19］. https：//www.sohu.com/a/367782174_120009286.有删减.

5.技能训练题

近年来，我国外汇储备持续增加，截至 2019 年年底已达 31 079.00 亿美元，是世界上第一大外汇储备国。这引发了国际国内、政府、金融和学术界的极大关注和热烈争论。为什么中国外汇储备稍有风吹草动，都会立刻牵动一些国家敏感的神经？中国的外汇储备规模到底适度不适度，结构合理不合理？请你运用本章所学的理论知识，进行分析。

第6章

国际金融市场

学习目标

通过本章学习，你应该达到以下目标：

素质目标：具有国际金融市场方面的理论素养，能够掌握国际金融市场发展变化的最新动态。

知识目标：了解国际金融市场的概念、分类、条件、形成、发展、作用等方面知识，知道国际金融市场各种业务的内容和特点。

技能目标：掌握操作国际金融市场业务的技能。

能力目标：具备运用国际金融市场理论熟练进行国际金融市场业务的能力。

所谓市场，就是买卖和交换的场所。市场包括主体、对象、场所和规则等4个构成要素。根据每一个要素，都可对市场进行划分，如根据交换的对象和场所就可分为北京汽车市场、海口粮食市场、国内石油市场和国际金融市场等等。在国际金融学中，国际金融市场所涉及的知识最为广泛，它几乎触及国际金融学领域的各个方面。第二次世界大战结束后，特别是进入20世纪80年代以来，世界经济和国际金融形势发生了巨大变化，推动了国际金融市场的迅速发展。本章就是要向读者详细介绍有关国际金融市场方面的理论和知识。

6.1 国际金融市场概述

6.1.1 国际金融市场的概念和分类

金融即资金的融通，而融通的场所称作金融市场。如果金融市场上资金借贷关系发生在本国居民之间，就叫国内金融市场；如果金融市场上资金借贷关系超越国境涉及其他国家，则为国际金融市场。可见，**国际金融市场就是居民与非居民之间，或非居民与非居民之间进行国际性金融业务活动的场所**。

国际金融市场实际上是国内金融市场的延伸和扩展。与国内金融市场相比，国际金融市场具有如下特征：①交易活动范围超出国界限制，实质上是跨国金融；②市场主体具有涉外因素，即存款者、投资者、借款人其中至少有一方是外国的居民或金融机构；③交易使用的货币不限于一国的货币；④交易活动很少受市场所在国法令政策的限制。

根据买卖和交换对象，国际金融市场有广义和狭义两种理解。广义的国际金融市场，是指从事长、短期资金借贷，外汇、黄金、证券的买卖等各种国际金融业务活动的场所，这些业务分别形成货币市场、资本市场、外汇市场、黄金市场、证券市场和衍生市场。狭义的国际金融市场，仅指国际的长、短期资金借贷市场。我们在本章要研究的是广义的国际金融市场。

根据交易场所的形式，国际金融市场可分为有形的国际金融市场和无形的国际金融市场。前者是指交易场所是现实的、看得见、摸得着、有固定地点的，如证券交易所；而后者则是虚拟的、看不见、摸不着、没有固定地点。现代国际金融市场已逐步从有形市场发展为无形市场。无形的国际金融市场，由众多的国际商业银行和其他金融机构组成，其业务活动一般是通过电话、电报、电传和计算机网络等现代化手段进行。

若根据交易场所的地理位置，国际金融市场还可划分为众多的以地理名称冠名的国际金融市场，如伦敦国际金融市场、中国香港国际金融市场、纽约国际金融市场等等。

我们还可以根据交易者的国籍对国际金融市场进行划分。如果市场上交易双方中至少有一方是市场所在国的居民，可称为**在岸国际金融市场**（onshore financial market）；如果交易双方都是市场所在国的非居民，则可称为**离岸国际金融市场**（offshore financial market），如图6-1所示。

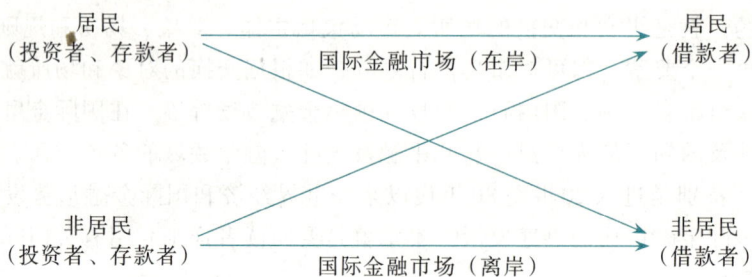

图 6-1　国际金融市场分类图

目前世界上主要的国际金融中心可以划分为五个区域（如图6-2所示）。它们不仅是该国或该地区的金融市场，也是主要的国际金融市场。

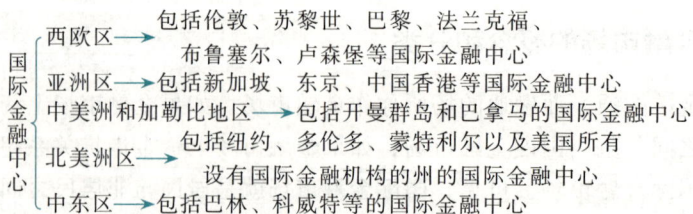

图 6-2　国际金融中心分布情况

6.1.2 国际金融市场形成的必备条件

一国的金融市场必须具备若干条件,才能成为国际金融市场。这些必备条件有以下8个:

1)比较稳定的政治经济局面

这是所有条件中最基本的一条。如果一个国家政治局势动荡、经济状况长期恶化,那就不可能在这个国家建立国际金融市场,即使建立起来也不能正常运转。黎巴嫩内战使贝鲁特丧失了中东重要的国际金融中心的地位,就是一个明显的例子。

2)以高度发达、完善的国内金融市场为基础

国际金融市场是在国内金融业务发展的基础上和国际金融业务活动不断增长的条件下产生的。因此,一个国家只有金融体系健全、金融法规完善透明、金融工具种类多样、信用制度发达完善,能顺利、方便、快捷地进行资金筹集和运用,才能形成一个正常运转、安全高效的国际金融市场。

3)实行自由外汇制度

从事货币兑换的外汇市场是国际金融市场的基础。国际金融市场一方面要能吸收外国资金自由流入,另一方面更要允许外国资金自由流出,因此如果没有自由的外汇市场,是不可能形成国际金融市场的。这样,就要求一国要做到:外汇管制比较松,外汇调拨和兑换比较自由方便,对存款准备金、利率、税率都没有严格的管制,同时对居民和非居民的金融交易活动还要做到同等对待。

4)拥有足以处理大量国际金融业务的机构

此类机构应由具有国际信誉的大银行组成,因为它们拥有雄厚的资金和众多的国外分支机构以及往来银行,这样才能够组织起相当规模的金融资产进行交易。此外,还要有能够协助大银行进行金融交易的各种专业机构,包括承兑行、贴现行、外汇经纪商以及有国际关系的投资机构和信托保险公司。

5)具有现代化的通信设备和完善的金融服务设施,能适应国际金融业务的需要

6)在国际贸易中占重要地位

一国进出口贸易额在世界贸易中所占的比重较大,具有较强的国际经济活动能力,国际经济实力雄厚。

7)具有优越的地理位置,海运、空运、陆运等交通运输快捷方便,而且保险事业比较发达

8)具有专业知识水平较高和实践经验相当丰富的专门人才队伍

这支人才队伍,他们业务熟练、技能过硬、工作态度好、效率高,能很好地开展国际金融业务,推动国际金融市场的发展。

一国的金融市场只有完全具备上述八个条件,才能成为重要的国际借贷中心和国际结算中心,才能形成一个发挥应有作用和正常运转的国际金融市场。

6.1.3 国际金融市场的形成和发展

1）传统的国际金融市场的形成和发展

传统的国际金融市场是国内金融市场的延伸。它是经营居民和非居民之间的金融业务，以市场所在国的货币借贷为主，而且交易活动要受市场所在国的金融政策和金融法令管辖与约束的国际金融市场，又称在岸国际金融市场、外国金融市场。伦敦、纽约、苏黎世、东京国际金融市场都属于传统的国际金融市场。

（1）伦敦国际金融市场的形成与衰落。第一次世界大战之前，伦敦一直是世界上最大的国际金融市场。这是因为这个时期：①英国的经济实力最强大。英国是世界上最大的工业品生产国和出口国，对外贸易和海上运输也居世界首位。②英国政局稳定。③英国从海外殖民地掠夺和积累了巨额利润，形成巨大资金力量，成为向外提供信贷的重要资金来源。④英国具有世界上最为发达的现代银行制度。⑤英镑是当时的国际储备货币，是国际贸易结算和国际信贷中使用最广泛、最主要的货币。但是，第一次世界大战以后，英国在工业生产和国际贸易上的世界强国地位被美国取代。英国于1931年宣布放弃金本位制，实行外汇管制。英国经济实力的衰落及金融管制措施使英镑作为国际储备货币和国际结算货币的地位大大下降，严重削弱了伦敦作为国际金融中心的作用。

（2）纽约、苏黎世国际金融市场的兴起。与英国在第二次世界大战中经济遭到重创的情况相反，美国积累了巨额资本，一跃成为世界上最大的经济强国和最大的资金供应者，这时世界经济的重心已由英国移到美国，美元也取代英镑成为最主要的国际结算货币和国际储备货币，其国际借贷、结算和资金筹措又大都集中在纽约，因而纽约国际金融市场乘机迅速崛起，继伦敦之后并超过伦敦成为世界上最大的国际金融市场。西欧各国经济遭受战争破坏的情况大体与英国相似，只有瑞士免受战争之害，其政局稳定、经济繁荣、环境优良，加上瑞士法郎始终保持自由兑换、自由外汇交易，而且黄金市场十分活跃，促进了苏黎世国际金融市场的形成和发展。这时伦敦国际金融中心地位虽说大不如前，但由于历史原因，它仍然是数得上的重要的国际金融市场。因此，这一阶段，纽约、伦敦、苏黎世并列成为世界三大国际金融市场。与此同时，德国法兰克福、卢森堡等欧洲的国际金融市场也相继发展起来了。

（3）东京国际金融市场的兴起。日本是第二次世界大战的战败国，但日本战后的经济恢复和发展却是非常快速的。特别是进入20世纪70年代，日本经济完成战后重建和恢复调整期，国内经济、国际贸易、国际货运步入突飞猛进发展阶段，随之带动国际金融业务大量增长。20世纪80年代中期后，日本实行金融自由化，日元成为最主要的国际结算货币和国际储备货币之一，从而逐步确立了东京国际金融市场的地位，使其成为继伦敦、纽约、苏黎世之后的世界第四大国际金融市场。

2）新型的国际金融市场的形成和发展

新型的国际金融市场指的是离岸国际金融市场。离岸国际金融市场经营的是非居民之间非市场所在国货币的金融业务而又不受市场所在国财经政策和法令管制的国际金融市场。这个市场的形成不以市场所在国强大的经济实力和巨额的资金积累为基础，只要求市场所在国或地区政治稳定、地理方便、通信发达、环境优越，并实行较为突出的优惠政策。欧洲货币市场就是世界上最早、最大的离岸国际金融市场，也是新型的国际金融市场。离岸国际金融市场，由于不受市场所在国政策的管制，是完全自由化的、真正意义上的国际金融市场，因此，目前已成为国际金融市场的核心和最主要部分。

欧洲货币市场（eurocurrency market）是指不同地域和不同币种的各个离岸金融市场的总称。这里的"欧洲"一词是习惯叫法，它已不是一个地理概念，已被抽象为"境外"。进入20世纪60年代以后，美国国际收支出现持续巨额逆差，使大量的美元流向海外，美国政府被迫采取了一系列限制资本流出的措施，而一些西欧国家为防止美元泛滥引起外汇市场振荡，采取了限制资本流入的措施。在这种情况下，美国和西欧国家的银行纷纷在境外设立分支机构，把资金移至境外，以逃避这种金融管制，于是促成以伦敦为中心的境外美元市场的建立，这个市场被称为"欧洲美元市场"。欧洲美元市场形成后，规模迅速扩大，布雷顿森林体系崩溃后主要发达国家的货币纷纷实行自由浮动汇率制，并相继走出国界在伦敦等国际金融中心进行交易，这样欧洲美元市场逐渐变成由多种境外货币组成的"欧洲货币市场"。欧洲货币市场的出现，打破了国际金融中心必须是资金供应者的传统界限，把居民与非居民之间的借贷变成非居民与非居民之间的借贷，这就导致国际金融中心的迅猛扩散和国际金融市场的迅猛发展。如20世纪70年代在欧洲出现的巴黎、法兰克福、布鲁塞尔、阿姆斯特丹、米兰、斯德哥尔摩、卢森堡、蒙特利尔等主要的离岸金融市场；在亚洲和加勒比地区也出现了东京、巴哈马、新加坡、中国香港、巴林、开曼群岛、巴拿马、安的列斯群岛等许多著名的离岸金融市场。

小思考6-1

小思考6-1

欧洲货币市场是由多种境外货币组成的。那么，请问什么叫境外货币？什么叫欧洲美元？什么又叫欧洲货币？

分析提示

6.1.4　国际金融市场的作用

国际金融市场的形成和发展，一方面极大地推动了国际金融和国际贸易的发展，为世界各国经济发展做出了巨大贡献，另一方面也对世界经济的发展带来了一些消极影响。

1）国际金融市场对世界经济的积极作用

（1）加速生产和资本的国际化进程。国际金融市场能在国际范围内把大量分散闲置资金聚集起来使其变成巨额有用的流动资本，并为职能资本提供了国际获利机会，从而加速了生产和资本国际化进程，并推动了跨国公司的发展壮大。

（2）促进各国国际收支平衡。有了国际金融市场以后，各国调节其国际收支的办法除了动用其国际储备，又多了一条平衡国际收支的途径。第二次世界大战后，国际金融市场日益成为各国外汇资金的重要来源，而且国际收支逆差的国家也越来越多地利用国际金融市场上的贷款来弥补赤字。另外，还可以通过国际金融市场汇率变动来影响国际收支。

（3）支持世界各国的经济发展。国际金融市场的出现，使国际融资渠道更加畅通、更加灵活方便，使一些国家能比较顺利、方便地取得发展经济急需的资金，从而极大地支持了世界各国的经济发展。特别是对发展中国家，国际金融市场的这个作用显得尤为重要，因为发展中国家经济发展的绝大部分资金都是从国际金融市场上筹集来的。

（4）推动国际贸易和国际投资的发展。因为有了国际金融市场，才使国际资金的运用、调拨和结算变得更加方便和快捷，也使其成本大大降低，时间大大缩短，这为扩大国际贸易发展，加速国际资本流动创造了极为有利的条件。

（5）有利于优化国际分工。在市场规律的作用下，国际金融市场上的资金流向经济效益最好、资金利用率最高、资金周转最快的国家或地区，从而有利于资源的全球优化配置，有利于建立合理科学的国际分工，促进经济全球化发展。

2）国际金融市场对世界经济的消极影响

（1）国际金融市场在便利和促进国际资本流动的同时，也能使外汇汇率剧烈波动，从而增加了投资风险，导致投机行为发生，最终使国际金融形势出现动荡不安的局面。

（2）大量资本在国际快速流动，也会影响到一些国家国内金融政策实施的效用，从而不利于有关国家实现自己的货币目标。

（3）国际金融市场在为发展中国家提供资金支持的同时，也增加了这些国家的债务负担，从而埋下了国际债务危机的隐患。

（4）国际金融市场虽然有利于金融资源的全球优化配置，但是，如果这个市场是在无政府状态下的无序运作，那么也能使世界范围的贫富差别进一步扩大。

总之，我们在推动国际金融市场发展的同时，要注意扬长避短，化害为利，努力把它的消极影响减到最低限度。

6.2 国际金融市场业务

目前，国际金融市场上的业务主要有：货币市场业务、资本市场业务、外汇市场业务、黄金市场业务和金融衍生市场业务。

6.2.1 国际货币市场业务

国际货币市场是经营1年以内短期资金借贷业务的市场，又称国际短期资金市场。国际货币市场主体由商业银行、票据承兑公司、贴现行、证券交易商和证券经纪人等组成。国际货币市场主要包括：短期信贷市场、短期证券市场和票据贴现市场3种。

1）短期信贷市场

短期信贷市场主要是指银行间同业拆放市场。该市场提供1年或1年以内的短期贷款，目的在于解决临时性的资金需要和头寸调剂。贷款的期限最短为1天，最长为1年，也提供3天、1周、1个月、3个月、半年等期限的资金；通常利率以伦敦银行同业拆放利率（London inter-bank offered rate，LIBOR）为基准；交易通常以批发形式进行，少则几十万英镑，多则几百万、几千万英镑；交易简便，不需担保和抵押，完全凭信誉和电话电传进行。

银行间同业拆放市场是银行短期信贷市场的主要组成部分。拆放业务一部分通过货币经纪人办理，一部分由银行之间通过货币交易部用电话直接进行。银行间同业拆放市场最初是用来平衡各银行每日的短期资金头寸的，后来逐渐发展成为营运性质的相互拆借。本国商业银行向国外商业银行拆入资金后，再转贷给本国的资金需求者即企业或机构，这已是国际上融通短期信贷资金的一种重要方式。伦敦的银行间同业拆放市场是世界上最早、最典型、最有代表性的短期信贷市场。

此外，商业银行也对各国政府和跨国公司提供短期信贷资金，以解决其短期资金的需要。这也是短期信贷市场的一项重要业务。

2）短期证券市场

短期证券市场指的是1年期以内的短期金融工具交易的场所。交易对象有短期国库券（treasury bills）、可转让定期存单（negotiable certificate of deposit，CD）、银行承兑汇票（bank's acceptance bills）和商业承兑汇票（commercial acceptance bills）。这些短期金融工具一般都有信誉度高、流动性大、安全性好的特点，但它们只有符合金融当局有关法令时才能上市。

其中，国库券是西方各国财政部为筹集季节性资金需要，或是为了进行短期经济和金融调控而发放的短期债券，期限一般为3个月或半年，利率视情况而定，一般通过按票面金额打折扣和拍卖（auction）的方式销售。

可转让定期存单是存户在银行的定期存款凭证，可以进行转让和流通。20世纪60年代初，美国开始发行这种存单，定额为100万美元或100万美元以上，最少也有50万美元；英国于20世纪60年代末发行这种存单，金额从5万英镑到50万英镑不等。存单利率与伦敦银行同业拆放利率大致相同，到期后可向发行银行提取本息。

银行承兑汇票和商业承兑汇票都是一种信用支付工具，前者由银行承兑，后者由商号或个人承兑，承兑后可背书转让，到期可持票向付款人取款。由于银行信誉较高，银行承兑汇票比商业承兑汇票的流动性强。

3）票据贴现市场

所谓贴现，是指将未到期的信用票据打个折扣，按贴现率扣除从贴现日到到期日的利息后向贴现行（discount houses）换取现金的一种方式。贴现市场就是对未到期的票据按贴现方式进行融资的场所。贴现交易使持票人提前取得票据到期时的金额（扣除支付给贴现行的利息），而贴现行则向要求贴现的持票人提供了信贷。贴现业务是货币市场资金融通的一种重要方式。贴现的票据主要有国库券、银行债券、公司债券、银行承兑票据和商业承兑票据，贴现率一般高于银行利率。贴现行或从事贴现的公司可以用经贴现后的票据向中央银行要求再贴现（rediscount）。中央银行利用这种再贴现业务来调节信用、调节利率进而调控宏观金融市场。

综上所述，国际货币市场是国际短期金融资产进行交换的场所。在这个市场上，资金暂时盈余的单位可以与赤字单位相互满足需求：一方面，该市场为短期资金的需求单位提供了从隔夜到一年的各种短期资金；另一方面，一些希望利用暂时闲置的资金获取收益的资金持有人获得了投资的渠道。由于该市场跨越国界，所以可在世界范围内进行短期资金的合理配置，增强了货币资金的利用效率。但是，由于该市场上的资金数额巨大而且流动性强，所以易对国际金融秩序造成猛烈的冲击，引发金融危机。

6.2.2　国际资本市场业务

国际资本市场是指期限在1年以上的资金借贷和资金筹集的市场，又称中长期资金市场。一般1至5年的为中期，5年以上的为长期。国际资本市场主要是向跨国公司和各国政府提供进行固定资产投资所需的资金。该市场主体有银行、公司、证券公司及政府机构。目前，国际资本市场包括：银行中长期信贷市场、债券交易市场和股票交易市场。

1）银行中长期信贷市场

银行中长期信贷市场是指政府机构和国际商业银行向客户提供中长期贷款的市场。充当国际信贷的货币必须是在国际上经常使用的可自由兑换的货币。政府中长期贷款的基本特征是期限长、利率低，并附带一定的条件。政府贷款的期限最长可达30年，利息最低可到零。附加条件一般为限制贷款的使用范围，例如规定贷款只能用于购买授贷国的商品，或规定受贷国必须在经济政策或外交政策方面做出某些承诺或调整。因此，政府贷款属于一种约束性贷款。

银行中长期贷款一般是无约束贷款，分为双边银行贷款和银团贷款两种。前者即独家银行贷款，后者也称辛迪加贷款或联合贷款，是指几家甚至十几家银行共同向某一客户提供贷款，由一家银行做牵头行，若干家银行做管理行，其余银行做参与行。牵头行通常也是管理行，收取牵头费和管理费，并与其他管理行一起承担贷款的管理工作。辛迪加贷款是欧洲中长期银行信贷的主要方式。

银行中长期贷款的基本特征是：风险大，需提供担保；利率随行就市，但常以LIBOR为基础再加一定的加息率；贷款成本高，除支付利息外还需支付有关费用。这些费用主要有：付给贷款银团的管理费；付给代理行的代理费；借款人未按期提用贷款的赔偿费；贷款过程中发生的杂费，如交通费、宴席费、律师费。

2）债券交易市场

债券是依照法定程序发行的约定在一定期限内还本付息的有价证券。债券发行人包括各国政府机构、企业、公司或金融机构。大多数债券的发行都由银行或证券公司作为中介，承销债券的发行。债券的购买者或资金的供方主要有保险公司、基金、信托公司、各种投资公司、各种金融机构，此外还有一些国家政府机构和个人也选择债券方式进行长期投资，以获取收益。债券作为一种直接融资的方式在20世纪80年代以后在世界范围得到迅速发展。

债券的发行市场又称为初级市场。大多数国家债券的发行都没有固定场所。债券在不同投资者之间进行转手交易的市场称为二级市场，一般通过中介机构进行。证券交易所就是最典型的传统的有形二级证券市场。

目前国际债券交易市场主要分为外国债券和欧洲债券两大部分。外国债券指外国借款人到某一国家的债券市场上发行面值货币为市场所在国货币的债券。该债券由市场所在国机构承销，受市场所在国法律管辖。外国债券有许多俗称，例如在美国发行的美元债券称为"扬基债券"（yankee bond），在日本发行的日元债券称为"武士债券"（samurai bond），在英国发行的英镑债券称为"猛犬债券"（bulldog bond）等等。

欧洲债券（euro-bond）是指借款人到外国发行的不以市场所在国货币为面值的债券。例如，德国借款者在伦敦债券市场上发行的美元债券。欧洲债券市场是在欧洲货币市场的基础上发展起来的，起源于20世纪60年代，发展极为迅速。截至2020年6月，欧洲债券发行额突破1万亿欧元，达到一个新的里程碑。因此，欧洲债券市场是当前国际债券市场的主体和核心。欧洲债券市场已成为跨国公司、外国政府及发展中国家政府筹集资金的重要渠道。欧洲债券的面值货币主要有美元、德国马克、英镑、日元、特别提款权等，并据此形成了几个主要的欧洲债券市场：欧洲美元债券市场、欧洲马克债券市场、欧洲日元债券市场、欧洲英镑债券市场、欧洲特别提款权债券市场等。其中欧洲美元债券市场的容量最大。欧洲债券市场的特点是资金规模大、流动性强、安全系数高、灵活性好、其利息收入可免所得税。近些年来，国际债券市场不断创新发展，又出现了一些新型的债券工具，主要有可转换债券、浮动利率票据、选择债券、零息债券、附有金融资产认购权的债券等等。

外国债券与欧洲债券的主要区别是：①发行市场不同。前者是在债券标价货币发行国发行的债券，而后者是在发行人和面值货币所在国以外的第三国发行的债券。②发行货币的选择性不同。前者的面值货币仅限于债券发行国的货币，债券发行地一旦确定，面值货币自然就确定了，而后者的发行人可视各国不同的汇率、利率、股市行情等因素选择有利于发行人的一种货币。③税收政策不同。前者发行人必须依据债券市场所在国法律纳税，而后者是一种无国籍债券，发行人无须交税。④发行方式不同。前者的发行由市场所在国的金融公司、财务公司、证券公司等组成承销团承购债券，常常采用公募和私募两种方式发行债券，而后者的发行往往是由一家或多家大银行牵头，联合多家金融机构在全球范围内配售，故多数采取公募方式发行，债券发售后可申请上市流通。⑤所受约束不同。前者的发行和交易一般受市场所在国相应法律法规的限制，而后者的无国籍性使其发行人可以绕过种种法规管制。

3）股票交易市场

股票是股份有限公司发给股东以证明其拥有资本所有权的有价证券。股票的特点是：没期限、不返还、可流通、可分红利。股票市场有发行市场和交易市场之分。发行市场即发行新股票的市场；交易市场即买卖、转让已发行股票的市场。股票交易市场的核心是股票交易所，它是一个固定的、有组织地进行股票交易的场所。全球最大的股票交易所是纽约证券交易所，截至2020年6月，共有1 956家上市公司在纽约证券交易所上市，总市值26.9万亿美元。由于有大量外国公司的股票上市交易，投资者和筹资者都有国际性，所以股票交易所已经成为具有高度国际化的国际金融市场。

小思考6-2

2020年6月9日，国际资本市场协会（ICMA）继绿色债券原则和可持续发展债券原则之后又推出了新的指导文件——与可持续发展挂钩债券原则（Sustainability-linked Bond Principles，SLBP）。该原则是对2019年出现的与可持续发展挂钩债券的回应，为此类债券提供了具体和明确的指导，旨在推动与可持续发展挂钩债券的发展。那么，与可持续发展挂钩债券是什么？

6.2.3　国际外汇市场业务

外汇市场是专门从事外汇买卖的场所，它的参与者由买卖货币的所有机构和个人组成，主要包括政府主管外汇的机构、中央银行、商业银行、外汇经纪人、外汇交易商、外汇的实际供应者和需求者以及外汇投机者。

外汇市场交易包括即期交易、远期交易、期权交易。伦敦是世界外汇交易的最大中心，占世界外汇交易总额的1/3。全世界外汇年交易额是世界贸易额的10多倍。纽约、苏黎世、法兰克福、东京、中国香港、新加坡等地是世界重要的外汇市场所在地。随着电子通信的发展，外汇买卖越来越多地通过传真、网络和电话来进行，交易主要发生在银行之间，因此，外汇市场实际上主要是银行之间的货币买卖市场。外汇交易的绝大多数是投机活动，利用异地异时微小的汇率差异进行盈利性交易。通过电子手段，全世界各大时区的外汇市场已紧密地联系在一起，24小时不间断地运作。

由于我们在本书的第2章对外汇市场已经作了专章的详细介绍，所以，这里不再赘述。

补充阅读资料6-1　　　　　　　　　美媒称2020财年美国国债将超GDP

2020年10月8日，美国国会预算办公室表示，预计2020财年美国政府财政赤字规模将达3.13万亿美元，相当于美国国内生产总值（GDP）的15.2%，是2019财年的3倍以上，也是第二次世界大战以来的最高水平。美国有线电视新闻网报道称，按照这样的估计，美国2020财年国债总量将超过GDP，达到GDP的近102%。美国2020财年的截止日期是今年9月30日。美国财政部10月晚些时候将公布最终的国债数字。媒体分析称，巨额国债让美国面临财政危机。如果未来疫情影响持续，那么很多美国人赖以生存的补贴、福利待遇就面临削减。

资料来源　佚名. 美媒称2020财年美国国债将超GDP［EB/OL］.［2020-10-09］. https://new.qq.com/omn/20201009/20201009A09CX000.html.

6.2.4　国际黄金市场业务

1）国际黄金市场概述

国际黄金市场是各国集中进行黄金买卖的场所。目前世界上共有40多个黄金市场。国际黄金市场的主体主要是：开采或销售黄金的企业、使用黄金的企业、各种金融机构以及为了保值或投机目的而参与黄金交易的企业和个人。国际黄金市场上的黄金供应有三个渠道：一是金矿开采者；二是各种金融机构、企业和私人出售的黄金；三是一些国家出售的金币或发行的黄金证券。国际黄金市场上的黄金需求也有三个方面：一是各国的国际储备需求；二是工业使用需求；三是私人保值储藏或投机的需求。随着黄金非货币化进程的发展，黄金在国际货币体系中所起的关键性作用正在逐渐消失，黄金市场越来越变成一种纯商品的交易。

黄金市场历史悠久。早在19世纪初，伦敦就成立了一个金条精炼、销售黄金和金币兑换中心，并于1919年9月开始实行按日报价制度，正式成为一个组织机构比较健全的黄金市场。20世纪70年代以后，美国的纽约、芝加哥，亚洲的新加坡、中国香港都先后成为重要的国际黄金市场，连同伦敦、苏黎世市场，组成了国际黄金市场的统一整体。目前世界最著名的四大黄金市场是伦敦、苏黎世、纽约和中国香港。

黄金市场分为实物黄金市场和黄金期货期权市场两部分。

2）实物黄金市场

实物黄金市场主要以金条和金块的形式进行买卖，官方或民间铸造的金币、金质奖章、珠宝首饰也在该市场上买卖。其中，金条（bullion）的形式有两种：纯度为80%的沙金和经提炼纯度为99.5%～99.9%的条状黄金。金条市场是黄金批发商（生产商、提炼商、中央银行）同小投资者及其他需求者之间的联系纽带。

实物黄金市场基本上是即期市场，为套期保值而作的远期交易是它的补充。交易在室内或场内进行，价格一般由买卖双方决定（但在金价定盘时，代理们一起商定一个价格）。由于一些黄金的巨额持有者直接进入即期市场会对黄金价格产生负面影响，因此就选择了黄金互换（gold swaps）的交易方式。

黄金互换交易是指黄金持有者把金条转让给交易商，换取货币，在互换协议期满时（一般为12～13个月）按约定的远期价格购回黄金。南非储备银行尤其喜欢采用这种交易方式。黄金互换交易与在卖出即期黄金的同时购入远期的交易方式在净效应上是相似的，区别是前者为两方交易，可以不通过交易商，因而对市场无直接影响。黄金互换交易亦指交易商之间不同成色或不同地点的黄金互换，它可以减少交易成本，满足不同客户的需求和不同市场的要求。

伦敦是传统的黄金市场，第二次世界大战爆发后，伦敦黄金市场曾经在1939年关闭，直到1954年以后才重新开放。布雷顿森林体系建立后，英格兰银行代理南非储备银行按每盎司35美元的官价在市场上买卖黄金。1960年10月第一次美元危机爆发后，金价猛涨至每盎司45.50美元。为平抑金价，西方七国与美国达成了建立"黄金总库"的协议，英格兰银行代表总库买卖黄金，使金价维持在每盎司35美元。1968年抢购黄金特大风潮爆发后，伦敦黄金市场于3月15日被迫关闭，黄金双价制因此出笼，英格兰银行不再干预金价定盘。为了吸引美国的投资者，伦敦黄金市场建立了一个以美元标价的下午金价定盘（afternoon fixing）。

虽然大部分世界新黄金供应量流经瑞士，但这对伦敦作为世界黄金定价中心的地位没有太大的影响。因为虽然瑞士的黄金进出口流量是世界最大的，但黄金市场交易规模不如伦敦。世界上主要黄金交易商的账户集中在伦敦，以及每天两次的金价定盘制度，促使伦敦黄金价格成为世界黄金市场上最有影响力的价格。几乎所有其他黄金市场，除了以当地价格标价，还以伦敦交易价格（Loco-London price）标价。

尽管瑞士本身没有黄金供给，但由于它提供了特殊的银行制度和辅助性的黄金交易服务体系，为黄金买卖创造了一个既自由又保密的环境，因此，瑞士在世界实物黄金交易中保持了独特的优势。瑞士三大银行——瑞士信贷银行（Credit Suisse）、瑞士联合银行（Union Bank of Switzerland）和瑞士银行公司（Swiss Bank Corporation）——组成了苏黎世黄金总库（Zurich Gold Pool）。在伦敦黄金市场暂时关闭期间，总库同南非协商将以前运往伦敦的黄金直接运往苏黎世。到1991年，瑞士不仅成了世界上新黄金的最大中转站，也成了世界最大的私人新黄金的存贮中心。瑞士年均黄金进口量占世界新黄金供应量的60%，其中年均15%的进口量留在瑞士国内，这表明每年大约9%的世界新黄金供应量流入了瑞士的金库。而英国在1960—1990年的年均黄金净进口量（进口量与出口量之差）只占年均进口量的0.6%。从1968年起，苏黎世成为实物黄金的主要中转站。

3）黄金期货期权市场

自20世纪70年代早期以来，黄金期货期权市场就发展起来了。黄金期货期权交易大都出于投机或保值目的，很少有实物黄金的实际过户。

（1）黄金期货交易。它是指在合同规定的某个月的某个时间承诺交割或者接受和购买特定数额的黄金。期货合同由相关的交易所制定，其价格由竞价达成。期货买卖者可以做一个在同一月交割的相反交易停止（或放弃）期货，指令经纪人冲销原来的合同。没有被任何一方清算的合同被称为处于未清算（open）状态，这些合同的总和叫作未清算权益（open interest）。市场参与者把未清算权益看作市场状况的指示器。

最早的期货交易合同产生于1972年的温尼伯商品交易所（Winnipeg Commodity Exchange）。1974年10月31日，美国撤销黄金管制后，美国的五大商品交易所（2个在纽约，3个在芝加哥）开始买卖黄金期货，其中纽约商品交易所（COMEX）居主导地位。黄金期货交易在1981年达到顶峰，成交量达46 000吨，几乎是当年新黄金供给的44倍，但1992年降至21 000吨，只有当年新黄金产量的10倍。其他国家（包括英国和瑞士）虽然也有黄金期货交易，但只有少数比较活跃。例如，东京工业品交易所（TOCOM）从1982年开始买卖黄金期货，成交量逐年增长。芝加哥商品交易所、中美洲商品交易所和香港期货交易所的期货交易市场也比较活跃。

（2）黄金期权交易。它是指期权购买者在协议价格（或实施价格）上买卖实物黄金或黄金期货合同的权利。与期货合同不一样，期权是指实施的权利，而不是执行的义务。买入期权（call option）的购买者有权从期权签发人处购得黄金，而卖出期权（put option）的持有者有权售出黄金。最近期权方面的创新有两种：一种称作平均期权（average option），它是指在期权的有效期内，当平均价格高于（低于）买入期权（卖出期权）的协议价格时，期权购买者将得到一笔补偿；另一种称作回望期权（look-back option），它把合同有效期内出现的最优价格作为协议价格，即买入期权的最低价或卖出期权的最高价。

　　最早的黄金期权合同也产生在温尼伯商品交易所。自纽约商品交易所在1982年10月开创自己的期权合同后，巴西的圣保罗也开始从事大量的期权交易。此外，中美洲商品交易所的期权交易也比较活跃。

　　2019年，纽约商品交易所（COMEX）黄金期货继续引领全球黄金期货交易，全年，包括"100盎司、50盎司、10盎司、1千克"4个合约的黄金期货量150.1万吨，同比增长10.37%，仍在主要交易所中排名第一。

　　纽约商品交易所坐落在纽约城的世界贸易中心（World Trade Center）。它的营业时间为周一至周五的9：00—14：30。纽约商品交易所的黄金期货、期权合同都以美元/盎司标价，合同规格为每份100盎司（成色99.5%），合同的最小价格变化（tick size）为每盎司0.1美元或每份合同10美元。期货、期权合同买卖可以在当月交割，也可以在接下来的两个月内交割，甚至可达22个月。月底交割时，必须办理纽约商品交易所账单的过户手续。

　　其他商品交易所是纽约商品交易所的补充，它们的黄金期货、期权交易的方式差不多。

　　黄金期货和期权交易也可以离开交易所进行，但是流动性要弱得多。美国的交易商发展了一种场外交易期权（over-the-counter option），它由商品期货代办行作担保。

观念应用6-1

　　影响黄金价格的因素有很多，试分析这些因素最主要的有哪些？

观念应用6-1

分析提示

6.2.5　金融衍生市场业务

　　1）金融衍生工具的概念和分类

　　20世纪80年代以来，世界各国都出现了金融创新的浪潮。国际金融创新包括创造新的金融工具、交易技术、组织机构与市场等。其中，最为核心的是国际金融市场上金融工具的创新。由于这种创新是在市场上原有的金融工具的基础上创造出来的，所以它们被称为**金融衍生工具**（financial derivatives）或派生工具。金融衍生工具在现代国际金融市场上具有非常重要的地位。

　　金融衍生工具是一种双方或多方建立的合同，其合同价值取决于或派生自基础工具（underlying instrument）的价格及变化，即指依靠基础资产价格衍生出的新的交易工具。进行基础工具交易的市场就是基础市场，买卖经营衍生工具的市场就是衍生市场，两者是相对而言的。衍生市场受基础市场变化的影响，而其自身的变化反过来也会影响基础市场。衍生工具的作用是相同的，即转移风险，通过衍生工具，市场能把风险转移给那些有能力且愿意承担风险的机构和个人，而使企业和居民选择一种合适的风险水平。

　　根据基础资产价格，衍生工具分为利率类、汇率类和股指类3类；根据合约买方是否有选择权，衍生工具分为远期类（forward-based）和期权类（option-based）两类；而根据合约的标准化程度，衍生工具又可分为标准化合约和柜上交易（场外交易）合约两类。

2）金融衍生市场业务的内容

金融衍生市场上主要进行四大类业务：期货、期权、远期和互换，并且这些基本业务还可以互相组合，形成更为复杂的新的衍生工具业务，比如互换与期权的组合即互换期权。目前经营金融衍生工具业务的交易所主要包括芝加哥商品交易所（CME）、伦敦国际金融期货期权交易所（LIFFE）等10多家。在所有的衍生工具交易中，场外交易占绝大部分，场外市场主要参与者包括银行等金融机构。

小知识6-1　　　　　　　　　　　　　**金融衍生品——期货**

期货是以某种底层资产作为标的物，以此为基础设计的一系列标准化交易合约。比如说小麦期货，是以小麦作为标的，对其设定不同交割日期的一系列交易合约，其价格以小麦现货价格为基础进行波动。

期货与现货的不同点主要是：一是标准化合约。这个合约是交易所设计的标准化合约，对于现货（底层资产）的品种、品质、合约交割时间、保证金比例、交易单位等作了一系列完整的规定，相比现货极大地方便了交易，加强了市场流动性。

二是可以进行双向交易与保证金交易。所谓双向交易，是指期货既可以做多也可以做空，两个方向都可以进行交易；二是保证金交易，即只需要少量的保证金，就可以交易相对比较大规模的合约，即常说的杠杆交易。由于期货的这个特点，容易受到投机者的青睐，当然风险也是比较大的。

还是以小麦期货为例，标准化的期货合约是这样子的：

优质强筋小麦期货合约

交易单位：20吨/手

报价单位：元（人民币）/吨

最小变动价位：1元/吨

每日价格波动限制：上一个交易日结算价±4%及《郑州商品交易所期货交易风险控制管理办法》相关规定

最低交易保证金：合约价值的5%

合约交割月份：1、3、5、7、9、11月

交易时间：每周一至周五（北京时间，法定节假日除外）上午9：00—11：30，下午1：30—3：00

最后交易日：合约交割月份的第10个交易日

最后交割日：合约交割月份的第13个交易日

交割品级：符合《中华人民共和国国家标准小麦》（GB 1351-2008）的三等及以上小麦，且稳定时间、湿面筋等指标符合《郑州商品交易所期货交割细则》规定要求

交割地点：交易所指定交割仓库

交割方式：实物交割

交易代码：WH

在实际交易中，我们在期货公司开户以后，可以直接打开期货交易软件，选定我们想要交易的期货品种合约就可以直接进行交易了。比如说我想要交易小麦WH合约，选择了具体的小麦WH011合约进行交易，即选择了2020年11月份进行小麦交割的这个合约。在有充足保证金的情况下（WH合约最低保证金是5%，交易一手是20吨小麦，即我们只需要20吨小麦价格5%的保证金就可进行合约交易，也就是20倍的杠杆），可进行多或者空的交易。

这样的交易极大地方便了市场的流通，平时只需要在软件上点一下，不需要像现货交易一样直接拿着实物跑来跑去，即使是真正需要实物交割，也只需到了交割日，再拿实物直接去交易所指定交割地点，交易所根据你的现货实物情况，对现货进行溢价或折价支付给你相应的钱就可以了，同时也避免了交易对手风险（赖账扯皮等）。

当然期货不仅仅针对实物大宗商品，同样可以针对金融资产设立期货合约，比如说利率期货、汇率期货、股指期货等等。

（1）远期类合约。①远期合约（forward contract）：指买卖双方分别许诺在将来某一特定时间购买和提供某种商品，前者处于多方地位（long position），后者处于空方地位（short position）。远期合约的特征是，虽然实物交割在未来进行，但交割价格（delivery price）已在签约时确定。但是，由于其条款是针对具体的买卖而定的，很难找到第三者正好愿意接受合约中的条件，或者说二级市场的交易费用较高，所以远期合约的二级市场很难发展起来。②期货合约（futures contract）：这是一种标准化的远期交易，交易双方都必须在将来某一时间，在指定地点，以双方协商约定的价格购买或出售一定量的商品、货币或有价证券。这种合约的最大特点是标准化，只有价格是唯一变动的因素，此外合约其他的要素如期货的数量、交货期、交货地点等都是统一规定的。③互换（swaps）：指交易双方通过远期合约的形式约定，在未来某一段时间内交换一系列的货币流量。货币流量可以是固定的，也可以是按基础工具价格的波动而调整的。按基础资产的种类，可分为利率互换、货币互换、商品互换、股权互换等。大多数互换都是通过银行等金融机构进行的。

小思考6-3

我们知道互换交易包括利率互换、货币互换、股权互换、商品互换。那么，请问什么是利率互换？

小思考6-3

分析提示

（2）期权类合约。①期权合约（option contract）：这是期权买卖双方的一个契约，它赋予合同的买方以权利而非义务，在某一天（即合同到期日）或在此之前，以一个事先约定的汇率（即合同交割价）向合同的卖方购买或出售约定的货币或其他资产。期权合约创始于1973年美国芝加哥商品交易所的股票期权，根据合同购买者的权利不同可分为买方期权（看涨期权）和卖方期权（看跌期权）；根据交割日不同可分为美式期权和欧式期权，前者可在到期日之前的任何一天交割，后者却只能在交割日当天交割。期权合约的最大特征在于它给予合约持有人选择执行合约或放弃的权利而非义务，作为代价，合约持有人付出期权费（或称保险费）。②利率上限和下限：利率上限（interest rate caps）是用来保护浮动利率借款人免受利率上涨的风险而对借款利率设定了上限的合约；利率下限（interest rate floors）是用来保护浮动利率贷款人免受未来利率下降的风险而设置了贷款利率下限的合约；利率上下限（又称利率区间，interest rate collars）由利率上限和下限组合而成，在买入一个利率上限合约的同时又出售一个利率下限的合约，从而浮动利率借款人既可以固定利率成本又可以获得一定收入，进而降低购买上限合约的成本。③互换期权（swaption）：这是一种二级衍生资产或称二级衍生工具，购买者获得的是在约定期限内实现互换交易的权利，同时必须支付一笔保证金作为取得合约的价格。互换期权适用于决定做互换又不确定互换时间的投资者。

小思考6-4

请问金融基础市场和金融衍生市场两者之间的关系是怎样的？

观念应用6-2

近年来，因操作衍生金融工具投机而导致巨额损失和倒闭破产屡有发生。其中最著名的是1995年具有232年历史的英国巴林银行倒闭事件。试分析金融衍生市场的风险。

小思考6-4

分析提示

观念应用6-2

分析提示

6.3　国际金融市场发展的新趋势

20世纪80年代，国际竞争更加激烈，金融领域的竞争也日益加剧，电子信息和计算机技术在金融领域被广泛应用后，使全世界金融连成一体，金融创新和金融改革此起彼伏，这使国际金融市场发生了结构性的变化，出现了一些新的发展趋势。这些新趋势目前继续发展，势不可挡，并日益成熟。

6.3.1　国际金融市场规模空前增长的趋势

20世纪80年代以来，随着国际资本流动的迅猛扩展，国际资本市场和与之相伴的世界外汇市场的规模空前增长。国际清算银行的统计数字显示，国际银行的各项单位和个人存款额1973年为1 750亿美元，1981年为9 450亿美元，1991年猛增至36 150亿美元，到2009年已达到23.35万亿美元。这主要是因为结算技术的进步，使得银行的支付和结算成本大大降低，从而促进更多的金融机构进入国际金融市场，角逐国际金融业务。但进入2020年，受新冠肺炎疫情影响，全球经济下滑态势加剧，大部分国家出现史无前例的负增长，成为近年来最严重的经济衰退。尽管国际金融市场从一季度的急剧动荡中有所恢复，但其复苏缺乏实体经济的支撑，未来仍存在波动风险。后疫情时代，全球经济、金融格局将发生重大调整。

6.3.2 金融创新不断深化的趋势

金融创新起源于 20 世纪 60 年代末，发展于 70 年代，到 80 年代已风靡世界各主要国家和国际金融中心。金融创新包括金融工具、金融业务、金融技术、金融机构和金融市场的创新和改革。金融工具创新，如可转让的大额存单、信用卡、自动提款卡、可转换债券、货币选择债券、零息债券、浮动利率债券等，衍生金融工具更是把金融工具创新推向了前所未有的新高潮。金融业务创新，如票据发行便利、辛迪加贷款、浮动利率贷款、金融租赁、表外业务、衍生金融业务等都使金融业务打破了传统做法，在更新、更广的基础上得到空前发展。金融机构创新，如银行持股公司，金融超级市场（银行联合体）使金融服务正从单一向综合的方向发展。以上这些金融创新的形成最终都要在国际金融市场上得到反映，成为国际金融市场发展的主基调和趋势。

金融创新的原因是多方面的，具体可归纳为以下几方面：

（1）国际金融市场利率和汇率的动荡起伏，引起金融资产价格风险转移的需求。

（2）20 世纪 70 年代后期的高利率大大增加了传统信贷交易的机会成本，因而要求用新的工具和技术来增加其流动性。

（3）20 世纪 80 年代发展中国家的债务危机，使国际银行信用度普遍受到怀疑，于是产生了信用风险转移创新的需求。

（4）信贷需求总量的增长导致对信用创造的需求。

（5）一些国家金融当局和国际组织对银行资本充足率的要求，使银行增加了股权融资的需求。

（6）现代化的信息技术、计算机、通信技术的发展和应用，是推动金融创新的主要因素和前提。

（7）主要西方国家放松金融管制，各金融机构的金融业务相互交叉，金融业竞争加剧等极大地刺激了全球金融创新。

小思考 6-5

表外业务是金融业务创新的一个内容，近年来其重要性有日益增加的趋势。请问什么是表外业务？

小思考 6-5

分析提示

6.3.3 国际金融市场的一体化趋势

各国经济依存度的加深和各国生产的国际化是国际金融市场一体化的基础。国际金融市场一体化就是国内和国外金融市场之间以及各国金融市场之间日益连为一体，共同构成一个统一的全球性金融市场。

国际金融市场一体化趋势的主要表现是：

（1）时空一体化。金融市场的发展在时间上和空间上已超越国界和时区的限制，使全球的金融业务可以在 24 小时内、在任何一个主要的金融市场上连续不断地进行营运，即金融业务的全时区、全方位。

（2）银行业一体化。更多的本国银行走出去，更多的外国银行走进来，银行业更加国际化和全球化，形成你中有我、我中有你的相互交融态势。跨国银行和国外分支机构，形成了覆盖全球、纵横交错的银行网络。

（3）证券市场一体化。参与证券交易的借款人和投资者都不受国籍的限制，他们买卖的证券可以是市场所在国发行的证券，也可以是外国发行的证券。证券面值货币也不受任何限制，国内证券市场和国际证券市场融为一体，真正实现了全球一体化。

欧洲货币市场的形成是国际金融市场一体化趋势的证明。如蒙特利尔和波士顿的交易所之间的"双向电子交易系统"，使投资者在一家股市就可以了解整个北美的股票行情。英国伦敦证券交易所的"证券交易自动报价系统"（SEAQ）和美国"全国证券交易商协会自动报价系统"（NASDAQ）实现了联网。这样，证券交易和投资国际化，可以使投资者最大限度地分散投资风险和获得最大收益，为借款人和投资人提供了极大的方便，最大限度地降低了借款人的筹资成本。

此外，欧洲货币市场的一个重要分支——亚洲货币市场也是国际金融市场一体化趋势的证明。它是存储和流通在亚洲地区的境外货币市场。这里所说的"亚洲货币"泛指亚洲货币市场中所使用的有关货币，如美元、英镑、瑞士法郎等14种可自由兑换的货币。

国际金融市场一体化的原因主要是：①世界经济的极大发展推动了金融全球化和国际化；②现代信息、电子和计算机技术在金融领域的广泛应用，使国际金融市场连为一体；③各主要西方国家金融管制的放松。这使外汇交易自由化，证券市场国际化，利率差异缩小化，金融市场一体化。

6.3.4 融资方式的证券化趋势

融资方式的证券化趋势主要是指传统的通过商业银行贷款筹资的方式开始逐渐转向通过金融市场发行长、短期债券和股票的方式，而商业银行在吸收存款、发放贷款方面的优势地位逐渐被降低和削弱。这就是融资方式的证券化，也称为非中介化趋势，因为投资者和借款者已绕过了银行这个中介机构而进行直接融资活动。国际金融市场证券化趋势的主要原因是：

（1）20世纪80年代初，发展中国家的债务危机使国际银行贷款风险急剧增加，国际银行资金来源由于石油输出国盈余资金下降而大量减少，这就促使银行提高资产的流动性、自有资本的充足性和资产配置的多样性，也促使筹资者纷纷转向证券市场。

（2）欧洲证券市场的日益成熟，使国际银团组织和包销证券比较容易。

（3）发达国家从20世纪70年代开始推行金融自由化，开放证券市场并鼓励其发展。

（4）证券交易过程中的电子计算机技术的广泛应用，使数据处理的成本迅速降低，信息流通的渠道大为畅通。通过设计新的交易程序，把不同时区的市场连接起来，为证券市场的繁荣提供了技术基础。

（5）一系列新金融工具的出现，也促进了证券市场的发展。

全球八大外汇交易中心

在外汇及黄金市场实现每天24小时连续不间断交易后，全球外汇交易活动越来越集中在少数金融中心。国际清算银行（BIS）2019年9月16日公布的每3年一次的外汇调查报告让我们更加清晰地看到，全球外汇交易的集中区域以及交易量大幅攀升。报告显示2019年的全球外汇交易大多数通过英国、美国、中国香港、新加坡以及日本等五个国家和地区进行，这些区域占据全球79%的交易量，其中英国与美国合计占比60%。值得注意的是，中国上海外汇交易活动大幅增加，成功晋升全球第八大外汇交易中心（3年前排名13位）。

随着全球经济快速增长以及各国贸易越加紧密，全球外汇市场交易量呈显著增长态势。BIS于16日公布的最新报告显示，截至2019年4月，全球日均外汇交易量高达6.6万亿美元，创下历史新高，较2016年的5.1万亿美元，同比增长29%，外汇衍生品增长迅速，尤其是外汇掉期交易，远超外汇现货交易。

1）英国伦敦

20世纪50年代到60年代，随着国际银行业逐渐壮大，外汇交易蓬勃发展。1979年，英国外汇管制取消，伦敦开始成为一切交易的中心，从外汇到债券到衍生品和基金。这也让英国成为世界上最大的金融服务净出口国家。伦敦在亚洲和美国之间的时区内提供最大的资金池，伦敦时间一直被作为国际商业标准时间。

2019年伦敦在全球外汇交易总量中占比高达43.1%，比纽约高出近3倍。而欧洲竞争对手瑞士和巴黎分别占3.3%和2%左右。

金融中心：伦敦；日均外汇交易量：3.58万亿美元；全球外汇交易量占比：43.1%。

2）美国纽约

纽约外汇市场不仅是美国外汇业务的中心，也是世界上最重要的国际外汇市场之一，从日均外汇交易量来看，紧随伦敦之后，为世界第二，也是全球美元交易的清算中心。此外，美国外汇交易人数是全球最多的国家。

由于美国没有外汇管制，对运营外汇业务没有限制，政府也不指定专门的外汇银行，所以几乎所有的美国银行和金融机构都可以经营外汇业务，这促使美国外汇交易量占全球较大比重。不过，随着金融危机后的严苛的金融监管政策的实施，美国外汇交易量并未攀升，反而呈下滑之势，2013年占比19%，2019年占比下降至16.5%。

金融中心：纽约；日均外汇交易量：1.37万亿美元；全球外汇交易量占比：16.5%。

3）新加坡

得益于独特的地理位置，新加坡外汇市场发展迅速，并在2013年挤下日本，成为全球第三大外汇交易中心，2019年蝉联亚洲第一，且外汇交易量仅次于英国和美国。为在日均交易量高达6.6万亿美元的外汇市场抢占更多市场份额，新加坡近年来致力于鼓励世界主要的外汇经纪商在当地建立新系统，以消除因绕道东京及伦敦交易造成的延时。

随着亚洲货币交易和电子交易的增长，新加坡监管机构正与金融业合作，建立外汇交易中心，扩建外汇市场基础设施，以改善亚洲交易时段的流动性和价格发现。

金融中心：新加坡；日均外汇交易量：6 330亿美元；全球外汇交易量占比：7.6%。

4）中国香港

汇商传媒（Forexpress）此前发布过很多有关中国香港外汇行业及交易市场的文章，作为亚洲金融中心之一，中国香港在该区域扮演了举足轻重的角色，全球越来越多的金融机构驻扎于此，以香港为重要"据点"，开拓亚洲市场。

作为世界上最自由、最开放的港口城市，香港不断完善自身的金融环境和配套服务体系。同时，监管法规越来越完善，打击金融违规犯罪的执法力度愈来愈强。这些都是香港在全球金融中心中维持活力的重要保障。

监管制度是香港作为首屈一指的国际金融中心的重要基石。增强香港金融市场的稳健性及竞争力是香港证券及期货事务监察委员会（SFC）的首要任务，SFC确保了香港的监管制度能够在难以预测的市场环境下维持有效的运作。

金融中心：香港；日均外汇交易量：6 320亿美元；全球外汇交易量占比：7.6%。

5）日本东京

在东京外汇市场上，银行同业间的外汇交易可以通过外汇经纪人进行，也可以直接进行。日本国内的企业、个人进行外汇交易必须通过外汇指定银行进行。由于日本的进出口贸易多以美元结算，且日元为重要避险货币，所以东京外汇市场90%以上是美元对日元的交易。

日本拥有1.273亿人口，人均收入在5.3万美元左右。日本互联网普及率非常高，接近92%，移动互联网普及率约为75%。日本互联网发达程度为该国蓬勃发展的零售外汇交易提供了完善的基础设施。

作为亚洲的金融重镇，东京一直是全球重要外汇交易中心。不过遗憾的是，2013年起，东京连续被新加坡和中国香港赶上，跌落到第五的位置。

金融中心：东京；日均外汇交易量：3 760亿美元；全球外汇交易量占比：4.5%。

6）瑞士苏黎世

说起瑞士，我们就会想到2015年1月份曾引发全球外汇行业大地震的瑞士法郎"黑天鹅事件"，至今令业内人士心怀恐惧。据悉，瑞士外汇市场交易主要集中在银行间，参与的外汇银行有瑞士银行、瑞士信贷银行、瑞士联合银行等。

苏黎世是瑞士主要的商业、文化中心和最大城市，也是世界上最重要的国际金融中心和黄金市场之一，有着全欧洲最富裕的城市的称号。苏黎世有120多家银行，比如瑞士信贷银行、瑞士联合银行以及一些私人银行，因此成为了瑞士最大的金融中心。

瑞士外汇交易中主要是瑞士法郎对美元的交易，对其他货币通过美元进行交叉买卖，因此瑞士法郎对美元的汇率是苏黎世外汇市场的主要汇率，瑞士法郎对其他货币的汇率以美元为基础进行套算。

金融中心：苏黎世；日均外汇交易量：约2 760亿美元；全球外汇交易量占比：3.3%。

7）法国巴黎

巴黎是欧洲重要的金融中心之一，随着英国脱欧不断推进，一些知名的金融机构开始从伦敦迁入巴黎。为了争夺这些金融机构和从业人员，法国和德国已展开竞争，都试图打造欧洲新的金融中心。除市场金融机构外，欧洲银行管理局总部也从伦敦迁至巴黎。

另外，法国还拥有重要的国际金融中心之一——巴黎国际金融中心，该中心的货币市场由法兰西银行、各注册银行、国家信贷银行、房地产信贷银行、金融公司、保险公司、外汇银行及退休机构组成。

巴黎外汇市场的主要业务是由当地银行之间直接进行外汇买卖，或通过经纪人进行，也通过电子交易平台与国外银行进行外汇买卖，主要集中在美元、欧元、英镑等主要货币。另外，外汇交易形式主要是外汇远期及即期等。

金融中心：巴黎；日均外汇交易量：1 670 亿美元；全球外汇交易量占比：2.0%。

8）中国上海

2019 年 BIS 全球外汇调查报告中，中国上海日均外汇交易量高达 1 360 亿美元，成功跻身全球八大外汇交易中心。上海作为中国最为重要的金融中心，是中国外汇交易中心所在地，绝大多数外汇交易活动在上海完成。

随着中国金融市场开放的不断扩大，以及更多金融改革措施出台，上海不断向国际金融中心的目标迈进。上海打造国际金融中心，最重要的对标对象之一就是伦敦。伦敦在国际机构集聚度、市场参与度、离岸业务比重等方面的显著优势，恰是上海亟待提升的短板。

金融中心：上海；日均外汇交易量：1 360 亿美元；全球外汇交易量占比：1.6%。

从国际清算银行的数据可以看出，相比往年，中国外汇交易活动大幅增加，2019年的日均交易量为 1 360 亿美元，相比 2016 年飙涨了 87%，排名从 3 年前的 13 位，升到目前的第 8 名，这是一个跳跃式的上升，也从侧面说明了，中国金融市场开放激活了外汇等交易活动，也印证了人民币国际化不断向前的步伐。

资料来源 佚名. 重磅报告：全球日均外汇交易量 6.6 万亿美元，上海首次跻身八大交易中心 [EB/OL]. [2020-09-15]. https://xueqiu.com/7290820255/132936051? from=singlemessage.

思政专栏

1995 年 2 月 27 日，英国中央银行宣布，英国商业投资银行——巴林银行因经营失误而倒闭。消息传出，立即在亚洲、欧洲和美洲地区的金融界引起一连串强烈的波动。东京股市英镑对马克的汇率跌至近两年最低点，伦敦股市也出现暴跌，纽约道·琼斯指数下降了 29 个百分点。

李森是巴林银行新加坡分行负责人，年仅 28 岁，在未经授权的情况下，他以银行的名义认购了 70 亿美元的日经 225 股票指数期货，并以买空的做法在日本期货市场买进了价值 200 亿美元的短期利率债券。如果这几笔交易成功，李森将会从中获得巨大的收益，但阪神大地震后，日本债券市场一直下跌。据不完全统计，巴林银行因此而损失

10多亿美元，这一数字已经超过了该行现有的8.6亿美元的总价值，因此巴林银行不得不宣布倒闭。这家有着233年历史，在英国曾发挥过重要作用的银行换了新主。

点评：金融市场从不缺乏像李森这样的魔鬼交易员，他们的作案动机、手法、事发的原因惊人的类似：都是渴望获得成就的普通人；都无法正视自己的失利，被"总能赢回来"的赌徒心理驱动，不择手段违规交易，或是虚拟账户，或是盗用账户，不断追加赌码，大大超过公司规定的持仓上限，结果由于误判形势，愈陷愈深；都为金融机构带来了巨额损失，最终受到了惩罚，或是被逐出金融圈，或是银铛入狱。因此，除了加强对从业人员的职业道德和职业操守教育，市场也需要一系列严明的法律约束，同时还需要一个强大的监管体系。

本章小结

1.内容概要

国际金融市场就是居民与非居民之间，或非居民与非居民之间进行国际性金融业务活动的场所。与国内金融市场相比，它有如下特征：①交易活动范围超出国界限制；②市场主体具有涉外因素；③交易使用的货币的多国性；④交易活动不受市场所在国的政府法令管辖。广义的国际金融市场包括：货币市场、资本市场、外汇市场、黄金市场和金融衍生市场。

国际金融市场形成的必备条件是：①政治稳定；②国内金融市场高度发达和完善；③实行自由外汇制度；④金融机构队伍强大；⑤现代化通信设备齐全完善；⑥在国际贸易中占重要地位；⑦地理位置优越；⑧金融人才队伍强大。国际金融市场的形成和发展，极大地推动了国际金融和国际贸易的发展，为世界各国经济发展做出了巨大贡献。

国际金融市场的主要业务有：①货币市场业务，是指经营1年以内的短期资金借贷的业务。②资本市场业务，是指经营1年以上的中长期资金借贷和资金筹集的业务。③外汇市场业务，是指专门从事外汇买卖的业务。④黄金市场业务，是指专门从事黄金买卖的业务。⑤金融衍生市场业务，是指以金融衍生工具为经营对象的业务，主要有期货、期权、远期和互换等4大类业务。

当代国际金融市场发展出现以下四大新趋势：①市场规模空前增大的趋势；②金融创新不断深化的趋势；③全球一体化的趋势；④融资方式证券化的趋势。这些新趋势的出现有着经济、政治深层次原因和国内国外的诸多原因。这些新趋势的出现是国际金融市场客观发展的必然结果，是不可逆转的。

目前世界上最主要和最著名的国际金融市场有：伦敦国际金融市场、纽约国际金融市场、苏黎世国际金融市场、中国香港国际金融市场、新加坡国际金融市场、东京国际金融市场。

2.主要概念和观念

（1）主要概念

国际金融市场　在岸国际金融市场　离岸国际金融市场　欧洲货币市场　欧洲债券
金融衍生工具

（2）主要观念

国际金融市场划分原理　国际金融市场趋向理论

基本训练

随堂测6

1.填空题

（1）资金融通的场所叫_____。如果资金借贷关系发生在本国居民之间，就叫_____；如果资金借贷关系超越国境涉及其他国家，则称_____。

（2）目前国际金融市场上的业务主要有：货币市场业务、_____、外汇市场业务、黄金市场业务和_____。

（3）纽约作为非常重要的国际金融市场的地位，是在第一次世界大战后随着美国_____和_____成为主要的国际储备货币而确立起来的。

2.选择题

（1）广义的国际金融市场包括（　　）。

A.货币市场　　　　　　B.资本市场　　　　　　　C.外汇市场

D.黄金市场　　　　　　E.证券市场

（2）属于传统国际金融市场类型的有（　　）国际金融市场。

A.巴林　　　　　　　　B.纽约　　　　　　　　　C.伦敦

D.东京　　　　　　　　E.苏黎世

（3）形成金融市场证券化趋势的主要原因为（　　）。

A.债务危机的影响　　　　　　　B.金融自由化政策

C.电子技术基础　　　　　　　　D.新金融工具的出现

E.欧洲证券市场的日益成熟

3.判断题

（1）第一次世界大战前，伦敦一直是世界上最大的国际金融市场，之后纽约超过伦敦成为世界上最大的国际金融市场。（　　）

（2）离岸国际金融市场的形成必须以市场所在国强大的经济实力和巨额的资金积累为基础。（　　）

（3）票据贴现市场是指对到期的票据按其上面所标明的金额予以兑付现金的融资场所。（　　）

（4）股票的特点是无期限、不返还、可流通和可分红利。（　　）

4.简答题

（1）什么是在岸国际金融市场？

（2）什么是离岸国际金融市场？

（3）什么是金融衍生工具？

（4）国际金融市场具体业务有哪些？

5.技能训练题

（1）请运用国际金融市场划分原理，从不同角度对国际金融市场进行分类。

（2）结合实际谈谈国际金融市场的形成和发展对国际贸易、国际金融和各国经济发展所做出的巨大贡献。

（3）货币互换是指将两个借入期限相同、计息方法相同但币种不同的贷款，通过与中介银行签订互换协议，约定交换使用款项在将来相互为对方还本付息的金融业务活动。请你举例说明其实际操作过程。

第7章

国际货币制度

学习目标

通过本章学习，你应该达到以下目标：

素质目标：具有国际货币体系方面理论素养，勇于构建新型国际货币体系。

知识目标：了解国际货币体系的概念、内容、类型，知道国际金本位制、布雷顿森林体系、牙买加国际货币体系的形成和主要内容。

技能目标：掌握构建和改革国际货币体系的技能。

能力目标：具有运用国际货币体系理论知识，评价不同货币体系并对其进行改革的能力。

国际商品贸易的发展形成了世界市场。各国经济的频繁往来使得各国在政治、文化等方面的联系也日益密切。这些国际间的往来必然产生债权债务关系及其如何清算、各国货币之间如何兑换、国际收支如何调节、储备资产如何确定等问题。因此，各国有必要按某些共同的标准或根据某种国际协定而对前述几方面问题做出具体规定和安排，以维护和促进世界经济的稳定与发展。

7.1 国际货币制度概述

7.1.1 国际货币制度的概念和类型

1）国际货币制度的概念

国际货币制度是指各国政府为了适应国际贸易和国际支付的需要，对货币在国际范围内发挥世界货币职能所做的一系列安排。它既包括有法律约束力的关于货币国际关系的规章和制度，也包括具有传统约束力的各国已经在实践中共同遵守的某些规则和做法，还包括在国际货币关系中起协调、监督作用的国际货币机构。它的主要目的是协调各个独立国家的经济活动，促进国际贸易和国际支付活动的顺利进行。

国际货币制度是国际货币关系的集中反映，它构成国际金融活动总的框架，各国之间的货币金融交往在各个方面都要受到国际货币制度的约束。这种货币制度的形成有两种情况：一种情况是缓慢发展的结果。随着各国经济交往的不断增多，渐渐地，某些活动方式就会逐渐得到公认。当越来越多的参与者遵守某些程序而给予法律约束力时，一种制度就算是发展起来了，国际金币本位制的产生就属于这种情况。另一种情况是在短期内通过某一两次国际会议建立起来的货币制度，布雷顿森林体系和《牙买加协定》的产生和发展就属于这种情况。

货币主权是国家主权的一个重要组成部分。世界上有180多个主权国家，就相应有180多种主权货币。具有法律约束力的国际货币制度往往同各国的货币主权有这样或那样的矛盾和冲突。因此，国际货币制度实际只能在讨价还价的基础上，依据各国在国际经济中的相对实力而建立。总而言之，传统的约定俗成的国际货币惯例与做法是基础，具有法律约束力的国际货币制度则是一种协调和监督。如此三位一体的国际货币制度，对世界经济的发展和各国的国际货币行为，起着重要的影响和制约作用。

2）国际货币制度的类型

汇率制度和储备体系是我们划分国际货币制度类型的两项重要标准。

（1）汇率制度。汇率制度是国际货币制度的一个重要内容，在国际货币制度中占据举足轻重的地位，因此我们可以根据汇率波动幅度的大小来划分国际货币制度。按汇率波幅，国际货币制度可分为固定汇率制（fixed exchange rate）和浮动汇率制（floating exchange rate）。介于这两者之间的还有可调整的钉住汇率制（adjustable pegging system rates）、爬行钉住汇率制（crawling peg exchange rates）和管理浮动汇率制（managed flexible exchange rate）。

（2）储备体系。储备体系涉及储备资产的性质，它随着国际货币制度的整体变化而不断变化。根据储备体系来划分，国际货币制度可分为黄金储备制度、金汇兑本位制和多元化储备制度。黄金储备制度，即以黄金作为国际储备资产或国际本位货币；金汇兑本位制，即以黄金和可直接自由兑换的货币作为国际储备资产；多元化储备制度，即以外汇作为国际储备资产而与黄金无任何联系。

7.1.2 国际货币制度的主要内容

国际货币制度一般包括以下几方面的主要内容：

1）国际收支及其调节机制

国际收支是各国对外经济活动的系统记录。从世界经济的全局来看，国际收支及其调节是国际货币制度的最主要问题。当一国国际收支出现不平衡时，各国政府应采取措施去弥补这一缺口。若调节机制失灵或不健全，整个国际货币制度会失去运行的基础。因此，国际货币制度的一个首要内容就是确定国际收支调节机制，有效地帮助和促进国际收支出现不平衡的国家进行调节，并使各国在国际范围内能公平地承担国际收支调节的责任和负担。

2）汇率及汇率制度

汇率的确定和调整原则是国际货币制度的核心问题。这包括两点：首先是本国货币与他国货币之间的比价关系，亦即汇率如何确定，包括货币比价确定的依据、货币比价波动的范围、货币比价的调整、维持货币比价所采取的措施、对同一货币是否采取多元比价等。其次就是各国货币的可兑换性，也就是一国对外支付是否受到限制，一国货币可否自由兑换成支付货币。

3）国际货币或储备资产的确定

一国政府要确定使用什么货币作为支付货币，应持有何种为世界各国所普遍接受的资产作为储备资产，用以维持国际支付和满足国际收支的需要。各个国家用什么来作为储备资产，不但取决于各国本身的经济状况，而且也取决于国际的协调或国际的普遍可接受性。在此基础上，整个国际社会需要多少储备资产，新的储备资产如何供应与创造等，这都需要有国际性的规则与制度做出妥善安排。

4）国际货币活动的协调与管理

由于国际货币活动牵涉不同的国家，而这些国家又都有着不同的社会经济条件和特定的政策目标，所以在国际货币制度中，就产生了国际货币活动的协调与管理问题。它的实质就是协调各国的国际货币活动和与此有关的经济政策。这种管理通常是通过国际货币机构进行的，具体落实在制定若干各方所共同认可和遵守的规则、惯例和制度上。

国际货币制度实际上是一个大系统，而国际收支调节机制、国际汇率制度、国际储备体制、国际货币活动管理机构则构成子系统。这些子系统各有其特定的功能，并且相互间以稳定的方式联系在一起，从而构成为一个大系统的国际货币制度的内部结构。这种内部结构，决定了国际货币制度的基本形态和外部功能。

7.1.3 国际货币制度的历史变革

国际货币制度自产生以来，近百年来经历了几次大的演变，才发展到目前的格局。从历史线索来看，国际货币制度经历了以下几个阶段：

1）1880—1914年的国际金本位制

最早出现的国际货币制度是国际金本位制，它是在各国实行金本位制的基础上形成的。一般认为，国际金本位制开始于1880年，那时欧美一些主要国家都实行了金本位制。后来，1914年第一次世界大战爆发，参战国实行黄金禁运和货币停止兑换黄金，致使该货币制度遭到严重的破坏，因此它只正常运行了35年。

2）1918—1939年的无秩序状态

这个时期的货币制度是松散、局部的。第一次世界大战后，欧美各主要资本主义国家相继恢复勉强的金本位制，但没有维持多少年，也都偃旗息鼓了。其后，出现了三个小的货币区或货币集团：英镑区（英镑集团）、法国法郎区（法郎集团）和美元区（美元集团）。在这三个货币区之间或以外出现了使用多种国际货币和浮动汇率的现象，它们互相之间在贸易中针锋相对，壁垒森严。实际上，这个时期的货币制度是无政府、无秩序的状态。

3）1944—1972年的金汇兑本位制

1944年7月，44个国家的代表聚会美国新罕布尔州布雷顿森林市建立了布雷顿森林体系。布雷顿森林体系的核心是黄金—美元本位。它的汇率制度是一种固定的或钉住的汇率制度。如果经济形势的发展确实需要汇率变动，那么，汇率将被允许进行变动，但必须在一定幅度内。所以，这种汇率又可称为可调整的钉住汇率制。

4）1973年以后的浮动汇率制

1973年布雷顿森林体系崩溃后，国际货币制度出现了松散无固定约束而又不乱的局面。经过几年的混乱、调整、协商、变革等阶段，终于在1976年的牙买加会议上，确认了既成事实的多元化货币体系，即人们通常所说的牙买加体系。牙买加体系的中心就是国际储备多元化和浮动汇率制。虽然我们把这种汇率制度称为浮动汇率制，但实际上它应该是以浮动汇率为主的混合体制。因为在这一时期，汇率并非仅由自由市场的供需力量决定，有时政府的干预手段也起很大的作用。

观念应用7-1

国际货币制度自产生以来，在100多年的发展中，经过了几次大的历史变革，每次变革都有不同的特点和原因。试分析其发展演变的最根本原因。

观念应用7-1

分析提示

7.2 国际金本位制

7.2.1 国际金本位制的概念和形成

国际金本位制是世界上最早出现的一种国际货币制度。所谓**金本位制**（golden standard）是指以一定量的黄金作为本位货币（standard money）的货币制度。而本位货币则是指一国货币制度的基准货币。金本位制对近代国际贸易和金融的发展有很大的贡献。英国于1816年制定《金本位制度法案》（Gold Standard Act），采用金本位制，这是世界上第一个国家实行金本位制。其后，各国鉴于英国金本位制的成功，以及客观经济发展的需要，相继纷纷仿效，推行金本位制（见表7-1）。

表7-1　　　　　　　　　　各国实行金本位制的年份

国别	年份	国别	年份	国别	年份
英国	1816	比利时	1874	俄国	1898
德国	1817	瑞士	1874	荷兰	1875
瑞典	1873	意大利	1874	乌拉圭	1876
挪威	1873	美国	1879	巴拿马	1904
丹麦	1873	日本	1897	墨西哥	1905

应当注意，英国在1816年就实行了金本位制，但是那时候还没有国际金本位制。只有在一些重要国家都实行金本位制之后，才会出现国际金本位制。所以，金本位制与国际金本位制是两个不同的概念，后者才形成为一种国际货币制度。因此，一般把1880年作为国际金本位制形成和开始的年份，因为这个时候，除英国外，法国、比利时、意大利、瑞士、荷兰、德国、美国等欧美的主要国家都实行了金本位制。国际金本

位制盛行了约30年，于第一次世界大战爆发时崩溃。

国际金本位制出现在国际商品经济发展的初期，这时国际贸易的发展迫切需要有一种国际货币制度与之相适应，国际金本位制就应运而生了。由此可见，国际金本位制的形成条件是：①一国商品经济和国际贸易发展的需要；②世界多数主要国家采用金本位制。

7.2.2　国际金本位制的类型和内容

1）国际金本位制的类型

依据货币与黄金的联系标准，金本位制可分为金币本位制、金块本位制和金汇兑本位制，且这三种类型就是金本位制的历史演变过程。

（1）金币本位制（gold specie standard）。它是金本位制的最初形态，其最理想的情况是纯粹金本位制度。它的主要内容是：①用黄金来规定货币所代表的价值，每一货币单位都有它法定的含金量，各国货币按其所含黄金重量而有一定的比价；②金币可以自由铸造，任何人都可按本币的含金量将金块交给国家造币厂铸成金币；③金币具有无限的支付能力；④各国的货币储备是黄金，国际间的结算也使用黄金，黄金可以自由输入与输出。可见，金本位制这种传统的货币制度具有以下特点：黄金为本位货币，且可以自由铸造、自由兑换和自由输出输入。

（2）金块本位制。第一次世界大战发生后，世界各国先后停止金本位制的实行。自第一世界大战结束后，各国相继恢复金本位制，但这时所恢复的并不是原来的金币本位制，而是金块本位制（gold bullion standard）。金块本位制是以黄金为准备金，以有法定含金量的价值符号作为流通手段的一种货币制度。金块本位制的特点是：①单位货币仍有法定的含金量，但国家禁止自由铸造金币；②人们仍可自由地买卖和贮藏黄金；③银行券代替金币是主要的流通工具，且具有无限清偿权；④限制黄金的出入。

（3）金汇兑本位制。第一次世界大战后，还有一种与金块本位制同时盛行的货币制度，就是金汇兑本位制（gold exchange standard）。金汇兑本位制又称虚金本位制，它是以存放在金块本位制国家的外汇或黄金作为准备金，以有法定含金量的纸币作为流通手段的一种货币制度。金汇兑本位制的特点是：①国家仍规定单位货币的含金量，但禁止金币铸造；②金币不流通，纸币具有无限的法偿权；③纸币不能兑换黄金，只能兑换外汇，用外汇可在国外兑换黄金；④禁止黄金输出。

2）国际金本位制的主要内容

国际金本位制作为世界上最早出现的一种国际货币制度，它的主要内容有以下几方面：

（1）黄金充当了国际货币。开始阶段，各国金币自由兑换，在国际间大量流通。后来，随着国际贸易的发展，金币的流通受到大量的限制，又因英国的政治经济大国地位和在贸易、海运、保险、金融等方面的绝对优势，英镑及其银行券可以完全自由兑换黄金，各国国际收支的90%以上使用英镑，黄金只作为"价值的最后标准"和"最后清算手段"而存在。再后来，英镑发展成为各国主要的外汇储备，而不再有更多的储备黄金。因此，一些近代经济学家认为，国际金本位制的后期已发展成为英镑本位制。

（2）各国货币的汇率由它们的含金量比例所决定。例如，1英镑的含金量是113.0015格令的纯金，1美元的含金量是23.22格令的纯金，英镑对美元的汇率就是4.8665，这个汇率是固定不变的。实际上，英、美、法、德等国家货币的汇率在1880—1914年这35年内一直没有变动过，从来未发生过贬值或升值，所以金本位制是严格的固定汇率制。

（3）国际收支的自动调节。当一国发生对外收支逆差时，黄金外流，国内货币供应量减少，成本降低，这样就会扩大出口，减少进口，对外收支转为顺差，黄金就会流入；反之，当一国发生对外收支顺差时，黄金流入，国内货币供应增加，物价上升，成本升高，这样就会扩大进口，减少出口，对外收支转为逆差，黄金又会流到国外。但从当时的实际情况来看，由于多种因素的影响，各国的黄金流量并不大。后来，在"英镑本位"时，黄金准备不足，影响了国际收支自动调节功能的发挥。

7.2.3　对国际金本位制的评价

概括来看，国际金本位制是一种既统一又松散的国际货币制度。统一性和松散性是该制度的明显特征。统一性表现在各国对货币发挥世界货币职能所做的规定和措施，以及黄金在国际间的支付原则、结算制度等都是大致相同的；松散性表现在它不是在一个公共的国际组织的领导和监督下各国共同遵守和执行的制度。

国际金本位制处在一个稳定的国际环境下，而且也正值资本主义自由竞争的全盛时期。因此，国际金本位制的运行对于推动当时各国经济和世界经济的繁荣与发展，起到了重要的促进作用。至今还有人怀念金本位制时代，力主恢复金本位制。具体来讲，国际金本位制对世界经济发展的作用和贡献表现在以下几方面：

1）保持汇率稳定，为国际贸易和资本流动创造了有利条件

在金本位制下，各国货币的汇率由它们的含金量比例决定，各国以法律制定其单位货币的含金量。因此，外汇市场的实际汇率往往围绕这个含金量之比上下波动，波动有一个幅度，这个幅度就是黄金的输送点。由于黄金输送点限制了汇率的波动，所以汇率波动幅度比较小，基本上是稳定的。汇率的相对稳定，可以保障对外贸易与对外信贷的安全，为国际贸易和资本流动创造有利条件。

2）自动调节国际收支，实现国际收支平衡

在金本位制下，各国的国际收支是自发进行调节的。国际收支的不平衡会引起黄金的流动，进而引起国内货币数量的变化，导致贸易双方国家国内物价和收入的变化莫测，这就迫使政府赶快采取措施调节国际收支的不平衡，制止黄金的流动。所以，在金本位制下，任何国家的国际收支都不会出现持续的巨额顺差或逆差，一国的国际收支状况较容易实现平衡。

3）协调各国经济政策，使各国经济政策协调一致

实行金本位制的国家，把对外平衡（即国际收支平衡和汇率稳定）作为经济政策的

首要目标，而把国内平衡（物价、就业、国民收入稳定增长）放在次要地位。国内平衡服从对外平衡的需要，这就能使各个资本主义国家的经济政策协调一致。

虽然国际金本位制促进了世界经济的发展，但它的弊端也十分明显，主要表现在：①由于本位货币是黄金，所以，货币供应量必然受到黄金产量的限制，进而危及整个制度的发展与巩固；②当一国发生国际收支逆差时，金币的大量外流会引起国内生产停滞和工人失业；③在国际收支的自动调节机制方面也存在着严重的缺陷。国际金本位制的这些弊端和缺陷，逼迫人们去思考、去想方设法改变和克服它。

7.2.4　国际金本位制的崩溃

由于国际金本位制不能适应战争时期增加通货的需要，1914 年第一次世界大战爆发后，各国纷纷放弃金本位制，国际金本位制中断运行。第一次世界大战后的 20 世纪 20 年代，资本主义世界处于相对稳定时期，各国又相继恢复了金本位制，但所恢复的不是原来的金币本位制，而是金块本位制（如英国等）或金汇兑本位制（如德国等）。国际金本位制在此基础上恢复运转，但是恢复运转的是已经被削弱的国际金本位制。即使如此，这种削弱了的国际金本位制也只是昙花一现。由于基础不稳，它一出现就遭到 1929—1933 年世界性经济大危机的猛烈冲击，于是，各国又都先后放弃了金本位制。

这次危机从美国证券市场的崩溃开始，随即迅速蔓延到世界各国，德国首当其冲。1931 年 7 月，在德国不少银行相继倒闭破产的情况下，德国政府采取了停付外债、禁止黄金自由输出，并实行严格的外汇管制等一系列措施，这就意味着德国的金汇兑本位制的结束。危机的风暴很快刮到了伦敦，伦敦发生了挤兑风潮，英格兰银行应付不了黄金、外汇的兑付，就于 1931 年 9 月宣布停止黄金支付，停止纸币兑现。从此，英国放弃了金块本位制。美国虽然黄金储备较多，但也经不起连续数次的黄金挤兑风潮，不得不于 1933 年 3 月宣布停止纸币兑现，禁止黄金输出。这说明美国一直维持下来的金本位制从此也结束了。美国放弃金本位制后，还同黄金保持联系的就只有黄金集团国家，这些国家是法国、瑞士、荷兰、比利时和意大利，它们惨淡经营了几年也维持不下去了。在 1935 年 3 月，比利时首先脱离黄金集团，宣布货币贬值。法国也因为黄金流失过多，于 1936 年 8 月采取了法郎贬值的紧急措施，实际上也是放弃了金本位制。紧接着，荷兰、瑞士和意大利都于同年 9 月底宣布货币贬值，放弃了金本位制。至此，国际金本位制宣告彻底崩溃，从此，资本主义世界分裂为相互对立的货币集团和货币区，国际金本位制退出历史舞台。

7.3　布雷顿森林体系

国际金本位制崩溃以后至 1944 年间，国际货币金融秩序一片混乱：各国国际收支发生严重危机，货币汇率极端不稳，外汇管制普遍加强，先后建立的英镑集团、美元集团和法郎集团或货币区之间的矛盾和斗争不断尖锐激烈。这些问题严重影响了国际贸易的发展，创建新的国际货币制度已迫在眉睫。这个新的国际货币制度就是布雷顿森林体系。

7.3.1　布雷顿森林体系的建立

第二次世界大战彻底改变了世界政治经济格局。联邦德国、意大利、日本等遭到毁灭性打击，英国、法国等老牌强国受到严重削弱，只有美国凭借第二次世界大战中的"租借法案"为盟国提供军火而一跃成为世界第一大国。据统计，1945年战争结束时，美国的工业制成品占世界总额的一半，海外贸易占世界总额的1/3强，黄金储备从1938年的145.1亿美元增加到1945年的200.8亿美元，约占资本主义世界黄金总储备的59%，其海外投资超过了英国，成为世界上最大的债权国。美国依仗其雄厚的经济实力试图取代英国充当金融霸主，而英国当然不会轻易拱手相送。第二次世界大战虽然极大地削弱了英国的经济实力，但是，英国在世界经济中的实力仍然不可低估，英镑区和帝国特惠制依然如故，国际贸易的40%还用英镑结算，英镑仍然是主要的国际储备货币，伦敦依旧是最大的国际金融中心。因此，重建"第二次世界大战"后国际金融新秩序的重任必然由英美两国共同承担。

早在1940年第二次世界大战爆发之初，英美两国政府就从各自的利益出发，开始设计新的国际货币秩序，以求改变国际金本位制崩溃后的混乱状况。为此，1943年4月7日美英两国分别发表了各自的方案，这就是美国的"怀特计划"和英国的"凯恩斯计划"。这两个计划充分反映了两国各自的利益以及建立国际金融新秩序的深刻分歧。

"怀特计划"是由美国财政部官员怀特（H.D.White）提出的，全称为"国际外汇稳定基金计划"。这个计划主张存款原则，建议成立一个国际货币稳定基金组织，金额不低于50亿美元。成员国在基金组织中的份额由黄金和本币构成，份额多少取决于各国的外汇储备、国民收入和国际收支等因素，并决定该国在基金组织的投票权。成员国可以在自己交纳的份额范围内向基金组织购买其他国家的货币。基金组织的货币单位"尤尼塔"（Unita）的含金量为137.142格令，相当于10美元。Unita可兑换黄金，在成员国之间相互转让。各国要规定本币与Unita的法定平价，仅在必须纠正"国际收支基本不平衡"时，经基金组织同意才可调整平价，基金组织向成员国提供短期贷款来解决国际收支问题。基金组织由执行董事会管理。怀特计划明白无疑地昭示了美国的意图——凭借拥有的黄金和经济实力，操纵和控制基金组织，为谋求金融霸主地位铺平道路。

"凯恩斯计划"是由英国财政部顾问、著名经济学家凯恩斯（J.M.Keynes）提出的，全称为"国际清算联盟计划"，这个计划主张透支原则，建议按中央银行方式组建"国际清算联盟"，各国中央银行在国际清算联盟开户往来，这些账户的记账单位"班珂"（Bancor）以黄金计价，其价值可由国际清算联盟适时调整。成员国可以用黄金换取Bancor，但不可以用Bancor换取黄金。各国汇率以Bancor标价，建立固定汇率，未经理事会批准不得随意变动。各国在国际清算联盟中的份额以第二次世界大战前三年进出口贸易平均额计算。成员国发生国际收支逆差时，在300亿美元的额度内可以向国际清算联盟透支，而不必使用贷款方式。国际清算联盟总部设在伦敦、纽约两地，理事会在两国轮流举行。凯恩斯计划意在创造新的国际清偿手段，降低黄金的作用，受到多数国家赞同。

上述两个计划提出以后，美英两国展开了旷日持久的讨价还价。1943年9月25日—10月9日，由怀特和凯恩斯分别率领的两国小组在华盛顿召开了9次专题会议，经过双方的激烈争吵与相互妥协，于1944年4月正式发表了《关于建立国际货币基金组织的专家联合声明》，为建立新的国际金融体系奠定了理论基础。同年7月1日到22日，第二次世界大战中的44个不同盟国在美国新罕布什尔州的布雷顿森林华盛顿山大旅社召开了"联合和联盟国家国际货币金融会议"，通过了以怀特计划为基础的《国际货币基金协定》和《国际复兴开发银行协定》，总称布雷顿森林协定。该协定于1945年12月27日批准生效。从此，以美元为中心的新的国际货币制度建立起来。布雷顿森林协定确立了第二次世界大战后以美元为中心的固定汇率体系的原则和运行机制，因此把第二次世界大战后以固定汇率制为基本特征的国际货币制度称作**布雷顿森林体系**（Bretton Woods System）。

7.3.2 布雷顿森林体系的主要内容

根据布雷顿森林协定的宗旨，《国际货币基金协定》以法律形式规定了布雷顿森林体系的主要内容：

（1）建立国际货币基金组织（IMF），作为永久性的国际金融机构，对国际货币汇率事项进行协调和监督，以维护布雷顿森林体系的正常运行，保持国际金融秩序。

（2）建立以美元为中心的汇兑平价体系（固定汇率制）。美元与黄金挂钩，其他货币与美元挂钩，构成了布雷顿森林体系的两大支柱。美国公布美元的含金量为0.888671克，1盎司黄金=35美元，美国承担各国中央银行按黄金官价用美元兑换黄金的义务。其他国家的货币则按金平价或固定比价与美元挂钩。各国货币与美元的法定平价一经国际货币基金组织确认，便不可更改，其波动幅度不得超过平价的±1%，一旦突破规定的波幅，各国中央银行必须进行干预。成员方只有当发生国际收支"根本性不平衡"时，经IMF批准才能改变汇兑平价。汇兑平价介于金本位制的永久性固定汇率和完全自由的浮动汇率之间，因此有的经济学家称之为"可调整的钉住体系"（如图7-1所示）。

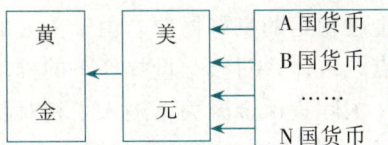

图 7-1　货币双挂钩

（3）确立黄金和美元并列的国际储备货币。在布雷顿森林体系中，黄金是基础，而美元作为最重要的储备货币或最主要的国际支付工具，充当国际货币，发挥国际货币的各种职能。第二次世界大战后，由于美国强大的经济实力和本国恢复经济的需要，世界各国对美元追求强烈，以致造成20世纪50年代的"美元荒"。人们普遍认为储存和使用美元比黄金更有利，因而很少有人用美元兑换黄金。1949—1971年世界各国储备中美元储备增长了16倍，而黄金储备只有少量增长。在布雷顿森林体系下，美元实际上等同于黄金，可以自由兑换成任何一国的货币，充当价值手段和流通手段。

（4）建立多渠道的调节国际收支不平衡机制。布雷顿森林体系通过四条渠道解决国际收支不平衡问题：①通过改变国内财政金融贸易政策等来实现收支平衡；②成员方可要求 IMF 实施"稀缺货币"条款，对稀缺货币进行兑换限制，迫使贸易顺差国削减顺差；③向 IMF 申请贷款；④改变汇兑平价，这是在其他调节措施无效或代价太高时才采用的最后手段。成员方汇率变动必须提前通知 IMF，并经过 IMF 85% 的投票权赞成后才能实施。

（5）废除外汇管制。《国际货币基金协定》第 8 条规定：会员国不得限制经常项目的支付，不得采取歧视性的货币措施，即不得采用复汇率，要在兑换性的基础上实行多边支付，但允许对资本流动实施外汇管制。另外，对于一些条件不具备的国家，也允许其延迟履行"货币兑换性"义务，即允许其暂时保留对经常项目的支付限制。国际金融学上把这类国家称为"第 14 条款国家"，而把履行兑换义务的国家称为"第 8 条款国家"。

小思考 7-1

IMF 协定的"稀缺货币"条款，其宗旨是希望盈余国主动承担调节国际收支的责任。请思考回答该条款的具体内容是什么？

小思考 7-1

分析提示

7.3.3 对布雷顿森林体系的评价

1）布雷顿森林体系的特点和贡献

布雷顿森林体系是以其他国家的货币依附于美元为前提的，它实际上也是一种国际金汇兑本位制度，但与第二次世界大战前相比，它具有以下两个特点：①储备货币的统一性。第二次世界大战后建立的以美元为中心的国际货币体系，几乎涵盖了所有的资本主义国家，所有的成员国都按照统一的规则进行运转；②组织结构的严整性。它不是一个松散的国际货币体系，而是通过协定和国际机构来规定和维持国际货币秩序。

布雷顿森林体系是在第二次世界大战后极不平衡的国际政治经济格局下建立起来的，它反映了各国对国际金融稳定的良好愿望。由于美元的霸主地位，美国理所当然是最大的受益者。撇开这一点，该体系对整个世界经济的推动作用也是显而易见的。

（1）布雷顿森林体系使国际货币金融关系进入了相对稳定的时期。该体系结束了第二次世界大战前国际货币金融领域的动荡混乱状况，世界各国在统一的货币原则下运转，为第二次世界大战后特别是 20 世纪五六十年代世界经济的稳定发展创造了良好的条件。

（2）促进了国际贸易和国际资本流动的发展。该体系由于客观上实行了固定汇率制，从而大大减少了国际贸易及对外投资的汇率风险，同时为国际间的融资创造了良好的环境，为跨国公司及生产国际化的发展创造了必要的前提条件。

（3）缓解了会员国国际收支困难。IMF 为会员国提供了各种类型的贷款，帮助会员国摆脱国际收支失衡的困扰和制约，使会员国的对外贸易和国内经济得以顺利发展。

（4）美元成为最主要的国际储备货币，在当时黄金生产停滞的情况下，弥补了国际清偿能力的不足，在一定程度上解决了国际储备的短缺问题和国际支付手段的困难。

（5）促进了更加广泛的国际货币合作和国际金融关系的协调。IMF经常以各种形式召开会议，就国际货币金融问题广泛交换意见，为国际货币合作提供了重要的阵地。

2）布雷顿森林体系的严重缺陷

虽然布雷顿森林体系对第二次世界大战后世界经济的发展产生了重要的积极影响，做出了很大贡献，但该体系也存在着一些严重的缺陷。

（1）由于对美元的高度依附而导致的储备制度的不稳定性是布雷顿森林体系崩溃的内在原因。以一国货币作为主要的储备资产，必然给国际储备带来难以克服的矛盾，这就是著名的"特里芬难题"理论。该理论是由美国耶鲁大学教授罗伯特·特里芬于20世纪50年代首先预见并提出来的。该理论认为，由于规定了双挂钩制度，而且黄金的产量和美国黄金储备的增长满足不了世界经济和国际贸易的发展，因此，美元会出现一种进退两难的境地：为满足世界经济和国际贸易的发展，美元的供应量必须不断地增长，即国际收支持续逆差；美元供应的不断增长，使美元同黄金的兑换日益难以维持。反之，要避免这种体制的崩溃，美国就应通过国际收支顺差获得各国对美元的信任，但这又意味着各国将因此缺乏必要的清偿手段，引起国际支付困难和世界经济紧缩。正是这种"二律背反"使布雷顿森林体系最终难以逃脱瓦解的命运。

（2）国际收支调节机制不健全。一方面，由于布雷顿森林体系实行固定汇率制，过分强调汇率的稳定，因此，这种僵化的汇率调整机制，使各国不能利用汇率的变动来达到调整国际收支失衡的目的，而只能消极地实行管制措施或有损于国内经济目标实现的经济政策。另一方面，按照该体系的准则，在各国货币对美元汇率的变动超过《国际货币基金协定》所规定的界限时，各国政府有义务对外汇市场予以干预。赤字国因货币贬值应在外汇市场抛出美元购进本币，这等于通过公开市场业务缩减了国内货币供给，往往会导致衰退和失业；而盈余国则应在外汇市场抛出本币收购美元，这种扩张性的货币政策又往往会导致通货膨胀。这种将对外平衡目标置于对内平衡目标之上的做法，由于脱离客观实际，逐渐引起了各国的不满和抵触。另外，在当时的情况下，顺差国因担心国内通货膨胀而不愿扩张，听凭储备货币不断积累；逆差国为了国内充分就业也不愿意紧缩，但是为了阻止国际储备的不断减少又不得不做出调整。其结果是调节国际收支的责任通常会单方面地落在逆差国的身上。总之，由于诸多弊病的存在，该体系始终未建立起健全而有效的国际收支调节机制，这也是导致以美元为中心的固定汇率制最终失败的重要原因。

（3）IMF解决国际收支不平衡的能力有限。汇率机制的内在矛盾使各国的国际收支困难日益严重，增加了对IMF的贷款压力。由于资金有限，IMF无法满足众多要求，常常顾此失彼。特别是发展中国家由于所占基金份额太少，贷款条件又过于严格，更难以得到及时而充分的帮助。据统计，1980年底，发展中国家提供的资产占IMF总资产的43%，而获得的信贷只有4%；工业发达国家提供的资产为57%，而获得的资金却高达

96%。除了这些不公正的待遇以外，IMF 的能力所限也是导致这一局面的重要原因。

小思考 7-2

布雷顿森林体系是以固定汇率和货币可兑换为特征的一种国际货币制度。在它正常运行的 28 年中，只有两次大规模的汇率变动，请你说说其变动的情况和程度。

小思考 7-2

分析提示

7.3.4　布雷顿森林体系的崩溃

要维持布雷顿森林体系正常运转，必须坚持"双挂钩"原则，亦称两大支柱。而要坚持"双挂钩"原则，则要必须满足三个基本条件：一是美国国际收支保持顺差，美元对外价值稳定；二是美国有充足的黄金准备，以保持美元对黄金的无限兑换性；三是黄金价格维持在官价水平。毫无疑问，这两大支柱和三个基本条件一旦不具备了，该体系也就土崩瓦解了。

1）美元信用动摇，拉开了布雷顿森林体系解体的序幕

第二次世界大战结束以后，饱受战争创伤的西欧、日本及许多刚刚独立的发展中国家急需大量美元恢复和发展生产，从而在世界范围内形成了普遍的"美元荒"。但是由于美国政府推行对外扩张政策，"美元荒"迅速向"美元灾"转化。1948 年仅"马歇尔·计划"一项，美国就先后对西欧各国提供援助贷款 270 多亿美元。另外，庞大的海外驻军开支以及国内的低利率政策也导致美元大量流入其他国家。1950 年美国发动侵朝战争以后，其国际收支开始转为逆差。在 1952—1960 年间，除 1957 年外，美国的国际收支连年逆差，黄金储备大量外流，对外短期债务激增。到 1960 年，美国累积的短期债务已达 210 亿美元，而黄金储备只有 178 亿美元，全部黄金储备已不足以抵偿国外短期债务，美元信用开始动摇。从此，围绕美元危机拉开了布雷顿森林体系解体的序幕。

2）美元发生危机，六种措施难阻恶化之势

1960 年 10 月，伦敦金融市场发生了抛售美元、抢购黄金的风潮，金价爆涨到 41.5 美元 1 盎司，高出黄金官价的 18.5%，这就是第一次美元危机。为了制止事态的进一步恶化，美国要求其他西方国家与其合作。各国虽然与美国有利害冲突和意见分歧，但是由于储备货币的危机直接影响到货币制度的稳定，也关系到各自的切身利益，因而各国均抱着合作的态度采取了一系列维持黄金官价和美元汇率的措施，主要有《稳定黄金价格协定》、《巴塞尔协定》、"黄金总库"、"十国集团"、"借款总安排"以及《货币互换协定》等（详见后面补充阅读资料）。

以上六种措施虽然使岌岌可危的布雷顿森林体系得以喘息，但无法从根本上解决美国国际收支长期逆差的问题，所以该体系的解体已势在必然。20 世纪 60 年代中期越南战争爆发以后，美国连年庞大的军事开支和财政赤字使国际收支更加恶化。1968 年初，美国黄金储备降至 120 亿美元，对外短期债务则达到 308 亿美元。1968 年 3 月，第二次美元危机爆发，巴黎市场的金价一度涨至 44 美元 1 盎司，美国的黄金储备半个月内流失

了 14 亿美元。危机导致一些金融市场纷纷停止或关闭，"黄金总库"被迫解散，美国与有关国家达成了"黄金双价制"决议，即美国不再按官价在黄金市场上出售黄金，听任金价由供求关系自行决定，但各国政府仍可以按 35 美元 1 盎司的官价向美国兑换黄金。这种双价制实质上是美元的贬值，它表明了美元危机的进一步加深。

3）"新经济政策"切断美元与黄金的直接联系

在美国国际收支不断恶化的情况下，1971 年 5 月和七八月间，又连续爆发了两次美元危机，这时美国的黄金储备已降至 105 亿美元，对外短期债务高达 510 亿美元。为了防止其他国家向美国大量挤兑黄金，1971 年 8 月 15 日，美国总统尼克松宣布实行"新经济政策"，在国内冻结工资和物价 90 天，对国外停止用美元兑换黄金，并对进口商品增收 10% 的进口附加税，削减对外经济援助 10%。"新经济政策"的推行，切断了美元与黄金的直接联系，至此，美元与黄金脱钩，支撑布雷顿森林体系的两大支柱有一根已经倒塌。这一措施实施之后，一些西方国家宣布实行浮动汇率制，引起了西方外汇市场的极度混乱。"十国集团"经过 4 个多月的讨价还价和激烈斗争，终于在 1971 年 12 月 18 日勉强达成一项妥协方案——《史密森协议》，决定美元对黄金贬值 7.89%，黄金官价提高到 38 美元 1 盎司，美国取消 10% 的进口附加税；其他国家货币平价做较大调整，对美元汇率实际升值 2.76%～7.66% 不等（如比利时法郎、荷兰盾各升值 2.76%，联邦德国马克升值 4.16%，日元升值 7.66% 等）；各国货币对美元汇率的波动幅度由上下 1% 扩大到上下 2.5%。由于大势已去，《史密森协议》根本不可能挽救濒于崩溃边缘的布雷顿森林体系。

4）放弃固定汇率，各国货币与美元脱钩

1973 年 2 月，国际金融市场上又一次掀起了抛售美元，抢购联邦德国马克、日元和黄金的浪潮。这已是美元的第 8 次危机。迫不得已，美国政府于 2 月 12 日再次宣布美元贬值 10%，黄金官价由每盎司 38 美元进一步提高到 41.8 美元。同年 3 月，国际金融市场又起狂潮，伦敦市场的金价曾一度涨到 96 美元 1 盎司。为了维护本国的经济利益，各国纷纷放弃固定汇率制，实行浮动汇率制。西欧国家对美元采取联合浮动，表明了各国货币与美元脱钩，支撑以美元为中心的国际货币体系的两大支柱至此已全部坍塌，标志着布雷顿森林体系的彻底崩溃。

7.4　牙买加国际货币体系

布雷顿森林体系崩溃以后，国际金融关系动荡混乱，美元国际地位不断下降，国际储备呈现多元化状态。许多国家实行浮动汇率制，汇率剧烈波动，全球性国际收支失衡现象日益严重，各国都在探寻国际货币制度改革新方案。

7.4.1　牙买加国际货币体系的形成

1971 年 10 月 1 日，在布雷顿森林体系即将垮台时，IMF 最高权力机关——IMF 理事会就委托各位执行董事着手研究改革世界货币制度的措施。

1972年7月26日，IMF理事会下新设立了一个研究国际货币制度改革的专门机构——国际货币制度改革和有关问题委员会。该改革委员会由20个国家组成，故又称为"二十国委员会"，其中，发达国家的代表有11个（包括原"十国集团"成员和澳大利亚），发展中国家的代表有9个（包括印度、巴西、摩洛哥、埃塞俄比亚、阿根廷、墨西哥、扎伊尔、印度尼西亚、伊拉克）。"二十国委员会"经过多次协商争议，最后于1974年6月在华盛顿的第6次会议上通过了一项《国际货币制度改革纲要》。其主要内容是：实行稳定的、可调整的固定汇率制，国际储备资产应以SDRs为主，国际收支调节要考虑有关国家的发展水平和经济增长的需要等。"二十国委员会"在提出此改革纲要后，决定解散机构并结束其工作和活动。

1974年10月2日，国际货币基金组织又设立"国际货币制度临时委员会"（简称"临委会"），以接替"二十国委员会"的工作。临委会由5个在国际货币基金中占份额最多的国家各派1名委员，另外再由6个工业发达国家和9个发展中国家共指派15名委员，所以，它仍然是二十国委员会。临委会经过一系列会议和反复磋商，直到1976年1月8日在牙买加首都金斯敦举行的第五次会议上，才就汇率体系、黄金处理、储备资产、扩大信贷制度、增加基金份额等问题达成一些协议，这就是《牙买加协定》（Jamaica Agreement）。各国还同意修改《国际货币基金协定》条款。1976年4月，IMF理事会通过了《国际货币基金协定第二次修正案》。1978年4月1日，该修正案获得法定的五分之三会员国和五分之四投票权的多数批准，修改后的协定正式生效。这样，以《牙买加协定》为基础的新的国际货币制度——牙买加国际货币体系正式确立。

7.4.2 牙买加国际货币体系的主要内容

1）实行固定汇率和浮动汇率并存的混合汇率体制

牙买加国际货币制度规定：IMF会员国可以自由选择任何一种汇率制度。IMF承认固定汇率制度与浮动汇率制度暂时并存，但各会员国的汇率政策应受IMF的指导和监督，并须与IMF协商，以防各国采取损人利己的货币贬值政策。实行浮动汇率制的会员国如认为国际经济条件具备，经总投票权85%的国家同意，IMF可决定恢复"稳定而可调整的平价制度"，但各参加国对是否参加固定汇率有较大的选择性。

2）取消黄金条款，实行黄金非货币化

《国际货币基金协定第二次修正案》中删除了原协定中有关黄金的所有规定，包括：①废除黄金官价，黄金不再作为各国货币的定值标准，各会员国的中央银行可按市价自由从事黄金交易；②取消会员国之间或会员国与基金组织之间以黄金清偿债权债务的义务；③逐步处理基金组织所持有的黄金，按市价出售基金组织黄金总额的六分之一（约2 500万盎司），另外六分之一按官价归还各会员国，剩余部分（约1亿盎司）根据总投票权85%的多数做出处理决定。废除黄金条款，实行黄金非货币化，目的是使黄金与货币完全脱离联系，让黄金成为一种纯粹的商品。

3）使SDRs成为主要的国际储备资产

《国际货币基金协定第二次修正案》中提出会员国制定本国货币汇率时，可与SDRs

联系，并使SDRs逐步代替黄金和美元成为主要的国际储备资产，也就是将黄金—美元本位制改为SDRs本位制。协定规定各会员国之间可以自由进行特别提款权交易，而不必征得IMF的同意。IMF一般账户中所持有的资产一律以特别提款权表示。IMF一般业务中扩大了特别提款权的使用范围，并且尽量扩大特别提款权的其他业务使用范围。

4）提高对发展中国家的贷款额度

IMF用出售黄金所得的收益建立信托基金（trust fund），以优惠条件向最穷困的发展中国家提供贷款；将基金组织的信用部分贷款额度由会员国份额的100%提高到145%；提高基金组织"出口波动补偿贷款"（compensatory finanacing facility）在份额中的比重，由占份额的50%提高到占份额的75%。

5）调整IMF会员国缴纳的基金份额

各会员国向IMF缴纳的份额由原来的292亿特别提款权增加到300亿特别提款权，提高了33.6%。各会员国应缴份额所占的比重也有所改变，主要是欧佩克国家的比重提高一倍，由5%提高到10%，其他发展中国家维持不变，主要西方国家除联邦德国和日本略增以外，其余国家都有所降低。这是IMF从成立以来所做出的第四次份额调整。

7.4.3　牙买加国际货币体系的运行态势

牙买加体系实际上是以美元为中心的多元化固定和浮动汇率体系。在这个体系中，黄金的国际货币地位趋于消失，美元虽能在储备货币中居首位，但美元的国际货币地位正在削弱。德国马克与日元以及特别提款权和欧洲货币单位等储备货币的地位不断增强。各国采取的汇率制度可以自由安排：主要发达国家货币的汇率实行单独浮动或联合浮动，多数发展中国家采取钉住汇率制度，还有的国家采取其他形式的管理浮动。各国国际收支不平衡是通过汇率机制、利率机制等多元化的调节机制进行调节的。

1）多元化的国际储备货币体系

由于特别提款权本位难以建立，美元本位又难以维持，因此国际储备出现了分散化的趋势，形成了目前多元化的局面。

（1）美元仍是最主要的储备货币，但美元的地位正在下降。具体表现在美元仍是主要的国际计价单位、支付手段和国际价值的贮藏手段。

（2）特别提款权和欧洲货币单位的储备作用正在不断加强。特别提款权是国际货币基金组织创设的国际储备资产，它作为国际储备资产的功能目前还不健全，但是它的地位不容忽视。尽管特别提款权占世界各国的国际储备总额的比重从1972年的7.8%降到1991年的2.9%，但是我们要认识到这一点：国际货币基金组织的目标是不断鼓励和推动特别提款权更为普遍地使用，使特别提款权最终成为价值尺度、流通手段、支付手段与世界货币。特别提款权自1970年问世至今，一直是国际金融界讨论的焦点，特别是研究国际货币制度改革方向时，一些人总是对它寄予厚望。

欧洲货币单位是原欧洲共同体国家创设的一种综合货币单位，它的价值由12种货币组成，相对比较稳定，因此逐渐被一些国家的中央银行用作外汇储备。它在工业发达国家外汇储备中的比重目前约占13%，在全部国家外汇储备中的比重与日元差不多。在欧洲货币市场上，欧洲货币单位债券、欧洲货币单位存款和贷款一直发展很快，显示出强大的国际储备潜力。

（3）随着日本与德国经济的飞速发展，日元与德国马克的国际货币地位正在日益提高。从这两种货币在外汇储备中所占比重的变化就可以看到这一点。日元和德国马克在官方外汇储备中所占比重从1973年分别占0.1%和7.1%上升到1990年的9.1%和19.7%，而且还有逐年上升的趋势，在国际储备体系中已经对美元构成威胁。

（4）黄金的国际储备地位继续下降。《牙买加协定》以及《国际货币基金协定第二次修正案》继续推进黄金非货币化政策。从1973年美元脱离黄金以后，黄金非货币化过程逐渐在进行，然而这个过程是相当缓慢的。从事实上来说明，就是在今天，黄金的货币功能也并没有完全消失，黄金还是最终的国际清偿手段与保值手段。目前，各国仍然非常重视对黄金储备的持有，国际货币基金组织仍持有黄金约1.03亿盎司。但是我们必须看到这一点，黄金非货币化是一种趋势。

2）多样化的汇率制度安排

据国际货币基金组织统计，截至1997年3月3日，IMF181个成员方实行了九种汇率安排。这九种汇率安排可以归纳为以下三大类：（1）可调整的钉住汇率安排（66种货币）；（2）有限的浮动汇率安排（16种货币）；（3）更灵活的浮动汇率安排（99种货币）。到2000年6月，IMF成员方的汇率制度安排为：货币区或货币联盟（37个国家）；货币局制度（8个国家或地区）；钉住汇率（67个国家），包括传统的钉住汇率（44个国家）、可调整的钉住汇率（8个国家）、爬行钉住（6个国家）、可调整的爬行钉住（9个国家）；浮动利率（73个国家），包括管理浮动汇率（25个国家）和自由浮动汇率（48个国家）。

3）多样化的国际收支调节机制

在牙买加体系条件下，各国主要通过汇率机制、利率机制、国际金融市场、国际储备资产和国际金融机构的协调来调节国际收支的不平衡，国际收支调节机制多样化了。

（1）汇率机制调节。这是牙买加体系下国际收支调节的主要方式。这一机制的运转情况是：一国货币汇率趋于下跌贬值，有利于增加出口、减少进口，从而使贸易收支和经常账户收支得到改善；反之，一国货币汇率上浮升值，会使该国进口增加、出口减少，国际收支恢复均衡。但在实际中，汇率机制调节的作用没有预期的那么大，或多或少会受到其他条件的限制。

（2）利率机制调节。即通过一国实际利率与其他国家实际利率的差异变动引导资金流入、流出，从而调节国际收支。利用利率机制实际上就是通过国际收支资本账户的盈余和赤字，来平衡经常账户的赤字和盈余，或者说，是利用债务和投资来调节国际收支。不过，利用利率机制调节国际收支也会产生副作用。

（3）国际金融市场的调节。这种调节主要是通过国际金融市场的媒介作用、国际商业银行的活动来进行的。

（4）国际金融机构的协调。这主要是通过IMF的贷款、监督和指导等活动帮助赤字国克服国际收支困难，促使双方对称地承担国际收支平衡调整的义务。除此之外，IMF

还在商业银行和债务国之间进行协调，促进国际债务的重新安排和减免。

由于以上调节机制的作用都有局限性，因此还可以通过外汇储备的变动来进行调节，盈余国外汇储备增加，赤字国外汇储备减少。总的说来，牙买加体系是采取多种调节机制相互补充的办法来调节国际收支的。

小思考7-3

汇率频繁变动会对哪些方面造成不良影响？

小思考7-3

分析提示

7.4.4　对牙买加国际货币体系的评价

自1978年4月牙买加体系开始形成至今已经30多年，目前仍然看不出这个体系将在近几年内发生重大变革的迹象，这说明牙买加体系运转正常。因此，在评价这一货币体系的功过是非时，首先应该肯定它的积极作用。

1）牙买加体系克服了布雷顿森林体系的一些弊端和困难，对世界经济的发展起到了一定的积极作用

（1）牙买加体系基本上摆脱了布雷顿森林体系时期基准通货国家与附属国家相互牵连的弊端，并在一定程度上解决了"特里芬难题"。布雷顿森林体系弊端之一就是各国货币与美元挂钩，从而使基准通货国家与依附国家相互牵连。而牙买加体系由于实现了国际储备多元化和浮动汇率制，因此，即使美元发生贬值，也不会影响各国货币的稳定性，各国也不可能用自己的美元储备向美国联邦储备银行挤兑黄金。所以说牙买加体系已经基本上摆脱了基准通货国家与依附国家相互牵连的弊端。

牙买加体系在一定程度上解决了"特里芬难题"。这是因为该体系实现了国际储备多元化，美元已经不是唯一的国际储备货币和国际清算及支付手段，即使美元不向外流，也会有其他国际储备货币和国际清算及支付手段来弥补国际清偿力的不足；即使美国国际收支不断发生逆差，各国的美元储备超过美国的黄金储备，各国也不可能用美元储备向美国挤兑黄金，从而加重美国的经济困难。

（2）牙买加体系实行比较灵活的混合汇率体制，这能够灵敏地反映不断变化的经济情况，有利于国际经济运转和世界经济的发展。具体表现在：①各个主要国家货币的汇率可以根据市场供求状况自发调整，可以灵活地反映瞬息万变的宏观经济状况，这便使各国货币的币值得到了充分体现与保证，有利于国际贸易与金融及其他经济交往的进行。②这种灵活的混合汇率体制可以使一国的宏观经济政策更具有独立性与有效性。当国际收支出现严重逆差时，不一定必须采取紧缩的宏观经济政策来维持本国货币汇率的稳定。③在以浮动汇率为主的混合汇率体制下，各国还可以减少为了维持汇率稳定所必须保留的应急性外汇储备，可以减少由于这部分资财脱离生产而造成的损失。

（3）牙买加体系采取多种调节机制相互补充的办法来调节国际收支。牙买加体系的国际收支调节机制除了依靠国际货币基金组织和汇率变动外，还通过利率机制及国际金融市场的媒介作用，国际商业银行的活动，有关国家外汇储备的变动以及投资等因素来

调节国际收支。多种调节机制结合起来相互补充，在一定程度上缓和了布雷顿森林体系调节机制失灵的困难，从而对世界经济的运转和发展起到了一定的积极作用。

2）牙买加体系也存在许多弊端，给世界经济带来诸多不利影响

虽说牙买加体系促进了世界经济的发展，但是以美元为中心的多种储备和浮动汇率制为特征的牙买加体系的弊端，随着国际经济关系的发展变化，也日益明显地暴露出来。

（1）牙买加体系所呈现的国际货币多元化趋势日益加强，而多元国际货币体系缺乏统一的、稳定的货币标准，这本身便是一种不稳定的因素。这种国际货币格局的错综复杂，往往造成外汇市场的动荡混乱，无论是对于国际贸易与信用的正常运行，还是对于世界经济的健康发展，都会带来不利的影响。

（2）在牙买加体系下，由于主要国家全都采用浮动汇率制，汇率波动频繁而剧烈。这会产生以下弊端：①汇率波动频繁猛烈，使进出口商很难核算成本与利润，难免蒙受外汇风险损失，因而往往影响贸易成交额和世界贸易的发展。②汇率变动不定，在国际借贷关系上不是债权方蒙受损失，便是债务方负担加重，甚至引发债务危机，因而势必影响国际信用的发展。而国际信用关系的缩小又会影响期货贸易，从而影响国际贸易与世界生产的发展。③牙买加体系以浮动汇率为主，汇率可以比较自由地下浮，因而较容易导致通货膨胀。④汇率频繁波动，助长了外汇投机活动，加剧了国际金融市场的动荡与混乱。从目前发展来看，浮动汇率将长期持续下去。

（3）国际收支调节机制不健全。在牙买加体系下，国际收支的调节机制是多样化了，但各种调节机制都有局限性。国际货币基金组织的贷款能力很有限，同时也无力指导与监督盈余国与赤字国双方对称地调节国际收支。所以自1973年以来，国际收支失衡的局面一直没有改善，而且还日趋严重，致使逆差国储备锐减，顺差国储备猛增。

观念应用7-2

根据历史发展的经验，一个健全的、可行的国际货币制度应具备哪些条件？

观念应用7-2

分析提示

7.5 国际货币制度改革

布雷顿森林体系崩溃后，以以美元为中心的多元化储备和有管理的浮动汇率为特征的牙买加体系正式运转虽然至今已近30年，但还没有马上要解体的迹象。

近几年来，由于牙买加国际货币制度的国际货币多元化、浮动汇率波动剧烈且长期化和国际收支问题严重化的三大弊端日益显露，给世界经济带来诸多不利影响。因此，在西方七国首脑会议上，在国际货币基金组织历届年会及其他会议上都曾讨论过国际货币制度改革问题。特别是在亚洲金融危机后，各国进一步改革现行货币制度，建立合理而稳定的国际货币新秩序的愿望就更为迫切。

7.5.1 主要改革方案介绍

1）恢复金本位制方案

早在1965年，法国政府就提出恢复金本位制。法国经济学家卢复（J.Rueff）进一步提出建立"国家之间的金本位制"的具体方案。该方案的主要内容是：①各国间的国际收支差额均以黄金进行结算；②提高黄金价格；③美国的国际收支应保持平衡，以免黄金外流；④各国持有的美元应向美国兑换黄金，各国对外国持有的本币也应予以兑换黄金。

2）恢复美元本位制方案

1973年布雷顿森林体系崩溃以来，虽然美元的地位大大削弱，但美元仍然是国际上最主要的储备货币、支付货币和计价货币。所以有人主张，为使汇率趋于稳定，拟恢复美元本位制。这一主张看似有道理，实则蕴含着一个根本性的矛盾：如果美元恢复为唯一的储备货币，则又会陷入"特里芬难题"的困境。

3）特别提款权本位制方案

1984年，哈佛大学教授理查德·库伯提出此方案。他认为，不可能由任何一个国家的货币充当国际货币制度的中心货币，只能由特别提款权来担当，因为它是人为创造的资产，是一种复合货币，可以满足各国对国际清偿能力日益增长的需要，而且IMF是创造和分配特别提款权的唯一机构，它可以有效地加以控制、协调。但要解决以下几个关键问题：①必须成立一个超国家的世界性的中央银行，统一国际货币的发行，统一管理国际储备，而且能有效地直接干预和调节国际货币金融领域中各种不协调的政策和行为。②要改变特别提款权不合理的分配原则，分配应与资源转移相结合，根据经济发展的需要，充分考虑如何与发展中国家的发展与援助相结合，同时扩大使用范围。③必须对原有储备货币进行妥善处理。

4）设立汇率目标区方案

1983年，美国学者约翰·威廉姆森（John Wiliamson）和伯格斯坦（Bergsten）共同提出设立汇率目标区（target zone）的方案。该方案要求各国实际汇率对目标汇率的偏离幅度不超过10%。这里的汇率目标区是指有关国家的货币当局选择一组可调整的基本参考汇率，制定出一个围绕其上下波动的幅度并加以维持。汇率目标区的种类主要分为"硬目标区"和"软目标区"。前者的汇率变动幅度小，不常修订，目标区的内容对外公开，一般是通过货币政策将汇率维持在目标区。后者的汇率变动幅度较大，而且经常修订，目标区的内容不对外公开，不要求必须通过货币政策加以维持。这个方案有助于促进汇率的稳定，但在确定汇率目标区上存在许多技术性的困难。

5）建立替代账户方案

1979年，IMF临委会在贝尔格莱德召开的第34届年会上，提出了建立"替代账户"（substitution account）以吸收各国手中过度积累的美元资产，并使特别提款权成为主要国际储备资产的改革方案。所谓替代账户，就是在IMF设立一个专门账户，发行一种特别提款权存单，各国中央银行可将手中多余的储备折成特别提款权存入该账户内，再由

IMF用吸收的美元投资于美国财政部发行的长期债券，所得的利息收入返还给替代账户的存款者。替代账户的作用是可以吸收过剩的美元储备供给，并且能提高特别提款权的国际储备货币地位。但实际上，替代账户的作用很小，没有产生预期的效果，自1980年IMF汉堡会议以来，替代账户的改革建议被无限期搁置起来。

7.5.2 改革的前景展望

其实，国际货币制度改革的关键和争论焦点是三个方面的问题，即国际储备货币制度问题、国际汇率制度问题和国际收支调节机制问题。针对这三个问题，长期以来，发达国家之间、发展中国家之间以及发达国家与发展中国家之间一直存在着重大分歧和尖锐矛盾，致使国际货币制度改革步履艰难，成效甚微，前景展望很不乐观。

1971年以前的国际货币制度可划分为金本位、可兑换黄金的英镑本位和可兑换黄金的美元本位三个阶段，它们都与黄金相关联。但在这三个阶段中，黄金的地位是逐渐削弱的。

实践已经充分证明：金本位、可兑换黄金的英镑本位和美元本位都是行不通的。可以断言，今后要回到国际金本位或是金汇兑本位，或是出现第三个可兑换黄金的货币本位，都是根本不可能的。美国政府于1981年7月专门成立了黄金委员会，该委员会经反复论证，终于在1982年3月投票否决了恢复金本位制的方案；1984年5月，"十国集团"在罗马召开会议，也排除了恢复金本位制的可能性。黄金非货币化的趋势是不可逆转的，但黄金仍然是货币。黄金作为货币有其历史延续性。在当今货币支付危机不断爆发、汇率频繁波动的情况下，黄金必然成为保值的重要手段和最后的国际清偿手段，也是保证国际货币币值稳定和对外信誉的一个重要条件，因此，黄金仍将在未来国际货币制度中发挥重要作用。

从目前情况看，无论是恢复以美元为中心的国际金汇兑本位制，还是建立美元本位制，都是行不通的。但由于支持美元国际货币地位的各种因素近期内不会发生大的转变，因此，目前还没有哪一种货币能完全取代美元的国际储备货币地位，在未来一定时期内，美元仍将在国际货币制度中起重要作用。

日元和欧元的国际储备货币地位上升很快，但还不足以成为主导货币来取代美元的地位。在未来的一段时期内，随着日元和欧元的地位继续提高，在国际货币领域内，有可能出现美元、日元、欧元三足鼎立的局面，但三足鼎立的格局还是不稳定的。

从长远来看，还是应发展统一的世界货币。这种货币既不可能是黄金，也不可能是某一个大国的货币。从凯恩斯到特里芬再到理查德·库伯等国际金融学家都提出过共同货币的建议，这意味着各国要放弃独立的货币政策，因此难度很大。至于要在全世界范围内建立统一的中央银行发行共同货币，则难度更大。因此建立SDRs本位制的任务也是任重而道远。

小知识7-1　　　　　　　欧元区经济的结构性难题

欧盟委员会近期发布预测，维持欧元区今年1.2%的经济增长预期不变，下调通货膨胀预期至1.3%。随后，欧洲央行宣布，维持零利率至少至2020年夏季，并计划在下半年推出新一轮量化宽松货币政策。这引发了人们对欧洲经济的普遍担忧。

德拉吉任欧洲央行行长期间，为实现2%的通胀目标实施了两期欧版量化宽松政策，通过在二级市场购买欧元区成员国的主权债务，向银行提供流动性，实施零利率政策，促使银行对外贷款，推动投资和消费，进而带动经济增长。在为欧洲结构改革争取时间的同时，德拉吉不断呼吁，货币政策已竭尽所能，欧盟委员会应在财政政策方面共同发力，通过结构改革实现欧洲经济的稳定和可持续增长。

然而，欧洲国家的情况却日趋复杂。法国结构改革遭遇街头抗议，意大利放缓了结构改革的步代。与此同时，德国和荷兰等财政预算盈余、平均负债率较低的欧元区国家，则素以"节俭"著称，无意为各种扩张性的财政政策埋单。

究其原因，还得从欧洲南北不同的经济增长模式说起。据欧盟委员会一项研究表明，第二次世界大战结束以来，法、意等国的经济增长模式立足于由公共部门和低储蓄所拉动的内需，而德国、荷兰等的经济增长则依赖出口。欧元未流通前，法、意可不断通过本国货币贬值的方法进行"债务减计"，以此重新获得竞争力；德国和荷兰则通过提高劳动生产率来不断增加出口，同时通过保持币值稳定来保证储蓄"不缩水"。

欧元面市后，法国和意大利无法再通过货币贬值来重新获得竞争力，而德国和荷兰等国的出口竞争力却不断增强。出口对经济的贡献，在南北欧间的差距不断加大。这种结构性的困境延宕已久，尽管欧洲央行通过非常规性货币政策操作努力"放水"，也没能缓解这一结构性矛盾。

欧洲眼下面临的不仅是内部矛盾，外部环境也比较艰难。根据国际货币基金组织日前发布的《世界经济展望报告》，全球技术供应链受到威胁，经济下行风险增加，多国央行已经做好了进一步放宽货币政策的准备，美国已经降息。欧洲经济增长由此面临更多的不确定性。德国作为欧洲经济增长的发动机，已经从2017年开始减速，2018年增长率为1.4%，预测今年仅为0.5%。

今年底，来自法国的拉加德将担任欧洲央行的新掌门人，来自德国的冯德莱恩将成为欧盟委员会主席。法德作为欧洲一体化曾经的轴心，在不久的将来，一个掌握货币政策，一个能左右财政政策，两国能否携手解决欧元区的结构性问题，推动欧洲实现可持续增长，还需拭目以待。

资料来源　陈新.欧元区经济的结构性难题［EB/OL］.［2019-08-14］. https://baijiahao.baidu.com/s?id=1641785601513432551&wfr=spider&for=pc.

补充阅读资料7-1

中方倡议筹建的亚洲基础设施投资银行（以下简称"亚投行"）开业以来，坚持共商、共建、共享原则，奉行多边主义，同更多发展伙伴开展合作。新冠疫情暴发后，亚投行行动迅速，支持成员国应对疫情和恢复经济。多国专家学者日前在接受新华社记者采访时表示，亚投行是成员国名副其实的合作伙伴，为区域经济发展做出了重要贡献。

哈萨克斯坦总统战略研究所首席研究员多多诺夫表示，亚投行打破多边国际金融机构由发达国家主导的状况，有着广泛的代表性，是体量最大的新兴国际金融机构之一。受新冠疫情等因素影响，哈萨克斯坦经济受到很大冲击，亚投行的资金支持对哈实施大规模克服危机计划至关重要。全球经济正经历困难时刻，亚投行的作用变得更加突出。

阿根廷拉努斯国立大学教授、中国问题专家古斯塔沃·吉拉多说，亚投行对促进区域互联互通和一体化发挥了重要作用。对于像阿根廷这样的经济体，亚投行为其基础设施建设带来了更多希望。与此同时，有了亚投行，相关国家同中国在"一带一路"倡议下进行合作会更加便利，一些发展中国家也可以获得更多的发展机会。

肯尼亚国际问题专家卡文斯·阿德希尔表示，亚投行已经证明了其作为名副其实的多边金融平台的作用。对于肯尼亚来说，亚投行也是名副其实的合作伙伴，可以成为进一步巩固肯尼亚和中国之间联系的桥梁，它通过帮助兴建更多基础设施，提高肯尼亚的生产能力。

印度尼西亚智库亚洲创新研究中心主席、印尼东盟南洋基金会主席班邦·苏尔约诺表示，亚投行侧重于基础设施建设融资，通过给相关国家的基础设施建设提供贷款来提升其国家发展水平，是对现行国际金融秩序的有益补充完善。

班邦·苏尔约诺说，与传统的国际性金融机构不同，亚投行的贷款无附加条件，更没有政治色彩。亚投行的工作缩小了区域内不同国家的发展差距。

资料来源　任军，倪瑞捷，白林，等.成员国名副其实的合作伙伴 为区域经济发展做出重要贡献——多国专家学者积极评价亚投行作用［EB/OL］.［2020-10-03］. https://baijiahao.baidu.com/s?id=1679496737150513888&wfr=spider&for=pc.

🔲 思政专栏

近年来，随着熊猫债（指国际多边金融机构在华发行的人民币债券）有关账户开立、资金存管、跨境汇划和数据报送管理不断完善，熊猫债发行流程不断简化，发行制度透明度不断提升，境外主体发债的便利性和规范性稳步提升，熊猫债对境外机构吸引力加大。2019年以来，熊猫债发行主体不断多元化，纯境外主体市场参与度提高。越来越多的境外主体选择发行熊猫债作为重要融资渠道。

从发债主体看，纯境外主体市场参与度提高，发行主体涵盖多种类别。2019年，共有12家纯境外主体发行23支熊猫债，占新发债主体数量的54%，同比提高7个百分点。纯境外发行主体市场参与度不断提高，较以往中资背景发行人占主导地位的态势发生改变。分类别来看，熊猫债境外发债主体不断拓展，已覆盖政府类机构、国际开发机构、金融机构和非金融企业等多种类别，其中非金融企业主体最多。2019年，境外发行主体中外国政府类机构、国际开发机构、境外金融机构和非金融企业发行主体的比例分别为7.5%、5%、10%和77.5%。

资料来源　中国人民银行.2020年人民币国际化报告［EB/OL］.［2020-08-14］. http://www.pbc.gov.cn/goutongjiaoliu/113456/113469/4071737/index.html.

点评：熊猫债作为在岸人民币债券，具有低风险和回报稳定的特征，不仅为境外发行人拓宽融资、优化债务结构提供了新的渠道，也为境内外投资人合理配置资金、多元化人民币资产组合提供了更多选择。此外，对于在境内有业务基础和人民币使用需求的跨国企业集团，使用熊猫债进行融资可以降低币种错配，节约汇兑成本，减少汇率风险。

在我国债券市场双向开放步伐不断加快的背景下，熊猫债市场的发展进一步丰富我国债券市场境外发行人和投资人群体，提高国际债券发行中人民币债券规模和占比，进一步提升我国债券市场广度和深度，增强金融市场韧性和抵御风险能力，促进我国金融市场与国际债券市场的广泛交融。

本章小结

1.内容概要

国际货币制度是指各国政府为了适应国际贸易和国际支付的需要，对货币在国际范围内发挥世界货币职能所做的一系列安排，包括为此所确定的原则、采取的措施和建立的组织机构。其主要内容是：①国际收支及其调节机制；②汇率及汇率制度；③国际货币储备资产的确定；④国际货币活动的协调与管理。历史上曾有国际金本位制、金汇兑本位制和多元化储备制等类型的国际货币制度。

国际金本位制是以一定量的黄金作为本位货币的一种货币制度。1816年，英国最早实行了金本位制。1880年，国际金本位制形成。历史上曾出现过金币本位制、金块本位制和金汇兑本位制等三种类型。其主要内容是：①黄金充当了国际货币；②各国货币的汇率由它们的含金量比例来决定；③国际收支会自动调节。国际金本位制运行35年，为世界经济发展做出了贡献。1936年9月，国际金本位制彻底崩溃。

以美元为中心，实行固定汇率制的布雷顿森林体系，于1945年12月27日正式建立。该体系的两大支柱是：美元和黄金挂钩，其他国家的货币按固定比价与美元挂钩。美元含金量为0.888671克，1盎司黄金=35美元。实际上美元等同于黄金，可以自由兑换成任何一个国家的货币，充当价值手段和流通手段。该体系废除了外汇管制，通过四条渠道解决国际收支不平衡问题：①改变国内金融政策；②要求IMF实施"稀缺货币"条款；③IMF贷款；④改变汇兑平价。该体系的运行，让美国受益最大，对整个世界经济的发展也起到了一定推动作用。

布雷顿森林体系崩溃以后，1978年4月正式形成牙买加国际货币体系。该体系的主要内容是：①实行固定汇率和浮动汇率并存的混合汇率体制；②取消黄金条款，实行黄金非货币化；③逐步使SDRs代替美元和黄金成为国际储备资产；④调整IMF会员国的黄金份额等。从实践来看，这种多元化的国际储备货币体系、多样化的汇率制度安排和多样化的国际收支调节机制正常运转20多年，对世界经济的健康发展也是功不可没。

牙买加国际货币体系也有许多弊端，因此要适应和满足世界经济的发展就必须对其进行改革。目前主要的改革方案有：①法国的恢复金本位制方案；②美国的恢复美元本位制方案；③理查德·库伯的特别提款权本位制方案；④美国的设立汇率目标区方案；

⑤IMF的建立替代账户方案。这些方案都围绕着三个焦点问题展开争论，即国际储备货币制度、国际汇率制度和国际收支调节机制。这些方案体现着各国不同的利益关系，可谓矛盾尖锐，分歧很大。因此，今后国际货币制度改革的进程将是漫长、曲折和复杂的，前景很不乐观。

2.主要概念和观念

（1）主要概念

国际货币制度　金本位制　布雷顿森林体系

（2）主要观念

国际货币制度理论　国际货币制度改革原理

随堂测7

基本训练

1.选择题

（1）迄今，从世界范围来说，先后存在的国际货币体系为（　　　）。

A.国际金本位制和国际银本位货币体系

B.国际金块体系和布雷顿森林体系

C.国际金本位制货币体系和布雷顿森林体系、牙买加体系

D.牙买加体系

（2）布雷顿森林体系是国际金汇兑本位制，它是以（　　　）为中心，以（　　　）和（　　　）为支柱的。

A.美元　　　　　　　　　B.特别提款权　　　　　　　　C.美元同黄金挂钩

D.美元同英镑挂钩　　　　E.各国货币与美元挂钩

（3）牙买加体系实际上是以（　　　）为中心的多元化（　　　）汇率的体系。

A.黄金　　　　　　　　　B.美元　　　　　　　　　　　C.固定

D.浮动　　　　　　　　　E.固定和浮动

（4）虽然在（　　　）年英国最早实行了金本位制，但此时国际金本位制并未确立。只有到了（　　　）年，这时欧美一些主要国家都实行了金本位制，国际金本位制才算形成和确立。

A.1816　　　　　　B.1830　　　　　　C.1798　　　　　　D.1880

2.判断题

（1）黄金为本位货币，且可以自由铸造、自由兑换和自由输出输入是金本位制的三大特点。　　　　　　　　　　　　　　　　　　　　　　　　　　　　　　　（　　　）

（2）1973年以美元为中心的布雷顿森林体系崩溃后，美元就不再是国际上最主要的储备货币、支付货币和计价货币了。　　　　　　　　　　　　　　　　　　　（　　　）

（3）国际货币制度的主要内容是：国际收支及其调节机制、汇率及汇率制度、国际货币或储备资产的确定以及国际货币活动的协调与管理。　　　　　　　　　　（　　　）

3.简答题

（1）国际货币制度的概念和类型。

（2）国际货币制度的主要内容有哪些？

（3）国际金本位制的概念和类型。

（4）国际金本位制的主要内容是什么？

（5）布雷顿森林体系的两大支柱是什么？

（6）牙买加国际货币体系的主要内容是什么？

4.案例分析题

非洲南部的津巴布韦共和国是全世界恶性通胀最严重的国家。最近在首都哈雷拉，一位大妈抱着总值3万亿津巴布韦元的钞票搭公车，只为了支付约合3.5元人民币的车费。更有意思的是，司机大叔根本懒得清点，收下就对了。

据报道，津巴布韦2008年7月的通胀率创下天文数字：2.31亿%。今年1月，津巴布韦央行发行100万亿津巴布韦元的大钞，1的后头有14个0，也算是一项世界纪录。为了抑制有如脱缰野马的通胀，津巴布韦政府在4月正式废掉国币，宣布以美元和南非币为流通货币，不过旧津巴布韦元还是在民间继续流通。

在津巴布韦，一旦出了大都市，强势货币一文难求。城市的巴士司机有小额美元或南非币可找零。乡下商店虽然没有，但山不转水转，店家会给顾客糖果、巧克力，或是在收据上注明下次消费可享折扣。

乡间商店的老板娘还说，现在许多乡亲拿羊肉、鸡和一桶桶的玉米来换东西，老祖宗时代的以物易物又回来了。有人甚至连搭车都拎着两只活鸡充当车费，苦中作乐的津巴布韦人开玩笑说，如果鸡在车上下蛋，那就当成司机找的零钱吧。

请你根据本章所学的知识对该案例进行分析。

5.技能训练题

（1）对当前国际货币体系的基本内容和特点等进行正确把握。

（2）对布雷顿森林体系和牙买加国际货币体系的区别和作用进行对比分析。

（3）通过分析讨论形成自己对当前国际货币体系改革基本放心的研判。

第8章

国际金融机构

■ **学习目标**

通过本章学习，你应该达到以下目标：

素质目标：具有国际金融机构方面的理论素养，能够把握不同金融机构之间的相互关系和作用。

知识目标：了解不同国际金融机构的性质特点、形成发展以及主要职责和作用方面的知识。

技能目标：掌握从不同国际金融机构融资的技能。

能力目标：具备运用国际金融机构的理论知识，积极开展我国与国际金融机构的合作，促进我国经济的发展。

如之前各章所述，承担和办理外汇买卖、国际结算、国际信贷、国际储备等这些国际金融业务和活动的是各个不同的国际金融机构。本章就专门讲述这些不同的国际金融机构的性质特点、形成发展、组织形式、业务内容等有关理论和实践知识。

8.1 国际金融机构概述

8.1.1 国际金融机构的概念和分类

凡承担和办理国际金融业务，协调国际金融关系，维护国际金融秩序，实现世界经济稳定和发展的超国家的组织机构，都被称为**国际金融机构**。国际金融机构的名称大多数称为银行，也有的称为基金组织、公司、协会等。

国际金融机构的分类，如图8-1所示。

需要说明的是，半区域性的国际金融机构，是指其成员主要由区域内的国家组成，但也有少数区域外的国家参加，如国际清算银行、亚洲开发银行、非洲开发银行、泛美开发银行等。地区性的国际金融机构，是指其成员完全由区域内的国家组成，如欧洲投资银行、阿拉伯货币基金组织、伊斯兰发展银行等。

```
                                                    ┌ 国际货币基金组织
                              ┌ 全球性的国际金融机构 ┤
                              │                     └ 世界银行集团
                   ┌ 1.按地区范围 ┤
                   │          │                     ┌ 半区域性的国际金融机构
                   │          └ 区域性的国际金融机构 ┤
  国际金融机构 ┤                                   └ 地区性的国际金融机构
                   │          ┌ 主要从事国际金融业务的协调和监督的国际金融机构
                   └ 2.按业务职能 ┤ 主要从事各种国际信贷业务的国际金融机构
                              └ 主要从事国际收支结算的国际金融机构
```

图 8-1　国际金融机构分类

小思考 8-1

主要从事国际金融业务的协调和监督的国际金融机构以及主要从事国际收支结算的国际金融机构分别是什么？

小思考 8-1

分析提示

8.1.2　国际金融机构的产生与发展

国际经济的产生和发展，引出和带来了国际金融业务；国际金融业务的存在和发展，促使和诱发国际金融机构的产生和发展。

在第一次世界大战之前，国际经济相对落后和不发达，主要资本主义国家之间的结算关系和货币信用尚处于初始阶段，因而，客观上还没有建立国际金融机构的必要性。

第一次世界大战以后，战胜国集团为处理战后德国赔款问题，由英、法、意、德、比、日等6国的中央银行和代表美国银行界的美国摩根银行，于1930年5月在瑞士巴塞尔成立了国际清算银行（Bank for International Settlements，BIS）。这是建立国际金融机构的重要开端，从而产生了世界上第一个国际金融机构。

第二次世界大战以后，美国凭借自己雄厚的经济实力，极力主张建立国际金融机构，以控制国际金融局势，为扩大其商品和资本输出创造有利条件。一些工业国家则急需"外援"来恢复战后经济发展，与此同时，许多新兴的发展中国家也迫切需要注入资金发展民族经济，它们都急切希望建立国际金融机构。

正是在这种历史背景下，1945年12月，29个国家的政府批准成立了国际货币基金组织（International Monetary Fund，IMF）、国际复兴开发银行（International Bank for Reconstruction and Development，IBRD）和世界银行（World Bank，WB）等全球性的国际金融机构。世界银行加上其后来又设立的两个附属机构，即国际开发协会（International Development Association，IDA）和国际金融公司（International Finance Corporation，IFC），这三个机构统称为世界银行集团。

欧洲经济共同体为了抵制美国对国际金融事务的操纵和控制，加强本地区的经济发展，于1957年成立了欧洲投资银行（Europe Investment Bank，EIB），这是最早的区域性国际金融机构。1960年以后，亚洲、非洲、拉丁美洲、中东等地区的国家也通过互助合作方式先后成立区域性的国际金融机构，如1964年9月成立的非洲开发银行（African Development Bank，AFDB）和1966年11月成立的亚洲开发银行（Asian Development Bank，ASDB）。

小思考 8-2

国际金融领域矛盾尖锐、秩序混乱是否也是国际金融机构产生与发展的原因？

小思考 8-2

分析提示

8.1.3　国际金融机构的作用

第二次世界大战后国际金融机构的发展，特别是全球性的国际金融机构的建立，在促进世界经济和区域经济发展方面起到了重要作用。

（1）促进了国际间经济，特别是金融事务的协调与合作。

（2）通过对会员国提供短期资金，调节国际收支逆差，在一定程度上缓和了国际支付危机。

（3）提供长期发展建设资金，促进了各国经济的复兴和发展，特别是为发展中国家民族经济的发展提供了重要的资金帮助。

（4）调节国际清偿能力，特别是国际货币基金组织提供的普通提款权和特别提款权，增强了会员国的偿债能力，适应了世界经济发展的需要。

（5）稳定汇率，并在此基础上促进了国际贸易和国际投资的增长。

8.2　国际货币基金组织

8.2.1　国际货币基金组织的成立及宗旨

1）国际货币基金组织的成立

1944年7月，参加联合国筹建的44个国家代表为重建第二次世界大战后的经济秩序，在美国新罕布什尔州布雷顿森林市召开会议，并签订了《布雷顿森林协定》。

国际货币基金组织是根据《布雷顿森林协定》而成立的政府间的全球性国际金融机构，于1946年3月正式成立，1947年3月1日开始运作，同年11月15日成为联合国专营国际金融业务的一个专门机构。该机构总部设在美国首都华盛顿。

国际货币基金组织的会员国分为创始会员国和一般会员国两类。凡是参加1944年布雷顿森林会议，并于1945年12月31日以前在协定上签字正式参加的国家为创始会员国，而在此之后参加的国家为一般会员国，两种会员在法律上享受平等的权利和义务。国际货币基金组织的创始会员国为39个，20世纪60年代以后，广大亚非拉发展中国家纷纷独立，参加的国家越来越多，截至2009年已发展到192个会员国。我国是创始会员国之一。由于历史的原因，1980年4月又恢复了我国在国际货币基金组织的合法席位。

2）国际货币基金组织的宗旨

根据《国际货币基金协定》第1条，国际货币基金组织的活动宗旨是：①为会员国在国际货币问题上进行磋商和协作提供所需要的机构，以此促进国际合作；②促进国际贸易的扩大和均衡发展，以此达到高水平的就业与实际收入，并增强会员国的生产能力；③促进汇率稳定和会员国间有条不紊的汇率安排，以此避免竞争性的货币贬值；④为会员国经常性交易建立一个多边支付和汇兑制度，并消除妨碍世界贸易发展的外汇管制；⑤在充分保证下，国际货币基金组织对会员国提供临时融资，树立改善国际收支失调的信心，从而避免采取有害于本国或国际繁荣的措施；⑥争取缩短会员国国际收支不平衡的时间，并减轻其程度。

8.2.2　国际货币基金组织的组成方式及机构

1）国际货币基金组织的组成方式

国际货币基金组织是以会员国入股方式组成的企业性金融机构，每个会员国必须缴纳一定的份额作为入股基金。按照《国际货币基金协定》，由会员国财政部、中央银行、平准基金会或其他类似的财政机关与国际货币基金组织建立联系并进行往来。国际货币基金组织也只经由这些机关与会员国往来，基金的组织形式包括机构设置、管理方法、表决权等，与西方的股份公司相类似。

根据有关规定，凡愿意履行《国际货币基金协定》规定之义务的国家或地区都可以申请加入国际货币基金组织而成为其会员国。加入的基本程序是：首先提交申请，由执行董事会确定加入的条件；其次呈交理事会批准；最后在协定书上签字。会员国若自愿退出，只要书面通知国际货币基金组织即可；若会员国不履行协定规定的有关义务，国际货币基金组织可强制其退出。

国际货币基金组织的一切重大问题或决议要有80%以上的赞成票通过方能生效。投票表决权除每个会员国都有基本票数250票外，再根据会员国认缴的份额来决定，每增加10万美元的认缴份额即增加1票，因而份额越大，票数就越多，表决权也就越大。但会员国每借40万美元，则会减少1票。

2）国际货币基金组织的机构设置及职权

理事会是国际货币基金组织的最高权力机构。理事会由会员国各派一名理事和副理事组成。理事和副理事任期5年，可以连任，其任免由会员国本国决定。理事通常由各国的财政部部长和中央银行行长担任，副理事大多是各国外汇管理机构负责人。理事有投票表决权，副理事只有在理事缺席时才有投票权。

理事会的主要职权是：批准接纳新会员国；决定或调整基金份额；分配特别提款权；批准会员国货币平价的普遍调整；决定会员国退出国际货币基金组织以及讨论决定有关国际货币制度等重大问题。理事会每年9月举行一次，所有会员国都参加，一般与世界银行的年会联合召开。随着国际金融形势的变化，1974年5月理事会决定设立了"临时委员会"，以应对国际金融情况的临时性变动。"临时委员会"是一个重要的决策机构，具有管理和修改国际货币制度的决定权，在大多数情况下，它做出的决定就等同于理事会的决定。

理事会下设执行董事会，它是国际货币基金组织处理日常业务的常设机构，由 22 人组成。其中，5 名是常任执行董事，由持有基金份额最多的 5 个会员国（美、英、德、法、日）担任。另外，沙特阿拉伯和我国也各自单独选派 1 名，其余 15 名由会员国按地理区域划分为 15 个成员小组选举产生。每一执行董事可指派 1 名副执行董事，以便在执行董事缺席时代行职责。执行董事不得兼任理事，每两年由会员国指派或改选一次。

执行董事会的主要职责是：定期处理各种行政和政策性事务；向理事会提出年度报告；对会员国的重大经济问题，特别是有关国际金融方面的重大问题进行全面研究。

执行董事会推选国际货币基金组织总裁 1 人，负责总管国际货币基金组织的业务工作，为最高行政领导人，任期 5 年。总裁兼任执行董事会主席，但平时无投票权，只有在执行董事会进行表决双方票数相等时，可以投一决定票。总裁可以出席理事会，但也没有表决权。总裁下设副总裁 1 人，辅助其工作。

执行董事会下设 16 个职能部门负责经营性业务活动，其中，5 个地区部门分别为亚洲部、非洲部、欧洲部、中东部和西半球部；5 个业务部门分别为汇兑与贸易关系部、财政事务部、法律部、调研部和资金出纳部；此外还设有资料、统计、联络、行政、秘书、语言服务等部门。国际货币基金组织还有两个永久性的海外机构，即欧洲办事处（设在巴黎）和日内瓦办事处，并在纽约联合国总部派遣 1 名特别代表。

8.2.3 国际货币基金组织的资金来源

国际货币基金组织的资金来源主要有以下三个方面：

1）会员国的基金份额

这是国际货币基金组织最主要的资金来源。每一个会员国必须向国际货币基金组织认缴一定的份额，应缴份额的多少，根据各会员国黄金外汇储备、国民收入和对外贸易额的大小及变化由国际货币基金组织与会员国磋商后确定。份额的计算单位最初为美元，1969 年后改为特别提款权。国际货币基金组织最初规定份额缴纳的办法是：会员国所缴纳份额的 25% 要以黄金缴纳，其余的 75% 以本国货币缴纳。1976 年牙买加会议以后，国际货币基金组织废除了黄金条款，将份额中的 25% 改为特别提款权或外汇缴纳。国际货币基金组织还规定，每 5 年对会员国的份额进行一次普查和调整，以便根据国际货币基金组织的业务活动及适应世界经济的增长和补充国际清偿能力的需要做普遍增资或个别调整。国际货币基金组织刚成立时，会员国缴纳的份额总计 760 亿美元，其中美国的份额为 275 亿美元，占总额的 36.1%，是缴纳份额最多的国家。随着会员国的不断增加和份额的先后数次调整，份额总数不断增加。2016 年 1 月 27 日，国际货币基金组织宣布 IMF2010 年份额和治理改革方案已正式生效，这意味着中国正式成为 IMF 第三大股东。中国的份额占比将从 3.996% 升至 6.394%，排名从第六位跃居第三位，仅次于美国和日本。

2）向会员国借款

借款指国际货币基金组织通过与会员国协商，向会员国借入资金。1962年10月，国际货币基金组织从"十国集团"借入的60亿美元的"借款总安排"是第一笔借款资金安排。1974年和1975年，国际货币基金组织又向产油国和发达国家借入69亿特别提款权以解决石油消费会员国的国际收支困难。1977年7月，由部分会员国提供总额达95亿特别提款权的"补充贷款"资金。在此基础上，1981年，国际货币基金组织又同贷款国进一步签订"扩大资金贷款"筹资协议。

3）出售黄金利润所得

根据牙买加协定制定的"黄金非货币化"条款，国际货币基金组织可以将其所持有的黄金按市价出售，所得利润作为建立"信托基金"的资金来源，以向最贫穷的会员国提供贷款。

8.2.4 国际货币基金组织的主要业务活动

国际货币基金组织建立之初，其目的在于维护布雷顿森林体系的顺利运行。与之相适应，其业务活动主要围绕汇率监督、储备资产创造、对国际货币问题进行磋商与协商和对国际收支赤字国家提供短期资金融通而展开。

1）汇率监督

布雷顿森林体系要求保证有秩序的固定汇率安排，因此，维持汇率稳定就成为国际货币基金组织的主要活动之一。在布雷顿森林体系下，国际货币基金组织对会员国的汇率进行直接管理和监督，并对会员国的宏观经济政策进行检查和协调，从而保证有秩序的固定汇率安排。

国际货币基金组织的汇率监督包括汇率政策监督和宏观经济政策监督两个方面。国际货币基金组织通过个别监督和多边监督来实现对会员国汇率政策的监督检查。个别监督是国际货币基金组织对个别会员国汇率政策和有关经济政策进行的监督，其主要内容是检查会员国的上述政策是否与《国际货币基金协定》所规定的义务相一致，并在分析会员国经济状况和宏观经济政策的基础上估价其汇率政策。国际货币基金组织规定：会员国应避免操纵汇率或国际货币制度来妨碍国际收支的有效调整或取得对其他会员国不公平的竞争优势，会员国在必要时应干预外汇市场，但在干预时需考虑相关会员国的利益。多边监督主要是分析主要工业国家国际收支和汇率政策的相互作用，并估价这些政策在何种程度上促进一个健康的世界经济环境。

2）储备创造

为了弥补各会员国的国际储备不足，国际货币基金组织于1969年开始正式创设特别提款权。SDRs作为国际货币基金组织创设的一种储备资产，代表会员国在普通提款权以外的一种使用资金的特别权利。SDRs由国际货币基金组织根据各会员国在国际货币基金组织的份额进行分配，分配后即成为会员国的储备资产。

3）磋商与协调

《国际货币基金协定》第1条规定：设置一个常设机构，便于国际货币问题的商讨与协作，以促进国际货币合作。除了各种会议以外，国际货币基金组织在原则上还应每年与各会员国进行一次磋商，对会员国的经济、金融形势和政策做出评价，从而能够履行监督会员国汇率政策的责任，并且有助于了解会员国的经济发展状况和政策措施，便于迅速处理会员国申请贷款的要求。

4）资金融通

向会员国提供贷款是国际货币基金组织最主要的业务活动。但它所发放的贷款不同于一般金融市场或商业银行的贷款。概括起来，国际货币基金组织的贷款主要有以下特点：①仅以会员国政府为贷款对象，对私人企业、组织概不贷款；②从贷款用途来看，仅限于解决会员国由国际收支不平衡所形成的困难，一般只用于贸易和非贸易的经常项目的支付；③贷款的发放采取提款（即有权按所缴份额向国际货币基金组织提用一定的资金）或购买（即用本币向国际货币基金组织申请购买外汇）的方式，而贷款的偿还则采取购回（即用原来所购买的外汇向国际货币基金组织换回原来所交的本币）的方式；④贷款无论使用何种货币均以SDRs计值，利息以SDRs支付。

关于国际货币基金组织具体贷款的种类、条件、对象、办法和程序等问题，这里恕不赘述。

观念应用8-1

布雷顿森林体系崩溃后，国际货币基金组织不再对会员国的汇率进行直接管理，但是它的汇率监督职能非但没有削弱反而得以加强。这是为什么呢？

观念应用8-1

分析提示

8.3 世界银行集团

世界银行集团是世界银行及其三个附属机构，即国际开发协会、国际金融公司和多边投资担保机构这四个机构的统称。但从法律地位和资金构成等方面来看，国际开发协会、国际金融公司和多边投资担保机构都是独立的金融机构，都是重要的、全球性的国际金融机构。由于历史原因，我国于1980年5月15日才恢复了在这四个国际金融机构中的合法席位。

8.3.1 世界银行

1）世界银行的成立及宗旨

世界银行是国际复兴开发银行的简称。它也是根据《布雷顿森林协定》与国际货币基金组织同时产生的两个国际金融机构之一。世界银行成立于1945年12月27日，1946年6月25日正式开始营业运作，其主要职能是支持会员国的战后复兴和为发展中国家提供开发基金，1947年起成为联合国的一个专门金融机构。世界银行总部设在华盛顿，并在纽约、日内瓦、巴黎、东京等地设有办事处。世界银行初创时有39个会员国，发展到2009年共有会员国192个。世界银行与国际货币基金组织联系紧密，二者共同协作、互相配合。按照规定，凡参加世界银行的国家必须是国际货币基金组织的会员国，但国际货币基金组织的会员国却不一定都参加世界银行。

根据《国际复兴开发银行协定》，世界银行的宗旨是：①对用于生产目的的投资提供便利，以协助会员国的复兴与开发，并鼓励不发达国家开发和生产资源；②通过保证或参与私人贷款和投资的方式，促进私人的对外投资；③用鼓励国际投资以开发会员国生产资源的方法，促进国际贸易的长期平衡发展，维护国际收支的平衡；④在提供贷款保证时，应与其他方面的国际贷款配合。

2）世界银行的组成方式及机构

世界银行的组成方式与国际货币基金组织相似，也是按股份公司原则以会员国入股方式组成的企业性国际金融机构。凡是会员国均须认购该行股份，认购额由双方协商并经银行理事会批准。一国认购份额的多少，一般是根据该国的经济和财政力量，并参照该国在国际货币基金组织中的份额的大小而定。同样，各会员国的投票权也同其认缴的股金份额成正比关系。由于美国一直是认缴股金最多的国家，所以，它的投票权最大。

世界银行的组织管理机构由理事会、执行董事会、行长和业务机构组成。

理事会是世界银行的最高权力机构，其主要职权是：批准接纳新会员国；决定停止会员国资格；决定股本的调整；决定银行净收入的分配；批准修改银行协定以及其他重大问题。理事会由各国选派理事和副理事各1名组成，任期5年，可以连任。副理事只有在理事缺席时才有投票权。各国一般都委派其财政部长、中央银行行长等高级官员担任理事或副理事。理事会通常在每年9月间与国际货币基金组织一同举行年会，必要时可召开特别会议。

执行董事会是世界银行负责处理日常业务的常设机构，有执行董事24人，其中6人由持有股份最多的美、英、德、日、法和中国各指派1人，其余18人由其他会员国按地区分组推选。执行董事会选举1人为行长，并兼任执行董事会主席，负责主持日常事务。行长无投票权，只有在执行董事会表决中双方票数相等时，才可以投决定性的一票。行长任期5年，可以连任。行长下设副行长，协助行长工作。执行董事会通常每周开两次会议，主要职责是监督管理世界银行的业务。

世界银行拥有庞大的办事机构，总部内按地区和专业设有50余个局和相当于局的机构，分别由18名副行长领导，另外，在许多国家和地区设有办事处，办理贷款业务。

3）世界银行的资金来源

世界银行的资金来源主要有以下四个方面：会员国缴纳的股金、向国际金融市场的借款、出让债权及业务净收益。

（1）会员国缴纳的股金。世界银行成立之初，法定资本约为100亿美元，分为10万股，每股10万美元。各会员国认缴股金总额为76亿美元，实缴股金为认缴股金的20%（其中2%以黄金或美元缴纳，18%以本国货币支付），其余80%为待催缴股金，在必要时缴纳。

（2）向国际金融市场的借款。由于银行的实缴股本比例较低，自有资本有限，不能满足其业务发展的需要，因此，向国际金融市场借款，特别是在国际债务市场发行中长期债券就成为其主要的资金来源渠道。20世纪60年代以前，世界银行的债券主要集中在美国市场，随着其他国家经济实力的增强，逐步扩大到原联邦德国、法国、瑞士、日本和沙特阿拉伯等国的资本市场。借款期限从2年到25年不等，利率依国际金融市场随行就市。由于世界银行信誉较高，所以筹资成本较为低廉，一般情况下利率低于普通公司债券和某些国家的政府债券。20世纪80年代以来，随着世界银行业务的不断扩大，向国际金融市场的借款也逐年增多。1973年借款总额为17.23亿美元，1985年则增加到110.86亿美元。此后，世界银行每年在国际金融市场的债券总额都接近或超过100亿美元，成为世界各主要资本市场的最大非居民借款人。

（3）出让债权。出让债权就是将未到期的债权出让给私人投资者，主要是商业银行。通过这种方式可以收回一部分资金，扩大银行的资金周转能力，增加其贷款资金的来源。

（4）业务净收益。世界银行每年都有巨额的业务净收益。1988—1990年，财政年度的净利润均达10亿美元以上，但是这笔可观的资金收入并不分配给股东，净收益的一部分以赠款形式拨给国际开发协会和撒哈拉以南非洲地区作为特别基金款项，其余部分均留作准备金，作为世界银行发放贷款的一项资金来源。

4）世界银行的主要业务活动

世界银行的主要业务活动有三个方面：发放贷款、技术援助和提供担保。

（1）发放贷款。这是世界银行最主要、最大量的业务。世界银行成立初期，其贷款主要用于帮助发达国家特别是西欧各国复兴第二次世界大战后经济，提供的主要是中长期贷款，以促进各会员国经济的恢复与重建。1948年以后，贷款重点开始转向为亚、非、拉等发展中国家提供开发性贷款，资助其兴办特定的长期建设项目，以促进其经济增长与资源开发。

世界银行的贷款特点是：①期限较长，一般为数年，最长可达30年，宽限期为4年左右；②贷款利率实行浮动利率，但一般低于市场利率；③贷款数额不受会员国认缴金额限制且贷款用途较广；④贷款以美元计值，贷款国所借币种和所还币种相同，须承担该种货币与美元汇价变动的风险；⑤贷款必须与特定的工程项目相联系，并采取国际招标制。总体看来，世界银行的贷款是较为优惠的。

关于世界银行具体的贷款政策、贷款对象、贷款条件和程序、贷款办法等内容，这里不再赘述。

（2）技术援助。向会员国提供技术援助是世界银行业务活动的一个重要组成部分。这种技术援助往往是与贷款工程项目相结合的，以帮助借款国进行工程项目的组织与管理，努力提高资金使用效益。同时，世界银行还设立了一所经济发展学院（Economic Development Institute），主要为发展中国家培训中高级技术管理人才。另外，世界银行还经常帮助会员国制订社会经济技术发展计划，并为会员国在经济发展中遇到的某些特殊技术问题提供咨询和解决方案。

（3）提供担保。为发达国家的私人机构向发展中国家进行投资而提供担保，是世界银行的另一项重要的新的业务活动。为此，1988年4月，世界银行专门成立了"多边投资担保机构"，以保障和鼓励私人到发展中国家投资。该机构的主要业务是对"合格的投资"提供担保，以避免投资者由于非商业性风险而造成损失。这一机构的设立，进一步完善了世界银行的职能。

小知识8-1　　　　　　　　　　　世界银行贷款的项目流程

世界银行贷款的项目流程如下：

（1）项目的选定。作为项目周期的第一个阶段，项目的选定至关重要，能否从借款国众多的项目中选出可行的项目，直接关系到世界银行贷款业务的成败，因此，世界银行对项目的选定工作历来非常重视。世界银行对项目的选定主要采取几种方式：①与借款国开展各个方面的经济调研工作；②制定贷款原则，明确贷款方向；③与借款国商讨贷款计划；④派出项目鉴定团。

（2）项目的准备。在世界银行与借款国进行项目鉴定，并共同选定贷款项目之后，项目进入准备阶段。

在项目准备阶段，世界银行会派出由各方面专家组成的代表团，与借款国一起正式开展关于项目贷款利用的准备工作，为下一阶段的可行性分析和评估打下基础。项目准备工作一般由借款国承担直接和主要责任。

（3）项目的评估。项目准备完成之后，即进入评估阶段。项目评估基本上是由世界银行自己来完成的。世界银行评估的内容主要有6个方面，即技术、经济、财务、机构、社会和环境。

（4）项目的谈判。项目谈判一般先由世界银行和借款国双方商定谈判时间，然后由世界银行邀请借款国派出代表团到华盛顿进行谈判。双方一般就贷款协议和项目协定两个法律文件的条款进行确认，并就有关技术问题展开讨论。

（5）项目的执行。谈判结束后，借款国和项目受益人要对谈判达成的贷款协定和项目协定进行正式确认。在此基础上，世界银行管理部门根据贷款计划，将所谈项目提交世界银行执行董事会批准。项目获批准后，世界银行和借款国在协议上正式签字。协议经正式签字后，借款国方面就可根据贷款生效所需条件，办理有关的法律证明手续并将生效所需的法律文件送世界银行进行审查。如手续齐备，世界银行宣布贷款协议正式生效，项目进入执行阶段。

（6）项目的后评价。在一个项目贷款的账户关闭后的一定时间内，世界银行要对该项目进行总结，即项目的后评价。通过对完工项目执行清款，进行回顾，总结几个周期过程中得出的经验和教训，评价项目预期收益的实现程度。

小思考8-3

世界银行提供的投资担保，主要是担保投资者因非商业性风险所造成的损失。那么，非商业性风险主要包括哪些内容？

小思考8-3

分析提示

8.3.2　国际开发协会

1）国际开发协会的成立及宗旨

国际开发协会是附属于世界银行、专门为欠发达国家提供资金帮助的一个相对独立的全球性的国际金融机构。

由于国际货币基金组织和世界银行的贷款条件严格，要求较多，并且资金数量有限，这使一些较贫穷的发展中国家常为得不到贷款而牢骚满腹。因此，在美国的提议下，经世界银行理事会批准，于1960年9月正式成立了国际开发协会，同年11月开始营业运作，会址设在华盛顿。按照规定，国际开发协会的会员国必须首先是世界银行的会员国，但世界银行的会员国不一定都必须参加国际开发协会。

国际开发协会的宗旨是：对欠发达国家给予条件较宽、期限较长、负担较轻并可用部分当地货币偿还的贷款，以促进其经济的发展、生产和居民生活水平的提高；作为世界银行贷款的补充，促进世界银行目标的实现。

2）国际开发协会的组成方式及机构

国际开发协会的组成方式与世界银行相同，也是按股份公司原则以会员国入股方式组成的企业性国际金融机构。会员国投票权的大小与会员国认缴的股本成正比。协会成立初期规定，每个会员国拥有基本投票权500票，另外每认缴股金5 000美元增加1票。之后在协会第四次补充资金时，每个会员国有3 850票，另外每认缴25美元再增加1票。美国认缴的股本最大，投票权最多。

国际开发协会的组织机构与世界银行相同，最高权力机构为理事会，下设执行董事会，负责日常业务工作。它的理事、执行董事、经理和各部门的负责人以及工作人员均由世界银行相应机构的人员兼任。

3）国际开发协会的资金来源

国际开发协会的资金来源有以下5种渠道：

（1）会员国认缴的股本。协会原定法定资本10亿美元，之后由于会员国增加，资本额随之增加。会员国认缴股本数额，按其在世界银行认购股份的比例确定。

（2）世界银行的拨款。从1964年起，世界银行每年从其业务净收益中拨给协会一部分资金，作为其资金来源。

（3）协会本身经营业务收入。由于国际开发协会的贷款十分优惠，所以这部分款项为数甚少。

（4）会员国提供的补充资金。由于会员国认缴的股本有限，与会员国对信贷的需求相距甚远，同时又由于该协会规定不得依靠在国际金融市场发行债券来筹集资金，所以，协会不得不要求会员国政府不断提供补充资金，以支持其业务活动持续顺利进行。在1991—1993年3个财政年度内，协会完成第9次补充资金，补充资金为116.8亿SDRs（合155亿美元）。

（5）基金收入。国际开发协会于1982年10月设立了一项特别基金，1985年5月又设立了一项非洲基金。这两项基金的资金均由该协会会员国或世界银行及其他国家的捐款组成，用以解决特殊贷款的资金需求。

4）国际开发协会的主要业务活动及特点

国际开发协会的主要业务活动是向欠发达的较贫穷的发展中国家提供长期优惠性贷款。这种贷款的特点是：贷款只贷给会员国政府，而且贷款条件非常优惠和宽松。由于国际开发协会贷款条件优惠而宽松，故被称为"软贷款"；世界银行提供的贷款较严，故被称为"硬贷款"。

8.3.3 国际金融公司

1）国际金融公司的成立及宗旨

与国际开发协会一样，国际金融公司也是附属于世界银行，主要为发展中国家会员国的私人企业融通资金的一个相对独立的、全球性的企业性国际金融机构。

由于世界银行的贷款对象主要是会员国政府和由政府机构担保的私人企业，而且世界银行只能经营贷款业务，无权参与股份投资或为会员国的私人企业提供其他种类的风险投资，这不仅在一定程度上限制了世界银行业务的扩展，而且也不利于发展中国家发展民族经济。因此，在美国的倡议下，联合国大会及理事会经过多次讨论，授权世界银行设立国际金融公司。国际金融公司正式成立于1956年7月。按照公司规定，只有世界银行的会员国才有资格成为公司的会员。公司成立之初，拥有会员31个，截至2009年，会员已增加到160个。公司总部设在华盛顿。

国际金融公司的宗旨是：对发展中国家尤其是欠发达地区的重点生产性企业提供无须政府担保的贷款与投资，通过和私人资本共同投资和提供管理与技术力量的方式，鼓励发展生产性的私人企业，以振兴这些国家的民族经济。

2）国际金融公司的组成方式及机构

国际金融公司的组成方式、组织机构和管理办法与世界银行都完全相同。公司的最高权力机构是理事会，下设执行董事会，负责处理日常事务。世界银行行长兼任公司总经理，也是公司的执行董事会主席。公司内部的其他机构和人员也基本由世界银行相应的机构和人员兼任。公司其实与世界银行也是两块牌子，一套班子。

3）国际金融公司的资金来源

国际金融公司的资金来源主要有：①会员国认缴的股金，这是公司最主要的资金来源。公司成立时的资本总额为1亿美元，分为10万股，每股1 000美元。之后经过多次增资，目前资本总额已达到26亿美元。②向世界银行、国际金融市场的借款。世界银行的贷款是公司资金的重要来源。此外，公司还通过国际信贷和发行国际债券筹措资金。③公司业务经营的净收入。由于公司的业务活动主要围绕不发达国家展开，所以此项来源很有限。

4）国际金融公司的主要业务活动及特点

向亚、非、拉等地区的不发达国家的中小型私人企业进行融资贷款，是国际金融公司的主要业务活动。

国际金融公司提供的贷款与世界银行和国际开发协会相比，具有以下特点：①公司主要是对会员国的生产性私人企业提供贷款，无须会员国政府对贷款的偿还提供担保；②公司一般只对中小型私营企业提供贷款，数额一般为200万~400万美元，最多不超过3 000万美元，而世界银行一般提供的都是大型项目的投资；③公司在提供资金时，往往采取贷款和资本投资（购买股票）相结合的方式，但一般情况下公司不参与投资企业的经营管理活动；④公司通常采取联合投资的方式与私人投资者共同合作，公司既可以在开始时就与私人投资者进行联合贷款和投资，也可以先单独投资，然后将债权或股票转售给私人投资者。

8.3.4 多边投资担保机构

多边投资担保机构于1988年成立，目的是通过减轻非商业投资壁垒来鼓励流向发展中国家的股权投资和其他直接投资。其职能是：向投资者提供担保，以防范非商业性风险；向发展中会员国政府提供有关制定和实施与外国投资有关的政策、计划和程序的咨询；还为国际商业界与东道国政府就投资问题安排对话。

8.4 区域性国际金融机构

区域性国际金融机构，是指其会员国仅限于某一地区范围内的金融机构，主要有国际清算银行、亚洲开发银行、非洲开发银行、泛美开发银行和欧洲投资银行。

8.4.1 国际清算银行

1）国际清算银行的成立及宗旨

第一次世界大战以后，战胜国集团为了处理战后德国赔款问题，根据1930年1月20日签订的《海牙国际协定》，由英、法、意、德、比、日等6国的中央银行和代表美国利益的美国摩根银行，于1930年5月在瑞士巴塞尔联合成立了国际清算银行。这是世界上第一个国际金融机构。国际清算银行刚成立时，只有7个成员，现在已发展到30多个成员。

国际清算银行成立之初的目的是为了处理第一次世界大战后德国赔款的支付和解决德国国际清算问题。此后，该行的宗旨改为促进各国中央银行间的合作，为国际金融活动提供额外便利，在国际金融清算中充当委托人或代理人。随着世界经济和国际金融市场的发展，该行在国际金融领域发挥着越来越重要的作用，在某种意义上，甚至履行着"中央银行的银行"的职能。

2）国际清算银行的组成方式及机构

国际清算银行是股份制的企业性金融机构，它的最高权力机构是股东大会。股东大会由认缴该行股金的各国中央银行代表组成，每年召开一次股东大会。董事会是该行的常设机构，负责处理日常事务。董事会由13名董事组成，其中董事长1名，副董事长2~3名。该行下设银行部、货币经济部、秘书处和法律处4个机构。

3）国际清算银行的资金来源

国际清算银行的资金来源主要有3个方面：①成员方缴纳的股金。该行初建时，法定资本为5亿金法郎，之后几经增资到1983年增至15亿金法郎，实收资本为3亿金法郎。该行资本的4/5以上掌握在各国中央银行手里，1/5的私股只有在分享利润方面享有同等权利，但不得参加股东大会，也无投票表决权。②国际清算银行向成员方中央银行的借款。③吸收客户的存款。

4）国际清算银行的主要业务活动

国际清算银行成立的最初目的主要是办理第一次世界大战后德国赔款的支付业务。资本主义世界经济大危机期间，德国赔款暂停，该行转而办理各国间的清算业务。第二次世界大战期间，该行业务大大缩减，但同交战国及中立国办理过少量黄金买卖业务；战后，该行的业务活动得以迅速扩展。其主要有：①存款业务。目前全世界约有超过137家中央银行在国际清算银行保有存款账户，各国约10%的外汇储备和3 000多吨黄金存于该行。②国际清算业务。第二次世界大战以后，国际清算银行先后成为"欧洲经合组织""欧洲支付同盟""欧洲煤钢联营""黄金总库""欧洲货币合作基金"等国际机构的金融代理人，承担着繁重的国际结算业务；此外，还与各国政府或中央银行签订特别协议，代办各国的国际结算业务。③国际清算银行经营各国国库券及其他债券的贴现和买卖业务，是国际黄金市场和欧洲货币市场的重要参加者。④国际清算银行还是各国中央银行进行合作的理想场所。长期以来，该行每月第一个周末在巴塞尔举行西方国家中央银行行长例会，商讨有关国际货币金融方面的重要问题，对于协调发达国家之间的货币政策关系，解决国际金融领域的许多重大问题起着重要的不可替代的作用，因此，也被称为"中央银行的中央银行"。

小思考8-4

本章前述内容中涉及"金法郎"这个词，请你谈谈对其的理解和认识。

小思考8-4

分析提示

8.4.2 亚洲开发银行

1）亚洲开发银行的成立及宗旨

亚洲开发银行是由所有成员共同出资合办的不以营利而以提供经济援助为目的的半区域性国际金融机构。第二次世界大战以后，饱受战争创伤的亚洲国家迫切需要通过本地区各国之间的金融合作提供大量资金援助以恢复生产和发展民族经济。因此，经过多方努力，最终于1966年11月24日在日本东京举行第一次亚洲开发银行理事会，并宣布主要服务于亚太地区的金融开发机构——亚洲开发银行正式成立，同年12月该行开始营业，总部设在菲律宾首都马尼拉。

按照亚洲开发银行的规定，凡属于联合国亚太经社委员会的成员和准成员，以及亚太地区以外的经济发达国家和地区，均可加入亚洲开发银行。最早参加该行的本地区国家有：日本、印度、菲律宾、巴基斯坦、马来西亚、泰国、澳大利亚、新西兰等22个国家和地区，地区以外的成员有：美国、原联邦德国、英国、加拿大、意大利、荷兰等12个，共有成员34个，截至目前成员已增加到68个。

亚洲开发银行的宗旨是：促进亚洲和太平洋地区的经济发展与合作，特别是协助本地区发展中成员以共同的或个别的方式加速经济发展。

2）亚洲开发银行的组成方式及机构

亚洲开发银行也是以成员入股的方式组成的企业性国际金融机构。凡成员均须认缴该行股本，一般由成员方的财政部或中央银行与亚洲开发银行往来。

它的组织机构由理事会、董事会和亚洲开发银行总部组成。

理事会是其最高权力机构，由各成员国（或地区）指派理事和副理事各1名组成，理事大多由成员方的财政部部长或中央银行行长担任。理事会设主席1人，副主席2人，在每届理事会会议结束时产生。理事会每年举行一次年会，即亚洲开发银行理事会年会。理事会对重要事项以投票表决方式做出决定，按规定需要2/3以上的多数票赞成才能通过。每个成员方均有778票基本投票权，另外每认购1万美元增加2票。理事会的主要职权是：接纳新成员和确定接纳条件；增加或减少亚洲开发银行的核定资本；中止成员行籍；负责批准与其他国际组织缔结合作协定；选举执行董事和行长；批准亚洲开发银行的总资产负债表和损益报告书；决定亚洲开发银行的储备金以及纯收益的分配；决定正副董事及行长的薪金等。

理事会下设董事会作为负责日常业务工作的常设机构，行使亚洲开发银行章程和亚洲开发银行理事会所授予的权利。董事会由12人组成，由理事分12个选区选举产生，其中本地区成员方选举8人，非本地区成员方选举4人，日本、中国、美国、印度单独构成选区，其余8个选区由成员方自愿结合而成。行长由理事会选举产生，并担任董事会主席。行长必须是本地区成员方的公民，自建行以来一直由日本人担任。行长作为亚洲开发银行的合法代表，是最高行政负责人，在董事会指导下负责处理日常业务及亚洲开发银行官员和工作人员的任命与辞退。亚洲开发银行设副行长3人，由董事会根据行长推荐任命。

亚洲开发银行总部是亚洲开发银行的执行机构，负责亚洲开发银行的业务经营，总部下设24个局和局级办公室，职工总数为1 600多人。另外，亚洲开发银行还在一些借款多的国家和地区设立常驻代表处。

3）亚洲开发银行的资金来源

亚洲开发银行的资金来源主要有以下5种渠道：

（1）股本。这是成员方必须向亚洲开发银行认缴的股份资金。该行初建时，法定股本为10亿美元，分为10万股，每股1万美元。本地区和非本地区成员方的认缴额有不同的确定方法：本地区成员方的认缴额由计算分配的方式确定，在计算过程中主要考虑该国人均国内生产总值水平、财政收入和出口额等因素，另外，允许成员方在其配额的基础上自愿增加认购额。非本地区成员方的认缴主要根据各自的对外政策和对多边机构资助预算的分配进行谈判确定。新接纳成员方的认缴股本由亚洲开发银行理事会确定。在首批认缴股本中，成员方的实缴股本和待缴股本各占50%。实缴股本分5次缴纳，其中一半以黄金或可自由兑换货币支付，另一半以本国货币支付。待缴股本由成员方保存，在亚洲开发银行催缴时以黄金、可自由兑换货币或亚洲开发银行需要的货币支付。随着业务的发展，亚洲开发银行的法定股本已多次增资。

（2）借款。建行初期，自有资本是亚洲开发银行发放贷款的主要资金来源。随着业务的不断发展，从1969年开始，亚洲开发银行向国际金融市场借款。借款多数是依靠在国际资本市场以发行长期债券的形式筹集，另外也同有关国家政府、中央银行及其他金融机构直接安排债券销售，有时也直接从商业银行借款。

（3）储备金。亚洲开发银行理事会根据亚洲开发银行章程每年将净收益的一部分划作普通储备金。亚洲开发银行对1984年3月28日以前发放的未偿的普通资金贷款，除了收取利息和承诺费用外，还收取一定数量的佣金作为特别储备金。从1985年开始，这种佣金已停止收取。

（4）业务净收益。亚洲开发银行从放款所得的利息、承诺费和其他收入中，扣除利息支出、行政管理费和成员方的服务费所得的净收入部分，不进行分红或再分配，而作为自有资金支配。

（5）捐赠。捐赠包括成员方的捐赠和非成员方组织的捐赠。认捐最多的是日本和美国。由捐款而建立的亚洲开发基金、技术援助特别基金和日本特别基金，在支援亚太地区贫困成员方经济发展上都发挥了重大作用。

4）亚洲开发银行的主要业务活动

亚洲开发银行的主要业务活动有以下3个方面：

（1）贷款。为成员方政府及其所属机构、境内的公私企业和与开发本地区有关的国际性或地区性组织提供长期贷款，这是亚行最主要的业务活动。亚行贷款的重点部门是农业和农产品加工工业、能源、交通。

（2）股本投资。亚行自1983年起开拓了股本投资新业务。它通过购买私人企业股票或私人开发金融机构股票等形式，对发展中国家私人企业融资。

（3）技术援助。亚行对成员方提供技术援助，主要包括咨询服务、派遣长期或短期专家顾问团、协助拟订和执行开发计划等。

8.4.3　非洲开发银行

非洲开发银行是在联合国非洲经济委员会帮助下主要由非洲国家政府合办的具有互助性质的半区域性国际金融机构。它成立于1964年9月，1966年7月开始营业，总部设在科特迪瓦（象牙海岸）首都阿比让。

非洲开发银行原本具有严格的地区性，成员方只限于非洲国家，为了广泛吸收资金和扩大贷款能力，非洲开发银行理事会在1980年5月举行的第15届年会上通过决议，允许区外国家加入，这些国家有美国、日本、西欧各国等，我国于1985年5月正式加入该行。现在非洲开发银行的成员方除50个非洲国家外，还有25个区外国家。

非洲开发银行的宗旨是：向非洲成员方提供投资和贷款或给予技术援助，充分利用本地区的人力和资源，以促进各国经济发展和社会进步，帮助非洲大陆制订经济和社会发展的总体规划，协调各国的发展计划，从而达到非洲经济一体化。

该行的资金来源主要是成员方认缴的股本。最初的核定资本为2.5亿记账单位（与美元贬值前等值），以后逐年增加，到2008年底，非洲开发银行的股本总额已达到450亿美元。

非洲开发银行经营的业务分普通贷款业务和特别贷款业务。普通贷款业务是该行用普通股本资金提供的贷款和担保；特别贷款业务是用非洲开发银行规定专门用途的特别基金开展的优惠贷款业务。非洲开发银行的货款主要用于农业、交通运输、公用事业、工业和金融部门。

为了充分动员和利用资金，非洲开发银行还建立了非洲开发基金、非洲投资与开发国际金融公司、尼日利亚信托基金、非洲再保险公司等4个机构。通过上述机构的经营活动，聚集了大量的资金。

8.4.4　泛美开发银行

泛美开发银行成立于1959年4月，1960年10月开始营业。它是由美洲及美洲以外的国家联合建立向拉丁美洲国家提供贷款的半区域性国际金融机构。行址设在美国首都华盛顿。创办时，该行由美国和19个拉美国家组成，以后陆续增加，到2009年已发展到52个成员，其中拉美国家有29个。

泛美开发银行的宗旨是：集中成员方的力量，对需要资金的拉丁美洲国家或地区的经济和社会发展计划提供资金及技术援助，以促进各国的经济和社会发展。

泛美开发银行的资金主要来源于成员方认缴的股本和借款。成员方认股比例的大小决定其表决权的多少。该行最初的核定资本为10亿美元，到2009年年底，核准的资金已达680亿美元。

该行贷款主要有普通贷款和"特别业务基金"贷款。普通贷款是向政府、公私团体的特定经济项目贷款，期限为7～25年，利率为8%，借款须以借用货币偿还。"特别业务基金"贷款是以公共工程为主的特别经济项目的贷款，期限为10～30年，利率为3%～4%，贷款可全部或部分用本国货币偿还。

参加该行的发达国家，如美国、德国、英国、瑞典、梵蒂冈、挪威、瑞士、加拿大等，在银行的业务活动中主要是提供资金，以此带动对拉美地区的资本输出以及商品和劳务的出口。

8.4.5　欧洲投资银行

1957年3月，法国、原西德、意大利、荷兰、比利时、卢森堡等西欧6国在罗马签署《罗马条约》，该条约决定设立欧洲投资银行（Europe Investment Bank，EIB）。1958年1月该行正式成立，1959年正式营业，行址设在卢森堡首都卢森堡。它是第二次世界大战后世界上最早成立的区域性国际金融机构。该行最初成员国只有6个，目前凡欧盟的成员国均为该行的成员国。

欧洲投资银行的宗旨是：利用国际资本市场和欧洲经济共同体内部的资金，对共同体内经济落后的国家或地区提供长期贷款和担保，从而促进欧洲经济的协调平衡发展。

欧洲投资银行的资金主要来源：一是成员国认缴的股金；二是从欧洲货币市场借入的资金。

欧洲投资银行的主要业务活动是为成员国提供长期贷款或担保。贷款的重点是工业、能源和基础设施建设。贷款期限通常都在7年以上，最长达20年，并只收取较低利息或不收利息。

8.4.6 亚洲基础设施投资银行

亚洲基础设施投资银行（Asian Infrastructure Investment Bank，AIIB，简称亚投行）是一个政府间性质的亚洲区域多边开发机构。该行重点支持基础设施建设，其成立宗旨是为了促进亚洲区域建设互联互通化和经济一体化的进程，并且加强中国及其他亚洲国家和地区的合作，是首个由中国倡议设立的多边金融机构，总部设在北京。截止到2020年7月，亚投行已有103个成员。

2014年10月24日，包括中国、印度、新加坡等国在内的21个首批意向创始成员的财政部长和授权代表在北京签约，共同决定成立亚投行。2015年12月25日，亚投行正式成立。2016年1月16日至18日，亚投行开业仪式暨理事会和董事会成立大会在北京举行。

亚投行的治理结构分理事会、董事会、管理层3个层次。理事会是最高决策机构，每个成员在亚投行有正副理事各1名。董事会有12名董事，其中域内9名、域外3名。管理层由行长和5名副行长组成。

2019年10月24日，北京亚洲金融大厦竣工，将成为亚洲基础设施投资银行总部的永久办公场所。

亚投行的宗旨是通过在基础设施及其他生产性领域的投资，促进亚洲经济可持续发展、创造财富并改善基础设施互联互通，同时，与其他多边和双边开发机构紧密合作，推进区域合作和伙伴关系，应对发展挑战。

8.5 我国与国际金融机构的联系与合作

由于历史的原因，我国在1980年以前与国际金融机构是没有任何联系和合作的。党的十一届三中全会决定实行改革开放政策，才逐步打开了闭关锁国的大门，迎来了阵阵清风和缕缕阳光。

8.5.1 我国与国际货币基金组织

1980年4月17日，在许多友好国家的支持和帮助下，国际货币基金组织终于恢复了我国在该组织的代表权，我国政府随即向国际货币基金组织委派了理事、副理事和正副执行董事，代表我国政府正式参加该组织的一切活动。

其中，理事由中国人民银行行长担任，副理事由财政部部长担任。国际货币基金组织初创时，我国所认缴的份额为5.5亿美元，恢复席位后份额增加为12亿特别提款权。2016年，中国正式成为IMF的第三大股东，排名从第六位跃居第三位，仅次于美国和日本。另外，我国有权单独选派执行董事，并且是该组织临时委员会的成员。

近40年来，我国与国际货币基金组织保持了良好的合作关系。在不违背国家利益的前提下，我国对国际货币基金组织的各项政策都予以了积极支持，如历次增资、加强国际货币基金组织对成员的监督等，并且在资金上也给予了一定资助。国际货币基金组织一直关注和支持我国的经济发展。20世纪80年代初，国际货币基金组织曾向我国提供了3笔贷款，帮助稳定我国的国际收支，但是从我国对国际货币基金组织信贷的使用情况来看，与其他发展中国家相比，我国利用国际货币基金组织的资金并不算多，相比较而言，我国从国际货币基金组织吸收的技术援助以及从举办各类活动中获得的收益，远远胜于直接的资金帮助。例如，国际货币基金组织每年就我国的经济形势与政策同国内主要宏观经济部门进行磋商，并积极提出政策建议。此外，在货币政策、统计、外汇、财税体制改革、银行法等方面，国际货币基金组织向我国提供了许多技术援助和人员培训，对我国经济的改革与发展起到了积极作用。

国际货币基金组织还是加强我国对外联系的重要"窗口"。国际货币基金组织是我国阐述对国际经济和国际金融立场的重要讲坛，这对于国际社会正确了解中国起到了积极作用。另外，我国通过对国际金融事务的积极参与，不但扩大了与世界各国的联系，也增强了我国在国际政治经济中的地位。

8.5.2 我国与世界银行集团

1）我国与世界银行

我国也是世界银行的原始成员国。该行继国际货币基金组织之后，于1980年5月恢复了我国在该组织的合法席位，我国政府随即向世界银行委派了理事与副理事，并向"多边投资担保机构"委派了1名董事。在第二阶段世界银行投票权改革完成后，我国成为IBRD的第三大股东（占4.42%）。

1981年，世界银行向我国提供了第一笔贷款，用于支持我国的大学发展项目。自那时以来，世界银行与我国一直保持着密切的业务往来，对我国的社会经济发展予以积极支持。中国的贷款总额在世界银行各借款国中一直名列第一。

近40年来，世界银行对华贷款在投向上体现了我国国民经济的发展重点和产业政策，覆盖了我国绝大多数省份，遍及农业、能源、交通、工业、教育、卫生、城建和环保等国民经济的重要部门。其中，绝大多数项目都取得了良好的社会和经济效益，特别是世界银行的无息贷款，在支持我国减少贫困、保护环境、开发人力资源以及促进农林水等行业发展方面发挥了独特的作用。2019年，世界银行批准了一项新计划，在截至2025年6月的5年内，每年向中国提供10～15亿美元低息贷款，旨在推进市场和财政改革，以鼓励私营部门的发展；通过减少污染和减少碳排放来促进绿色增长；增加中国公民获得医疗和社会服务的机会。

世界银行驻中国代表处负责管理世界银行的中国业务。财政部是世界银行集团在中国开展业务活动的主要对口部门，国家发展计划委员会对合作计划的制订也起着极为重要的作用。世界银行和中国政府每年就双方的3年滚动贷款计划进行磋商，双方都可以提出项目建议，所有贷款项目都须经过充分的技术、经济、财务、环境和社会评估之后再提交贷方和借方的决策机构作最后审批，双方对每个贷款项目的实施进展情况进行定期的监督检查。

2）我国与国际开发协会和国际金融公司

由于国际开发协会与国际金融公司是世界银行的附属机构，所以，我国恢复在世界银行席位后也就自然成为这两个机构的成员国。在这两个机构中，我国与国际开发协会的业务往来较为密切。此外，我国与国际金融公司也在不断接触的基础上探讨双方扩展业务的可能性。

8.5.3　我国与亚洲开发银行

我国于1986年3月10日正式成为亚洲开发银行的成员国，截至2008年底，我国在该行的认缴股本已达165亿美元，占认缴股本总额的20.21%，成为第三大认股国。在亚洲开发银行1987年的年会上，中国当选为亚洲开发银行的董事国，从此在亚洲开发银行的事务中起着重要的作用。

加入亚洲开发银行以来，我国与该行的关系稳步发展，开辟了我国利用外资的新渠道。到2016年，30年间亚行为中国200多个项目提供了总计340亿美元的贷款援助，并累计批准4.3亿美元的对华技术援助赠款。

我国政府与亚洲开发银行当局的接触也十分密切。1989年5月4日至6日，亚洲开发银行理事会第22届年会在我国北京举行，来自47个国家和地区的代表参加了此次会议。此外，2002年5月10日，亚洲开发银行理事会第35届年会在我国上海举行，来自60个国家和地区的代表参加了此次会议。

目前，亚洲开发银行与我国合作交往密切，业务发展态势良好。

小思考8-5

除本章所讲述的区域性国际金融机构以外，你知道的还有哪些区域性国际金融机构？

小思考8-5

分析提示

补充阅读资料8-1　　　　世行新贷款项目利用文化资源促进中国最贫困省民营企业发展

世界银行执行董事会批准为我国甘肃丝绸之路经济带文化传承与创新发展项目提供贷款1.8亿美元，增加创收机会，改善基础设施和服务。该项目侧重于文化遗产、可持续旅游和创意产业的微小企业发展、城乡基础设施和制度建设。

该项目属于世界银行集团的项目，世行集团成员机构国际金融公司提供8 000万美元资金用于支持小额信贷。

甘肃省是中国最贫困的省份，人均收入不到全国平均水平的一半，只有发达省份的四分之一，约65%的人口属于全国收入最低的40%，基础设施的规模和质量也落后于其他省份。

旅游业是甘肃扶贫计划的四大支柱之一。甘肃省是古丝绸之路上的黄金通道，拥有丰富独特的自然、文化和历史资源。然而，旅游仍然集中在大城市，未能对缩小地区差距发挥作用。文化旅游创意产业的小微企业是当地居民就业和创收的重要来源，但获得成长所需资金的融资渠道有限。

甘肃丝绸之路经济带文化传承与创新发展项目将帮助城镇和乡村利用人文历史资源禀赋促进民营企业成长和经济发展，通过金融服务和公共基础设施投资帮助小微企业在服务业发展中发挥潜力。

世界银行中国局局长芮泽表示："这个项目将帮助促进中国最贫困省份的民营企业发展，在利用文化旅游资源作为偏远贫困地区的可持续就业来源上做出示范。"

国际金融公司将为项目提供8 000万美元本币一揽子贷款，其中包括相当于5 000万美元的自有资金和国际金融公司安排的相当于3 000万美元的银团贷款，用于扩大面向农村女性所有或经营的小微企业的贷款规模，支持旅游服务业的发展。

国际金融公司驻中国、韩国和蒙古国首席代表瑞沛霖说："这个项目符合国际金融公司在中国最贫困地区提升包容性和减少不平等的战略。在促进普惠金融方面，中和农信10年来一直是国际金融公司的合作伙伴。我们将通过支持中和农信扩大在甘肃省的小额信贷业务，帮助为中国更多的妇女和微小企业创造机遇。"

该项目将投资基础设施和公共服务，促进城乡振兴，发展地方创意产业。

世界银行文化遗产与可持续旅游协调人、项目经理艾哈迈德·艾维达说："这是首个把支持创意产业作为推动地方经济发展途径的世行贷款项目。这个项目将支持玉雕、书法、水墨画、彩陶、雕塑、民间表演等甘肃地方传统和独特手工艺的传承和发展。"

该项目开展的制度和能力建设将助力甘肃省各级政府更好地管理和利用资源禀赋。

该项目预计将为项目区增加就业，提高收入，改善生活条件，惠及600余万人口。该项目获得的经验将与其他面临类似挑战与发展机遇的我国省份和其他国家分享。

资料来源　佚名.世行新贷款项目利用文化资源促进中国最贫困省民营企业发展［EB/OL］．［2019-06-04］．https://www.shihang.org/zh/news/press-release/2019/06/04/new-world-bank-loan-leverages-cultural-assets-to-boost-private-sector-development-in-chinas-poorest-province.

思政专栏

在市场需求的推动下，近年来人民币在周边国家及"一带一路"沿线国家的使用取得积极进展。2019年，我国与周边国家跨境人民币结算金额约3.6万亿元，同比增长18.5%，其中：货物贸易项下人民币跨境收付金额合计9 945亿元，同比增长15%；直接投资项下人民币跨境收付金额合计3 512亿元，同比增长24%。与"一带一路"沿线国家办理人民币跨境收付金额超过2.73万亿元，同比增长32%，其中：货物贸易收付金额7 325亿元，同比增长19%；直接投资收付金额2 524亿元，同比增长12.5%。人民币已与马来西亚林吉特、新加坡元、泰铢等9个周边国家及"一带一路"沿线国家货币实现了直接交易，与柬埔寨瑞尔等3个国家货币实现了区域交易。

我国金融市场开放为周边国家及"一带一路"沿线国家投资者提供了多元化的投融资渠道。周边国家及"一带一路"沿线国家投资者不仅可以通过RQFII、沪深港通、直接入市投资、债券通等多种渠道投资我国金融市场，我国机构投资者也可以通过RQDII机制投资周边国家及"一带一路"沿线国家金融市场人民币计价的金融产品。

2019年，菲律宾政府、葡萄牙政府、新开发银行、意大利存贷款集团等周边国家及"一带一路"沿线国家境外机构在我国债券市场共发行熊猫债超过400亿元，占2019年发行总金额的68%。越来越多的周边国家及"一带一路"沿线国家投资者投资我国金融市场，获取人民币金融资产的高收益投资回报，分享中国经济增长的好处。

我国与周边国家及"一带一路"沿线国家的双边货币金融合作不断深化。2008年以来，我国先后与越南、老挝、俄罗斯、哈萨克斯坦等9个周边国家及"一带一路"沿线国家签署了双边本币结算协议，与俄罗斯、印度尼西亚、阿拉伯联合酋长国、埃及、土耳其等23个周边国家及"一带一路"沿线国家签署了双边本币互换协议。

资料来源 中国人民银行《2020年人民币国际化报告》.

点评：随着人民币加入SDRs，人民币资产逐渐成为周边国家及"一带一路"沿线国家央行分散投资及外汇储备的选择。韩国、新加坡、泰国、菲律宾、印度尼西亚等国家央行已将人民币纳入外汇储备。随着中国与周边国家及"一带一路"沿线国家经贸往来的不断深化，我国与周边国家及"一带一路"沿线国家已形成相互依存的发展格局，人民币与周边国家及"一带一路"沿线国家本币结算面临新机遇。

本章小结

1.内容概要

承担和办理国际金融业务，协调国际金融关系，维护国际金融秩序，实现世界经济稳定和发展的超国家的组织机构，都被称为国际金融机构。其按地区范围可分为全球性国际金融机构和区域性国际金融机构；按业务职能可分为主要从事国际金融业务的协调和监督的国际金融机构、主要从事各种国际信贷业务的国际金融机构和主要从事国际收支结算的国际金融机构。国际金融机构的名称大多数称银行，也有叫基金组织、公司、协会等。

国际货币基金组织（IMF）是在1946年3月根据《布雷顿森林协定》而成立的政府间的全球性国际金融机构，也是联合国专营国际金融业务的一个专门机构。其总部设在美国首都华盛顿。它是以会员国入股方式组织的企业性金融机构，其机构设置、管理方法、表决权等与西方的股份公司相类似。目前其有183个会员国。基金组织的宗旨是促进国际贸易的扩大和均衡发展，促进国际货币金融问题的合作和磋商，促进汇率稳定，提供临时融资，改善国际收支。基金组织的主要业务活动是汇率监督、储备创造、磋商与协调、资金融通。

世界银行（IBRD）也是根据《布雷顿森林协定》与国际货币基金组织同时产生的一个全球性的企业性国际金融机构。它以会员国入股方式组成。管理机构由理事会、执行董事会、行长和业务部门组成。其资金来源主要是股本、借款、出让债权、业务净收益。其主要业务活动是发放贷款、技术援助和提供担保。

国际开发协会（IDA）是附属于世界银行，专门为欠发达国家提供资金帮助的一个相对独立的、全球性的企业性国际金融机构。IDA于1960年9月正式成立，行址设在美国首都华盛顿。IDA也是以会员国入股方式组成，其主要业务活动是向欠发达的发展中国家提供长期优惠性贷款。

国际金融公司（IFC）也是附属于世界银行，主要为发展中会员国的私人企业融资的一个相对独立的、全球性的企业性国际金融机构。IFC于1956年7月正式成立，总部设在美国首都华盛顿。其主要业务活动是向不发达国家的中小型私人企业提供贷款。

国际清算银行（BIS）、亚洲开发银行（ASDB）、非洲开发银行（AFDB）、泛美开发银行（IDB）和欧洲投资银行（EIB），都是区域性的企业性国际金融机构，都是按股份制公司原则建立，时间分别于1930年5月、1966年11月、1964年9月、1959年4月、1958年1月成立。它们的主要业务活动都是为会员国提供优惠贷款，以促进区域经济发展。

2.主要概念和观念

（1）主要概念

国际金融机构　国际货币基金组织　世界银行　国际开发协会　亚洲开发银行

（2）主要观念

国际金融机构分类原理　国际金融机构组成理论

基本训练

1.选择题

（1）国际货币基金组织正式成立于（　　）。

A.1949年3月 　　　　　　　　　　B.1946年3月

C.1945年6月 　　　　　　　　　　D.1948年6月

随堂测8

（2）国际货币基金组织的最高决策机构是（　　）。

A.执行董事会 　　　　　　　　　　B总裁

C.理事会 　　　　　　　　　　　　D.股东大会

（3）下列不属于世界银行集团的是（　　）。

A.世界银行 　　　　　　　　　　　B.国际开发协会

C.国际金融公司 　　　　　　　　　D.国际货币基金组织

（4）专门向低收入发展中国家提供优惠长期贷款的国际金融机构是（　　）。

A.世界银行 　　　　　　　　　　　B.国际开发协会

C.国际金融公司 　　　　　　　　　D.国际货币基金组织

（5）国际货币基金组织的组织机构包括（　　）。

A.股东大会　　　　　　　B.理事会　　　　　　　C.执行董事会

D.总裁　　　　　　　　　E.其他职能机构

（6）世界银行的资金来源有（　　）。

A.捐赠　　　　　　　　　B.会员国缴纳的股金　　C.向国际金融市场借款

D.出让债权　　　　　　　E.业务净收益

（7）世界银行的主要业务活动有（　　）。

A.发放贷款　　　　　　　B.提供技术援助　　　　C.投资担保

D.办理国际结算　　　　　E.股本投资

（8）世界上第一个国际金融机构是（　　）。

A.国际货币基金组织　　　　　　　　B.世界银行

C.国际清算银行　　　　　　　　　　D.国际开发协会

2.判断题

（1）各种国际金融机构都是以会员国入股方式组成的。　　　　　　　　（　　）

（2）国际开发协会是依附世界银行无独立性的国际金融机构。　　　　　（　　）

（3）外汇监督是国际货币基金组织的一项重要业务活动。　　　　　　　（　　）

（4）亚洲开发银行是只有亚洲各国参加的区域性国际金融机构。　　　　（　　）

3.简答题

（1）国际货币基金组织会员国认缴份额是如何确定和调整的？

（2）世界银行的主要业务活动有哪些？

（3）国际金融公司的组织机构是怎样设置的？

（4）欧洲投资银行的宗旨是什么？

4.技能训练题

（1）利用所学知识，对世界银行的宗旨与主要业务进行正确把握。

（2）对当前世界银行的贷款类型和业务特点进行正确把握。

（3）对当前在我国经济发展中可用世界银行贷款的领域进行分析。

主要参考文献

［1］李丹捷，白玮玮，高西，等．国际金融学理论与实训［M］．北京：对外经济贸易大学出版社，2020.

［2］苏宗祥，徐捷．国际结算［M］．7版．北京：中国金融出版社，2020.

［3］普格尔．国际金融［M］．17版．北京：中国人民大学出版社，2020.

［4］杨娟，王晓东，付书科，等．国际贸易与国际金融［M］．北京：清华大学出版社，2019.

［5］肖曼君．国际金融函电［M］．北京：北京大学出版社，2019.

［6］倪信琦，李杰辉．国际金融［M］．3版．北京：中国人民大学出版社，2019.

［7］李军燕．国际金融实务［M］．2版．大连：东北财经大学出版社，2018.

［8］朱靖．国际金融理论与实务［M］．成都：西南财经大学出版社，2017.

［9］王丹，张帆，燕丽．国际金融理论与实务［M］．北京：清华大学出版社，2016.

［10］田文锦，杨桂苓．国际金融实务［M］．3版．北京：机械工业出版社，2019.